纪念世界反法西斯战争胜利70周年

Die vergessene Generation:
Die Kriegskinder brechen ihr Schweigen

被遗忘的一代
战争儿童访谈录

［德］萨宾娜·博德（Sabine Bode） 著
刘畅 译

中国人民大学出版社
·北京·

导　言

对"被遗忘的一代"回忆的整理

长期以来，在童年时经历过第二次世界大战的那一代德国人的经历，对公众来说一直是个极为陌生的话题，尽管这一代人的命运事实上是极为特殊的。"我是一名'战争儿童'"这样的语句见诸文字非常罕见，更不用说能亲耳听到有谁把它说出来。而这样的一个时期，就在仅仅几年前，在德国历史性地结束了。

当本书在2004年初版之际，还不曾有人对那场战争给德国平民造成了怎样的深远影响进行过研究。所谓"心理创伤"这一概念，更多的是与纳粹罪行的受害者相联系的。"德国战争儿童"这一概念从未引起过公众的注意。随着2005年4月全德"战争儿童"大会在法兰克福召开，这一特殊的群体概念才首次为大众所知。公众媒体此前一直着重关注对如何清算纳粹罪行的报道，而从此之后，"德国人眼中的过去"，特别是"大轰炸"[①]和"大驱逐"[②]的恐怖场景在当年的德国儿童眼里是怎样的，也同样成为被广泛关注的新闻题材。

我们并不缺乏这样的时代亲历者。但数十年来，曾经的那一代"战争儿童"一直不愿正视他们早年遭受的心理创伤，至少刻意与

[①] 二战期间，特别是战争后期，盟军对德国各大城市进行了毁灭性轰炸。这种战略轰炸有力地打击了纳粹德国的军事力量，但也造成了大量德国平民伤亡，并由此产生了诸多争议。——译者注

[②] 位于奥得河—尼斯河线以东，尚未逃离（1944年冬—1945年）的大部分德语人口均被苏联红军无条件驱逐，不管他们是已经在此居住了几个世纪，还是在二战中的新进移民。战后初期，德国资料通常引用的撤退和被驱逐的德国人数据为1 600万。——译者注

之保持着距离，不愿提及。现在是时候把他们那些难以启齿的经历挖掘出来了。显而易见的是：大多数当事人自己并没有意识到，他们的一生实际上都笼罩在战争暴力和痛失家园的阴影里。

现在，这些当年的儿童已步入耄耋之年，他们对此仿佛幡然醒悟，并进而对曾经的经历提出各种问题。通常，他们会把那些来自童年的回忆记录下来，并试图从中寻找答案。很多老人目前都在这么做，而且他们当中很多人都认为，他们必须[1]这样做。因为随着年事已高，那种早年的心理创伤带来的压迫感越来越沉重。因此可以毫不夸张地说，目前正是一个写作回忆录的高峰期。

当"被遗忘的一代"这一名词出现之际，如前所述，"战争儿童"作为一个研究范畴还未进入公众的视野，更没有什么值得称道的相关研究。现在则完全不同了。新的研究结果表明：在那些孩童时代经历过战争和"大驱逐"的德国人中，在今天有8%到10%患有心理疾病。他们主要的症状为心理创伤造成的应激障碍[2]。而与之相比，在瑞士同龄的已退休人群中，这一数字仅为0.7%。

战争中每位儿童的经历自然都是差异巨大的，那些早年间对财产损失和战争暴力的不同体验，决定了那些经历对每一位儿童所产生的影响在过去及现在都是大相径庭的。另外还有大约25%的德国老人，尽管由此受到的影响似乎并不严重，但仍然是有迹可循的。正如慕尼黑大学的心理创伤专家米歇尔·埃尔曼（Michael Ermann）医生所归纳的那样："他们社会心理意义上的生活质量因此而被完全限制了。"具体来说，很多老人极度缺乏安全感，极力避免因新的经历、新的思想所带来的头脑混乱。因此他们对年轻人的世界了解非常有限，与年轻人之间的关系也十分淡漠。而生活环境

---

[1] 斜体字为原书斜体。——译者注
[2] 指一组主要由心理、社会（环境）因素引起异常心理反应而导致的精神障碍。——译者注

的改变更会使他们陷入异乎寻常的压力之中。另外值得注意的，还有他们那种非黑即白的思维方式和对物质性安全感的极度需求。

研究还表明，那些始终无法从心理创伤中恢复过来的人，皮质醇值普遍较低。这使他们难以承受过大的精神压力。空袭，俯冲轰炸，家人离世，被驱逐和饥馑，这一切都对他们的身心产生了巨大的影响。

由上所述，我们可以得出结论：在那些童年或少年时代经历过战争，大约在1930年到1945年间出生的德国人中，有三分之一直到今天仍在不同程度上深受其害。而在那样的时代性灾难发生时年龄越小，至今所遭受的苦痛就越深。而那些出生于40年代的儿童，尽管他们很少或根本已不再记得战时的情景，但因此所遭受的心理创伤却是最大的。他们中很多人抱怨长期被自身的心理障碍折磨。提到最多的是经常性的情绪低落，内心莫名的痛苦感和遇事容易惊慌失措。这种一直伴随他们的恐惧感并不是由头脑中恐怖的战争画面所引起的，甚至从他们的梦境中也找不到任何解释。可以这么说，直到不久以前，所有人还都没有意识到，这种种心理问题的产生与他们早年战争中的经历有关。因此对他们所描述的诸般症状，即使是医生也感到大为费解。不过医学在今天最终对此做出了正确解释。在很大一部分上了年纪的患者中，一直令他们饱受精神折磨的心理创伤，正是由那场战争导致的。目前对此类心理疾病的有效治疗辅助手段还不多，但人们已越来越关注到诱发上述症状的这个潜在原因，特别是在老年护理领域。

我从90年代中期开始研究"战争儿童"问题。而作为一名新闻从业者，数年时间一直被一个题材深深吸引，这在以前还未有过。而使我最终将其看作一生研究课题的关键的，正是那场于90年代，在从地理上讲与德国近在咫尺的地方发生的战争。在一开始，人们并没说那是一场战争，而是一场冲突——波黑冲突。我投入了大量时间,通过电视了解了那里的儿童所遭受的苦难,并因此在头脑里产生了这样的疑问:那些德国的"战争儿童"今天怎么样了?他们的童年经历同样充满暴力、轰炸、逃亡、饥饿和失去家人,他们是怎样挺过来的?这种经历又在多大程度上对他们以后的人生产生了影响?

令人惊讶的是,除了我以外,好像没有谁对这一问题同样产生兴趣。那些"战争儿童"自己没有,医生没有,连心理学家、牧师或新闻编辑也没有。因此我得出结论,在德国,人们俨然达成了一种默契的看法:"战争儿童"的人生从来都是风平浪静的,并未受到战争的影响。

在联邦德国电台的文献库里,我找不到任何相关的史料、数据和有价值的调研报告。我只好自己去寻找并采访当事人。实际上,我利用各种可能的机会进行采访,比如在火车上的偶遇。这样的访问有时会导致对方强烈的反应:"您是想伤害我吗?"听到这话我便会意识到,也许我坐得的确离被访者太近了。

大多数被访者只愿意谈论纳粹罪行和大屠杀。作为德国人,他们对此至今仍怀有深深的负罪感。而身为牧师、老师或者家长,他们会将这种情感继续传递给年轻一代。而当我再次向他们阐述,我的访谈其实另有重点时,其中一些人会因为我打算把"德国人"写成战争受害者而变得相当愤怒。

对我第一年访谈的总结就是:对战争本身的回忆源源不断,但对于战争导致了怎样严重的后果,这一问题却仍未被回答。每每在访谈结束时,我最经常听到的最后一句话就是:"其他人的经历更糟",或者是"没把我们怎么样",又或者是"对我们来说这很正常"。这一年对我来说很不理想。被访者经常会把我弄糊涂,甚至使我内心充满困惑。一方面,我对自己说,现在的德国人如果不是对战争所带来的苦难的确深有体会的话,他们是不会如此关注战乱

导　言

地区儿童的境遇，并为之捐钱捐物的；而另一方面，那些战争儿童对自身遭遇故作轻松的描述是如此如出一辙，以至于我对他们的话也深信不疑。

这些访谈，只有很少一部分可以深入而持久。现在回过头再去看我第一年的访谈工作，可以用一句话总结：我访问的人越多，事实就越发显得模糊不清。我常常会在结束访谈后感到迷惘无助，甚至内心开始动摇，身体也因此而感到疲惫不堪。当我向朋友们谈及此事时，他们会说："你怎么会有心思去琢磨这么一个阴晦的题材？"

问题还不仅仅如此。尽管我有丰富的经验，知道如何去提问那些令人感到不快的问题，比如关于纳粹时代、大屠杀、心理疾病、儿童死亡等等，但由此得到的回答是如此令人沮丧并引起我思维上的混乱，这还是我此前在其他采访中从未遇到过的。实际上，我从一开始就误入歧途。直到后来我才认识到，所谓1930年到1945年纳粹统治及战争期间的儿童，其实已经涉及了几代人。在战争期间不同年龄孩子的经历之间是截然不同的，比如在当年的那些婴儿、幼童和青春期少年之间。

我当然还可以选择另一个更宽泛的时间段，比如1928年到1950年。但为了使我的研究保持条理清晰和严谨，我还是以"高射炮辅助射手"一代[①]，以及同时期出生于"大逃难"路上的一代作为我进行研究的两个年龄界定。仅仅这两个年龄组之间15岁的巨大年龄差异，就已经明白无误地显示出，"战争儿童"事实上是由几代人组成的。

对于战争年代及战后那段艰难时期的述说，我听到的往往极其

[①] 德语惯用语，指代1945年二战末期15岁到17岁的少年，那时德国所有15岁以上少年必须服预备役，通常担任自己城市高射炮辅助射手。——译者注

相似。比如下面这样的话："那时候从没有无聊过",还有,"那时候我们所经历的,对我们来说其实很正常"。这些话其实应该这样理解:对于战争给原来的生活带来的改变,我们自然而然地接受了,特别是当周围所有家庭都是这么过的时候。我们尽量让生活不被战争影响。

现在人们都知道,哪怕是小孩子,同样可以在极端恶劣的环境中生存下去,如果必须如此的话。这种"艰难生活焕发生命力"的故事,是小说家们十分热衷的题材。那些在艰苦环境中成长的孩子,在接触到外面的社会以前,往往很自然地将这种艰苦视为生活本来的形态。而当这些孩子长大成人并学会自我思考的时候,他们就会逐渐明白,这样的童年生活曾经是怎样的沉重。

但一般情况下,我的那些采访对象却并不是这样。他们在讲述自己童年的故事时往往这样开始:"那时候我们也经历了很多美好的事情。"大多数被访者往往表现得并没有那种经历过大恐怖后应有的情绪。像那种"曾经留下过许多美好回忆的亲爱的姑妈家,后来被完全炸毁了"的故事,他们通常只是一语带过。这使我留下这样的印象:很明显,他们把那些往事尘封了起来。当我与被访者谈到这些往事的时候,甚至他们自己都没有发觉这种不合适的——甚至可谓麻木的感情有什么不妥。

这个访谈题材不仅仅对那些被访者来说是艰涩而无聊的。当我最初把这类访谈稿提供给报纸或电视台那些同样身为"战争儿童"的编辑们时,他们无一例外都婉拒了。准确地说是,在大多数情况下石沉大海。我的稿件很明显被搁置一边并被有意忘却了。我本来希望这样一个题材可以令所有人打破缄默,但很明显我完全力不能逮。

"战争中的童年是如何影响一生的?"这样一个提问绝不像它看上去的那样轻描淡写。随后我很快意识到,这样一个题材令我们德国人内心感到不安的程度远远超出了我的想象。这个问题的答案其实一直都有,但也一直被深深隐藏在由纳粹大屠杀罪行而导致的负罪感和羞愧感之下。

为什么尽管如此我还是紧紧抓住这个题材不放?因为我相信,这个题材与我自己所属的那代人,也就是战后不久出生的一代也是密切相关的。在我还是小小孩的时候,我也曾看到过被摧毁的科隆市。那时的我听到"战争"一词的反应与大人们完全一样:不言而喻,那意味着一些非常坏的东西。我那时相信,等我长大了,我就会对那些"过去"的事情真正有所了解。而长大以后,多数同龄人总是忙于当下的生活,根本没有时间去思考"过去"的事情。"过去"无处不在,但尽管如此,那似乎始终是个应该回避的神秘禁忌。而少年时代的我却对此充满了好奇。在学校里,我们了解了纳粹的罪行,了解了奥斯维辛集中营。但父母对我提出的相关问题却总是表现得十分愤怒或者干脆沉默。

三十年以后,当我开始研究"战争儿童"这一课题时,我又有了极为相似的体验,又看到了那种面对这类问题时僵硬的表情。我知道我一定又触到了什么,我的发问又一次被拒绝回答。这样的事实却也又一次明白地告诉我,我其实对"过去"真的一无所知,但很有可能的是,在这种好奇心的驱使下,我已经触及到了那个群体性的秘密。

当我写作本书的时候,发生了件我并不期望见到的事情。君特·格拉斯(Günter Grass)在2002年出版了他的新小说《蟹行》(*Im Krebsgang*),并由此在德国国内外引发了一场对"作为受害者的德国人"这样令人尴尬的话题的大辩论。引起社会广泛忧虑的是,部分人借此对二战中德国所应承担的责任相对主义式地有意进行淡化。而特别应使我们警惕的说法是:相对于纳粹的受害者、大屠杀等等,德国平民也遭受了"大轰炸"、"大逃难"和"大驱逐"这种种苦难,两者可以相抵。

君特·格拉斯在书中坦言,他已经对此沉默了太久。他成功地把公众注意力转移到了战争和"大驱逐"的德国受害者身上。下面所引述的他书中这句话,清楚表明了他的思想是如何发生转变的:"历史上从来也没有发生过这样的事情:只是因为自身的罪责过大,忙于为之忏悔而对自身所遭受的重大苦难避而不谈。这种过疏简直闻所未闻……"

2002年年初,《明镜》(Der Spiegel)杂志把《蟹行》用作封面故事,来配合当时社会各界对"大逃难"和"大驱逐"的讨论。这样做的原因就是,这个小说的内容非常符合当时各大报纸杂志一致的观点:重新全面审视纳粹时代和战争给德国自身造成的后果。当我在《明镜》杂志上读到这篇中篇小说时,我清楚地意识到,转折的时刻到了。"德国战争儿童"这一人群的遭遇,现在终于也可以被公开讨论了,因为他们是目前世上最后一批那个时代的亲历者。

在由君特·格拉斯的这部小说以及同样出版于2002年的史学家约尔格·弗里德里希(Jörg Friedrich)的著作《大火》(Der Brand)引发的这场激烈的辩论中,首先喷涌而出的,就是直到今天都未停止过的大量有关战争的回忆。如果我们说,那曾经的禁忌就此被打破有点夸张,但至少有一点可以肯定,这些来自"战争儿童"的、有如决堤的洪水一样一泻而出的往事回忆,将再也不是他们心头的重负。对他们来说,这些忆述往往是他们今生的第一次。当然,关于他们讲述的这些故事,从前也没有谁问起过。

在我的书中,对内容的阐述都是从被访者自身的视角进行的。我倾听了很多人的故事,但最终的选择范围却十分有限。只有那些带着深刻战争烙印的生平遭遇才被选入本书(书中所有以星号标记的姓名都隐去了真名)。我最感兴趣的是那样的女人或男人:他们或许知道,但从未真正体会到童年时所发生的某些特殊的或者可怕

导 言

的事情，对他们的一生有着怎样的意义。

对德国进行的灾难性"大轰炸"在今天仍然是不适合公开讨论的内容，因此在本书中，有关"大轰炸"幸存者的篇幅远远少于关于逃难者和被驱逐者的篇幅。

在整理这些可被公开的"战争儿童"的生平故事时，我清楚地感受到，当事人的回忆往往与当时真实发生的并不一致。但由于缺乏其他资料来源，我对书中很多内容无法一一考证。更不可避免的是，对书中当事人的诸多看法，我连表示质疑都是不可能的，因为对类似问题的看法，我此前甚至都没有听说过。而那个年代的人或历史学家们对那些肯定知道得比我更清楚。因此错误之处在所难免，还请读者多多包涵。

事实证明，接受全面的教育、良好的工作成绩和健康的身体对消除早前心理上的创伤有着巨大的帮助。因此我在寻找适合的当事人的过程中，曾求助于医生和医疗保险公司。我希望能找到有关1930年至1945年生人目前身体状况的统计分析，借此找到合适的对象，但这只是徒劳无功。因此我抱着强烈的目的性，再次翻阅了我存放信件的两个文件夹。那里有收听我那个极为小众的、有关"战争儿童"广播节目的听众写来的600多封信。其中大部分都是请求得到原稿的。其中约有20%还更加说明了，为什么这个节目对他们个人来说意义重大。这些富有启发性的来信大大地支持了我。但在其中我仍然没有发现我心目中合适的人选。尽管他们仿佛是隐形的，我对他们的存在却始终坚信不疑。

本书中有关那些居住在原民主德国的"战争儿童"的内容也相当少。主要原因是，我本人来自科隆，目前住在德国西部边境上，而与东部德国少有交流渠道。我有关"战争儿童"的广播报道也仅仅在西部德国播出。在众多对我这本小书帮助甚大的听众来信中，甚至没有哪封是来自德东地区的。我对此感到极为遗憾，因为我知道，在原民主德国生活的那些被驱逐者的命运尤为悲惨。他们必须称呼自己为"移居者"，并必须对自己的遭遇始终缄口不提。在大多数这类被驱逐者家庭内部，这段历史始终是个禁忌话题，即使在两德已统一20多年后的今天依然如此。

但这也终将改变。至少那些新兴通信媒体就完全可以解决这个问题。

自从我有关"战争儿童"的文章在互联网上发表以来，我收到了大量电子邮件。其中一些来自奥地利。和德国国内情况极为相似，那里的"战争儿童"也是一如既往地保持着缄默。而令我最为惊讶的是，我还收到了那些旅居国外的德国人的来信。他们的信大概的意思就是说：我现在居住的地方远离德国数千公里，但那场战争却仍旧时时在梦里出现。

从六年前开始，我会定期在作品诵读会上与那些"战争儿童"见面。此间我见证最多的，就是情感上的桎梏是如何瞬间就被打破的。"战争儿童"那一代经常会与他们的孩子一同参加诵读会，并爆发激烈的言语冲突。各个家庭借由这样的机会，共同探索发掘出那些长期只能在"战争儿童"自我意识里呢喃的到底是什么，而又是什么原因让好几代人都不能把它真正表达出来。

目前各类公众媒体对这个论题都极为热衷。数不清的相关文章清楚地表明公众对此论题的兴趣与日俱增。这使得我们不由得心生希望：也许就在并不遥远的将来，其他那些在今天看上去还是漆黑一片的领域，也终将被光芒普照。就如同"大驱逐"和"大轰炸"，这样的往事在德国人的意识里还从没有像今天这样鲜活地存在过。当这本《被遗忘的一代》在2004年出版时，我在引言里写下的第一句话就是："我们正站在起跑线上。"

而今天一切都已完全改变了。

我们再也不会重新回到起跑线上。

致　谢

　　由衷感谢那些对我信任有加，讲述他们自身经历的"战争儿童"以及他们的子女。没有他们的坦率，我根本无从去体验他们那个长期保持缄默的世界是什么样的。此外我要感谢路易莎·雷德曼女士为我写下了后记，并对我的调查研究工作予以极大的支持。我还要鸣谢致意的人包括：阿克塞·贝克、海因茨·拜尔、泰奥·迪克斯、彼得·海纳尔、库尔特·洪德里希、贝恩瓦特·卡布海姆、彼得·利博曼、拉尔夫·路德维希、克里斯塔·普法勒-依封、弗里茨·罗特、迪尔克·夏佛、尤阿西姆·施密特·冯·施明德、海尔加·施普朗格、伊莲娜·威尔普茨。他们都曾以鼓励、交流、提意见和为本书提供公开出版的机会以及他们随时准备参与到这样一个艰难的课题中来的精神帮助了我。

目 录
CONTENTS

001 第一章 我们当中的数百万战争儿童

　　002　冷战阻碍了什么？
　　003　受益匪浅的研修
　　004　纳粹过去和战争过去
　　006　卓越的一代
　　008　妄想出来的诊断："植物神经张力障碍"
　　011　回忆在哪儿？
　　012　"我们曾经整年坐在地下室里"
　　014　战争结束，面对生活时的恐惧

017 第二章 儿童需要什么？

　　018　一位谨慎的老人
　　020　没有父亲的孩子
　　022　返乡者的困境与愤怒
　　023　诊断："营养不良"
　　024　给"难民儿童"的早期指导

029 第三章 一个不为人知的静默世界

　　030　当整个德国陷入饥荒

032　研究，测量，称重
034　"今天比以前笨了？"
035　谢尔斯基的发现
039　青春期迟到的战争后果
040　未被关注的一代

042　第四章　两位女士的人生回顾

043　最深切的渴望：不再发生战争
044　祖母和她的孙女
045　对饥饿记忆尤深
047　总是在帮忙做事，睡得很少
049　一次次死里逃生
052　蚊虫叮咬带来的恐慌
055　最低退休金
058　一个富有疗效的梦

059　第五章　快乐的儿童

060　一位坚韧不拔的普鲁士小女孩
063　饥饿与遗忘
065　心理分析的意义
068　当心脏演绎疯狂
070　阳光与开心果
073　轰炸的氛围

076　第六章　整个民族的迁徙

077　像支柱般存在的已失去的家园
079　诞生于逃难路上

- 080 对母亲永远心存感激……
- 081 半个德国在路上
- 082 无知的村民
- 085 残酷的分配之争
- 086 一位勇敢的12岁女孩
- 087 "可怕的,但也有很多美好的东西"
- 088 到床上去,屋里冷得像冰窖
- 090 从图林根徒步返回鲁尔
- 092 最后来信

093 第七章 战争遗孤:追寻记忆

- 094 失踪的儿童
- 097 一个位于丹麦的营地
- 099 在联邦国防军中的新起点
- 100 两德间的一个故事
- 102 挨饿的母亲与祖母
- 106 热情的女儿
- 109 带着小行囊独自去西部

112 第八章 纳粹教育:体现希特勒意志的母亲

- 113 约翰娜·哈尔学校
- 115 "防患于未然!"
- 117 "不能闻到孩子的气味"
- 120 与纳粹母亲的争吵
- 123 小沃尔夫是如何失去生活的乐趣的?
- 124 女孩也不哭!

128 第九章 "但我们仍要去爱……"

　　129　当法律不再保护儿童
　　131　一个由衣衫褴褛的人和乞丐组成的国度
　　132　上帝永远是正确的
　　133　返乡人的忏悔仪式
　　135　想死并到天堂去
　　137　"我不再有父母"
　　139　爆发与新的开始
　　141　压力使她健忘
　　143　"给你们自己找替代性父母!"

147 第十章　心灵创伤:战争和精神研究

　　148　一个人的灾难
　　150　一切始于铁路
　　154　战壕里的无数死难者
　　156　全球范围的精神创伤研究
　　159　儿童的直觉
　　161　治疗医师是否具备足够的相关专业知识?
　　163　语言的欠缺

166 第十一章　巨大的麻木感

　　167　一次空袭之后
　　169　尴尬的一步
　　171　给"小药片儿"做广告
　　173　空袭时用手指堵住耳朵
　　175　用药片儿抵抗对死亡的恐惧

177　带着各种障碍生活

178　第十二章　"当我年老时，一定是幸福的"

179　两个人的童年

181　一位热爱舞台的儿子

183　遗传了父母的战争恐惧症

185　父亲与儿子——如同两个退伍老战士

186　一个近乎疯狂的阶段

187　温情的终结

189　治愈是可能的

190　第十三章　令人绝望的家庭关系

191　一曲并不悲伤的离歌

192　形同陌路的父母和子女

194　巨大的冷漠

197　"共同的秘密"

199　对一切感到恐惧的父母

201　两个难民儿童

203　一位抛开心中巨石的石匠

205　"我们是一个幸福的家庭！"

208　亲人故去而并不悲伤

209　第十四章　对理智与哀痛的结论性论述

210　对战争恐怖的思索

212　不要怨天尤人，而应痛定思痛！

214　一个伟大演讲的影响力

217　一次悲悼带来的精神解脱
219　宗教仪式的作用
220　一次被干扰的祷告仪式
223　"一个精神受创的文化"
225　当幸存成为共同的特征
227　"愤怒时我们做过些什么？"
228　心平气和地直面这样的命运

229　**第十五章　沉默、诉说与理解**

230　与战争儿童对话
231　弟弟妹妹
232　无父，无子
233　深入恐惧的核心
236　"我无法去爱我的孩子们"
237　战争孙辈
238　战争儿童与客观的公众
239　"德国"-条件反射症
241　"致力于和平的战争儿童"

243　后　记

249　译后记

第一章

我们当中的数百万战争儿童

我们德国人其实有两个过去,一个是纳粹的,一个是战争的。对前者,人们可以公开讨论;对后者的讨论,现在仅仅是一个开始。而对战时仍是儿童的一代人来说,他们依然在逃避。由他们亲口讲述的个人经历,只可以匿名发表。

冷战阻碍了什么？

距离柏林墙倒塌的时间愈久，人们愈清楚地看到，德国战后时代的真正结束，始于 1989 年。德国的重新统一，终结了由那场战争所带来的最后一个政治后果。正如此后若干年所显示的那样，人们终于开始重视那些事实上长期存在，而在东西方冷战时期的大环境下，完完全全被忽略的社会性问题。

在意识形态领域，东西方政界的观点并无二致，都是十分狂妄自负地相信自己是绝对正确的。这种对异己的威慑使冷静的思辨、精心的反思以及各类渺小的声音完全被打压了下去。而双方大规模的军备竞赛更是在德国老百姓中，无论西部德国还是东部德国，引发了新一轮的恐惧——这也包括那种根源来自二战，而从未被认真理解和对待的集体性被胁迫感。在二战结束至今的 60 年里，在两个德国内部，人们从没有对由这场战争所带来的精神创伤进行过认真思考。20 世纪七八十年代，在联邦德国，如果某人因为国际上疯狂的军备竞赛而产生对死亡的恐惧，那么根据他身处的社会环境，他会被视为神经质或者过度敏感。而在民主德国，执政的统一社会党则为广大公民指明了方向："苏维埃政权是不可战胜的"，人们没有任何理由去害怕什么。

曾经在科隆举行的一次针对所谓北约双重决议的讨论会上,一位家庭妇女大声疾呼:"现如今,计算机里的一粒粉尘也许就能引发第三次世界大战!"这是荒谬的夸大其词?后来的事实却充分向我们证明,这位女士并不是危言耸听。一个假警报就可以使人们下达使用核武器的命令,而这之后只有精确的20分钟时间来研估局势并想法避免玉石俱焚的后果。

我自己就属于战后那些热衷于政治问题讨论的群体,讨论的热点通常是"再不要战争"、"再不要奥斯维辛"等等。作为一个在冷战时期长大的孩子,当这个时代终于结束之际,我越来越清楚地意识到:我所参与的这类辩论的片面与误区,与社会上其他人群的认识并没有什么不同。比如说,我还能想起,我当年参加过的一个从属于教会的和平组织,他们就从没有考虑过,人们"对俄国人①的恐惧感"是否正是由以前的创伤经历造成的。

受益匪浅的研修

从20世纪90年代初开始,我的观点明显有了转变。那时候我正在参加一个十分有启发意义的研讨班,突然我脑海里响起一个颇为激昂的女性声音,那是我在十年前的一次广播中听到的:"为了在俄国人面前保护自己,我会做一切事情,我甚至会在自己家前院里放上一枚导弹!"

这个研讨会的内容,是精确的关注自身的家庭在两德重新统一的大背景下所产生的种种变化。这个为期四天的研讨会充分证明,我不是唯一一个对父母和祖父母唯恐避之不及的人,就好像离他们越近,就离纳粹主义越近。

---

① 很多人以此代称苏联人。——译者注

作为研修课的准备内容，我们首先要搜集有关自己家族变迁的各类数据，主要是关于介于 1930 年到 1950 年间，关系比较近的亲属的：出生、疾病、死亡、搬家、职业变更、前线服役、受伤等等。在这一过程中，令所有人都大为惊讶的是，我们对自己的家族仿若一无所知，这是我们这些人的第一个共同点。第二个共同点是，我们对自己的父母在纳粹时代的职务及工作内容都很清楚，但从感情和事实上对这场战争给自己的家族造成了怎样的影响却毫无概念。

一些参加者在当年还是儿童，参与了其中；而出生较晚的那些人也很清楚，战争将始终是他们个人回忆录中的一个组成部分。比如说，父母由于逃难、饥饿、轰炸以及痛失亲人所遭受的精神创伤。所有 12 位研修班参与者，每个人都可以说出家族中至少一例暴力事件。这里的关键词是：轰炸、掩埋、阵亡、失踪、逃难、驱逐、强暴、被囚禁以及自杀。每个家庭中，由于这场战争而丧命的亲戚数绝对都超过了参与这个研讨班的人数。我非常确信，这样的情况在全德国的家庭中绝非少数，而是非常有代表性。

纳粹过去和战争过去

研修班在进行到第三天的时候，简直就成了追思会：无休无止的哭泣。令人震惊的是，事实上二战结束至今已经 60 年了。从那时起，我才明白，我们德国人其实有两个过去，一个是纳粹的，一个是战争的。对前者，人们可以公开讨论；对后者的讨论，现在仅仅是个开始。而对战时仍是儿童的一代人来说，他们依然在逃避。由他们亲口讲述的个人经历，只可以匿名发表。

很自然，对纳粹过去与战争过去的分割是人为的，但我相信，我们无论如何不能抹杀的是，战争儿童一代的命运在长达 60 年的时间里，一直被笼罩在纳粹的阴影里。事实上，与其父母相比而言，这一代儿童更多地遭受了希特勒纳粹政权所造成的苦难。而羞耻感与沉默使他们对自身由于暴力和损失所受到的精神伤害更加难以启齿。事实上，战争儿童这一代中的大多数，并没有把自己当成战争受害者，即使他们曾经不得不在长达一两年的时间里住在防空洞里。

我们现在所面对的是一个社会意识群体性转变的开始。很明显，早在20世纪60年代就由亚历山大·米撒里希夫妇定义了的"信任无能症"直到今天都在产生影响，这不仅仅是由那个年代纳粹的统治造成的恶果，也是由战争本身直接导致的。

当认识我的朋友与我久别重逢的时候，我最常被问起的就是："你目前在忙些什么？"为了避免引起误会，虽然我经常不成功，但仍会细致地阐述目前这个棘手的课题："我在研究二战对当时的德国儿童成年以后的生活所造成的影响。"

一位教师对我这个说法的反应非常具有典型性。他开始滔滔不绝地讲述，他是怎样通过安妮·弗兰克①和朔尔兄妹②，再次赢得学生们的信任的。他认为，作为一名教育工作者，需要花费大量时间去介绍纳粹在过去所犯下的罪行。

接着，当这位老师终于明白我所说的课题究竟是什么的时候，语气明显变得有攻击性：你让我怎样区分所谓战争年代和纳粹年代？这压根儿是不可能的！我是否应该完全转变立场？是不是我现

---

① Anne Frank，安内莉斯·玛丽·安妮·弗兰克，《安妮日记》一书作者。生于德国法兰克福，犹太人，二战犹太人大屠杀中最著名的受害者之一，当年15岁，1999年入选《时代》杂志"20世纪全球最具影响力的100位人物"，一颗编号为5535的小行星以她命名为"5535 Annefrank"。——译者注

② Geschwister Scholl，汉斯·朔尔和索菲·朔尔兄妹，他们是反纳粹主义运动组织白玫瑰的成员。他们于1943年2月18日在慕尼黑大学派发传单时被管理员注意到，报告给盖世太保，由此被捕获。纳粹的人民法庭在四天后将其处死。朔尔兄妹在德国至今影响深远，是反抗独裁专政、争取自由的象征。——译者注

在应该去接受德国人同样是受害者这样的说法？

"你自己就是1940年在柏林出生的，"我说道，"在你的童年时代，你经历更多的是什么？纳粹，还是炸弹与饥饿？"

他对我的反驳更激烈了："你怎么还是不明白?！如果没有纳粹，我的家庭根本不会有那样的战争经历！"

"我是否可以这样认为，"我继续问道，"你之后一直在琢磨的是'国家社会主义'有多么糟糕，而不是你本人在战争中度过了童年？"

"就是这样，"他证实了我的说法，"我八岁那年，战争就结束了。真的，你所谈及的那些陈年旧事实在让我紧张……"

但正是这段不再被谈起的往事，却给整整一代人和他们后代中的一部分打上了深深的烙印。把这段历史重新讲述出来，对于那些当事人的身份认同，以及身为欧洲人的德国民族的未来而言至关重要。

卓越的一代

为什么古德伦·鲍曼（Gudrun Baumann）经常会在梦中渴求一副眼镜，尽管长期以来她一直有着一副？为什么粗壮魁梧的库尔特·谢灵在45岁时突然之间变得总是容易热泪盈眶？为什么居住在以色列的沃尔夫冈·坎佩（Wolfgang Kampen）虽然身边随时充斥着暴力，而对自杀性袭击却毫不畏惧？当人们关注到那些二战时期尚为儿童的一代人时，这类比较特殊的问题就出现了。而这些人至少有数百万，在今天已是花甲之年。

事实上，人们很难加以分辨，那些早年间的经历是否以什么特殊的方式对他们之后的人生产生了确实的影响。但很明显的，在他们的记忆里，成功地刻意与死亡、炸弹、驱逐以及饥饿保持了距离。与年龄大些的人群相比，他们这代人并没有更加年老体衰和贫穷。正好相反，在德国还没有过一代老人能像这些在今天已经七八十岁的老人一样，经济上如此宽裕。他们重建了被完全摧毁的德国，并建立了各自的家庭，开枝散叶。

他们是忙碌并且成绩斐然的一代人。他们完全可以为自己一生的成就而自豪。如果谁了解20世纪30年代初出生的那些人，就知道，他们同样以自己的坚韧不拔而自豪。在他们眼里，那些晚辈们的能力实在是不值一提。

他们是有爱心和责任心的一代人。他们照料自己的祖父母，宠惯自己的子孙，使自己的孩子从家庭琐事中解放出来。而当家中有人失业时，又会出钱贴补家用并且对其好言相慰。

他们同时也是默默无闻的一代人。人们对他们过去的经历往往一无所知，也从不会主动谈及他们。而他们自己，这些在1930年到1945年间出生的人，也只是刚刚开始去思考，战争年代的童年对他们的一生究竟产生了怎样的影响。这也正是令我感兴趣的地方。他们从来没有想过，这场战争对他们自己意味着什么。反正大家都知道，战争是可怕的，除此之外没什么新鲜的了。

与此相反的是，人们现在逐渐意识到，那些战争儿童在自己的国家里，在长达60年的时间里居然被无视了。没有人关心他们的命运如何，也没有人对他们进行过考察。如果现在有人问一个30年代出生的人，战争给他的余生造成了怎样的影响，你往往能听到的是这样一句话："它没有损害我什么。"

这可能吗？每个能够正常思考的人都不会相信这种说法。只要人们对此绝口不提，儿童就能承受更多的暴力与痛苦了？与一般成年人相比，难道孩子的精神更加不容易受到伤害？前几代人早就被说服，这种说法也许是正确的：孩子的神经特别粗壮？很难解释。如果这种说法能站得住脚的话，那我们对于低龄儿童精神损伤的研究就都是胡说八道了。

但到底发生了什么，让这些孩子都变成了"哑巴"？"事情是这样的，"来自东普鲁士的一位战争遗孤证实了这点，"在我们还很小很小的时候，大人就告诉我们：不要提起这些事情。没什么好说的。向前看！你应该对你还活着感到高兴。忘掉曾经的一切吧！而我们中的大多数人也正是这么做的。为了活下去，为了不至于一辈子被排挤，你需要学会调整自己。如果你说：我的童年时代很糟糕，到现在还没缓过来——那你就太与众不同了。"

大人们却可以抱怨一切，正如那些描写战后最初几年社会生活的小说和影视剧里写的那样。而当大家的情况很快好转起来后，在家庭里就不会再有人谈起那场战争，更不会谈及纳粹的罪行。至少在联邦德国是这样的。

有时候，很难简单地向那些不了解情况的人解释清楚，那些听上去耸人听闻的说法到底是什么意思。"我们的库尔特1943年在杜塞多夫出生，正巧是两次空袭之间的间歇，还好，一切顺利。"这样的黑色幽默对人来说就是一种发泄，帮助人们勉勉强强活了过来。

妄想出来的诊断："植物神经张力障碍"

毫无疑问，有很多人的确因战争而造成了精神性创伤，关于这一点，在德国从未引起过争议，但也从未引起过足够的重视。弗莱堡的心理分析专家、作家蒂尔曼·莫泽（Tilmann Moser）认为，在德国，各种疗养手段层出不穷，没有一个国家可以与之相提并论。那些饱受战争折磨的人通过这样的疗养使身心得到舒缓。而在其他国家根本闻所未闻的一个临床诊断"植物神经张力障碍"，在六七十年代是可以获得医疗保险公司批准进行疗养的颇为寻常的理由。

然而，人们似乎很早开始就达成了默契，不去谈及当年那些儿童之后的境况。因为人们一直觉得，这场战争对儿童并没有造成多大影响。一本有关所谓的"废墟儿童"的画册的封面显示了，那些儿童尽管衣衫褴褛，但仍然生气勃勃。这与给我们留下深刻印象的来自巴尔干战乱地区或者阿富汗的照片完全不同。

到底在德国的情况有多么与众不同？人们很想知道这一点，但相关的研究却说不出更多的东西。当这一代人的境况进入公众视线的时候，所有的医生、心理专家和历史学家都表现得十分审慎。

时代在进步。今天，这些当年的战争儿童不再像过去那样依旧保持沉默。在1999年的科索沃战争中，德国军队自1945年后首次参与了一场战争。而诺贝尔奖获得者君特·格拉斯与此同时则出版了他著名的《蟹行》。从此以后，德国人自身所遭受的、出于禁忌而从未被提及过的战争创伤终于浮出水面。另一本引起广泛关注的书是历史学家约尔格·弗里德里希的著作《大火》（Der Brand），在书中作者如实描述了盟军对德国城市的大轰炸。

当人们步入老年之际，往往会觉得自己的童年仿佛就在眼前。因为人们此时有这样的需要，并且也终于有时间去整理早年的经历。但很多时候，这并非出于自愿。科索沃战争、"9·11"事件、在阿富汗发生的对平民的狂轰滥炸，还有伊拉克战争，这些都勾起了德国很多老人对战争的可怕回忆，那些往往是令人万分痛苦的回忆，而他们却无法保护自己免遭伤害。

媒体越发地关注二战中德国的受害者，比如"威廉·古斯特洛夫号"[①]海难遇难者、德累斯顿城市被摧毁的受害者、大逃亡和大驱逐的受害者。而同样身为二战时代亲历者的那些儿童也出现在公众的视野中。但现在把当年的这些儿童当做一类人群来界定，或者实现所谓的群体认同还为时尚早。现在还仅仅是个别富有勇气的人

---

① 德国邮轮，在1945年1月30日搭载平民撤退途中于波罗的海被苏军潜艇击沉，遇难人数超过9 000人。——译者注

提出了这样的问题，并在寻求答案。来自汉堡的退休女士鲁特·贝艾特·尼尔森走得更远一些：她完全公开了自己的内心世界。通过诗歌创作她发现了自我，并希望以此与自己同时代的人沟通，但这至今却少有成功。她在诗作中明确把自己定义为战争儿童。

> 自由落体
> 我不愿坠落
> 最好根本不落
> 在自由下落中，你不知道在哪里着陆
> 我已经失去了太多，丢落
> 找寻带不回任何东西
> 我要有十足的把握
> 对此我很有把握

对这样一个在长达 60 年的时间里一直处于噤声状态的群体来说，要搜寻到什么有把握的东西，希望实在是十分渺茫。但这也并不意味着我们只能在迷雾中前行。我们可以提出问题，我们可以倾听回答，并且是战争儿童的亲口回答。只要他们的命运还没有被全面地研究过，他们就是除了少数几个时事评论家和心理治疗专家之外，我们唯一可以依靠的"专家"。

我们其中的一位专家就是古德伦·鲍曼女士，她出生于 1937 年，从事芭蕾舞教学工作直至退休。她从没有烫过头发，总是挽着传统的发髻。她一批又一批地从娃娃开始教芭蕾舞，她的学生中不乏真正的芭蕾舞明星。直到今天她还经常可以收到来自世界各地的问候卡，这些卡来自那些被她带上职业道路的学生，她们对她这位启蒙老师充满感激。

古德伦·鲍曼离婚以后，自己抚养两个孩子。不再工作以后，她的体重增加了几公斤，主要是在臀部，这让她无法习惯。她的面部线条也发生了变化,变得柔和了。但这明显是个优点,她周围的人会因此而相信,她是一个个性随和并且活泼的人。

或许如此吧,她自己也说,在过去几年里,她的内心发生了很大变化。自从她开始尝试回忆并梳理童年记忆起,这样的变化就一直在持续。奇怪的是,她认为她对战争的记忆是那么遥远,仿佛那是一个完全不同的她所经历的事情。

回忆在哪儿?

古德伦·鲍曼在搜寻儿时记忆的过程中,多次与昔日的小伙伴和熟人交谈。在喝了无数杯加糖红茶以后,他们得以逐渐找回那时的记忆,但后来的事实表明,古德伦对此的贡献是最少的。

"这很奇怪,我在战争中的那些经历,特别是每天都要经历的事情,现在都想不起来了,"她说,"特别是那些大事儿,那些其他人一直念念不忘的事情。所以我就问自己:为什么你不知道这些事儿?然后反复地问自己:为什么你的记忆力这么差?"

在我们会面时,我对她这种说法表示反对,她却可爱地、信誓旦旦地保证:"这绝对不是年龄问题,恰恰相反,现在反而比以前好多了。但我的记忆中真的缺失了很多东西,那些完全可见的、我曾经感兴趣甚至痴迷过的东西,也许只要一个星期就忘得干干净净。这也包括那些美好的东西。造成这种状况并非是因为那东西令人舒服或者令人不舒服……"

于是就发生了这样的情形,在一次圣诞祷告之后,她对她已成年的儿子说:"最让我吃惊的是,你居然能把所有圣歌都唱下来——每一首歌,甚至每一个小节。我从来没想过,他们在学校里还教了你们这些。""哎呀,妈妈!这些歌你以前不是总和我们一起唱吗?年年如此。"

不知从什么时候起，古德伦·鲍曼女士有了这样的想法：她现在如此健忘，是不是因为小时候妈妈经常要求她学会去忘记？而对这个想法本身她也是充满疑问的，没有任何把握。有时候她相信自己找到了真相，但接着又开始困惑……问题在于，她的记忆力本来就这么糟糕，那又怎么能相信这个想法的真实性呢？古德伦·鲍曼知道，她童年时期所经历的，以今天的眼光来看绝对是非常残酷的，然而当年的几十万儿童经历了同样的事情，但还没听说在德国有过这样一个庞大的集体失忆的群体。

接着她讲述了她的一个重要经历，那还是在她四岁的时候。"那是在一次空袭之后的夜晚，我如平常那样躺在自己的床上。整个城市火光冲天，到处都在燃烧。我看见我家对面的房子整个烧着了，摇摇欲坠并发出很大的声响。我还看到了那房子里熊熊燃烧的大火，至今我仍记得我当时有多害怕。因为太害怕了，我大声呼喊妈妈。她来到我的房间，在我的床头匆匆坐了一会儿，不停地安慰我并且对我说：'转身冲墙，那样你就什么都看不到了，闭上眼睛！'我很希望她能留下来陪我，但她走开了，走的时候还对我说：'你什么也没看见过……'"

她所在的城市是一座军港，因此遭到了比其他城市更猛烈、更频繁的轰炸。但在她的记忆里却没有留下任何画面。她知道，其他像她这个年龄的人，都能详细描画出他们在战争期间看到过什么，而对当时自己是什么感觉却知道的不多了。她却正好相反，当时的那种感觉她永远不会忘记。"我知道，有那么些东西，彻底吓坏了我，甚至无法用语言描述，但我再也不知道，那究竟是些什么。"

"我们曾经整年坐在地下室里"

古德伦·鲍曼女士不是在诉苦，她非常冷静地描述着发生的事情。"我们应该看到事情原本的样子。我们曾经整年坐在地下室里。在那里面人们只能坐着，躺下睡觉是根本不可能的。每天早上我们都被熬得筋疲力尽。"

在上学路上，一旦空袭警报响起，她便非常清楚该怎么做。但动作必须要迅速，否则防空洞的大门就关上了，你再也无处藏身。古德伦也曾遇到过这样的事情："敌人的飞机已经出现了，只有我一个人在街上。我很快地趴到地上。炸弹就在我周围落下。我再没有跟其他人说起过这件事。还有就是，那些年里妈妈总是要求我：现在你得真正高兴起来……"

她的父母希望她是一个开朗、活泼并且健谈的孩子，特别是在有客来访的时候。但当家里真来客人的时候，她总是会令人失望地大吵大闹一番，因为她知道，她这样做了以后就会被训斥一顿，然后到角落里罚站思过，而那正是她求之不得的。她的父母感到非常头疼，有这么个愚钝的孩子……

现在古德伦·鲍曼知道，她在空袭期间长期训练养成的"不去看"的习惯，实际上已经成了她性格的一部分，她用了一生的时间与之斗争。"我很早就知道这点，并且常常问自己：我为什么会有这样的反应？为什么我会那么容易就忽视很多东西？……"

自她开始追忆自己的童年起，就经常会做同一个梦。在梦里，有人和她说：你需要一副好点儿的眼镜，一副大眼镜。古德伦·鲍曼得出结论，她最终要学会的，是正视生活中所发生的一切。今天她相信，这也正是一个保持良好记忆力的方法。

"如果我有一个能信得过的记性，在我的人生里，我肯定还会去做很多其他事情，"她这样说着，若有所思，"我在年轻时就总在想，我要尽可能多地学习，因为我知道得太少了。很久以后我才明白，我其实是有心理障碍的。"

这样一种心理障碍，首先对她的个人生活产生了极大影响。很多重要的关系因此而中断。对其他人而言,其实很难相信她真的这么健忘。而现在,那些与她同龄的老人会发现自己很快就会忘记别人的名字和发生过的事情,她却不是这样。她的记忆在重新回忆起童年旧事的过程中逐步好转。心理障碍减轻了,这只是一个小小的安慰,但却极大地缓解了她精神上的压力。很多在她人生中非常古怪的行为,很多她自己都看做很糟糕的事情,现在都变得很有意义了。她终于搞清楚,她在童年时代所学的那些东西,不是教她如何"生活",而是教她如何"生存"下去。如果她没明白这点,她将一直被所学的那些东西误导。

战争结束,面对生活时的恐惧

战争结束时,古德伦八岁,对此她记忆犹新。某天早晨,她的父母告诉她,战争结束了,并且向她解释,这意味着什么:我们终于可以穿着睡衣上床睡觉了,再也不用钻进防空洞,甚至可以开着灯一觉睡到天明。这可是她一直以来最渴望的事情。"但我很快意识到,这样的生活对我来说未必是件好事,因为一直以来,我所学到的,都是如何生存下去。我可以很好地应付战争时期的生活。尽管那是很可怕的,但我可以应付。然而突然之间,过去的生活不复存在,对此我完全没有准备。这使我感到深深的恐惧!"

这不应该是一个八岁孩子的想法,不过这种想法也的确不是出自一个正常的八岁儿童,而是出自一个成年化的儿童:"就像我以前对死亡充满深深的恐惧一样,当一切都慢慢变好的时候,我产生了对生活的深深的恐惧。"

而在今天,在她重新审视思索了自己的人生以后,她对自己在一连串事故中的表现也有了新的理解。她一直感到奇怪的是,每每她躺在医院里的时候,她从不会沮丧或者感到恐惧,而是如她自己所说,"心理上非同寻常地坚定"。所有人都对她所表现出来的勇气感到惊讶,不管她的状况如何。她从不需要竭力控制自己,不管面对怎样的病痛,她仿佛永远充满力量。也正因如此,每每她恢复的速度都比人们料想的要快得多。

仅在不久前,在她向一位不太熟悉她情况的医生讲述自己的事故经历的时候,那位医生不禁问道:"您是不是非常善于面对这样的灾难?您早年是不是曾经学习过如何面对灾难而不是如何享受生活?您是不是需要不断面对灾难,以充分施展您在这方面的才华?"

古德伦回答:"我想是的。"

她所从事的职业要求有很强的纪律性,而对此她简直如鱼得水。对她而言,跳舞是一个按部就班的职业。由于她强大的自律能力,她从来也不是一位充满激情的舞者,而这却使她成为一位出色的舞蹈老师。

纪律是她所学到的生存法则之一。只有有条有理的日常生活、确定的规则和习惯才可以消除健忘所带来的不便。她的生活谈不上玩乐、享受,也没有很多信仰。从 30 年前开始,她就是独自一人生活,没有伴侣。但就是这样,她也觉得没什么好抱怨的。她与两个儿子关系很好,只是由于两人都不善于交际,因此她还不知道什么时候能够抱上孙子。

"我的儿子们非常爱我,他们友善、乐于助人,会经常称赞我,"她这样说道,"只是他们从不愿听我谈论战争时期的个人经历,那些是直到今天仍在影响着我并对他们的生活同样产生影响的巨大的精神伤痛。每每此时,我的大儿子会闭上眼睛装睡。"这位母亲没有觉得这有什么不好。"我的儿子们只是想听我说些别的。"她的生活中没有更多的乐趣,直到她开始学着使用一些新式的电子产品,最早是从手机开始的。"最大的好处是,它可以从早到晚一直陪伴我。"

学习新知识同样可以让她感到快乐，准确地说，这是她最喜欢做的事情。她充分相信精神医学上的说法：老年人的头脑依然是充满活力的，并随时准备着吸收新知识。

以前她的学习是因为压力被迫的，她说，但现在完全不同。从某种意义上说，她现在的学习完全是出于自觉自愿："我的生活一直都是那样艰难，现在可以说是好得不能再好了，比起我的童年和青年时代，实在是好太多太多了。"

现在的她清楚地认识到，以前的她完全是在浑浑噩噩地生活，至少她生命的头30年是这样的。此间她也曾接受过心理治疗，但完全针对战争精神创伤的治疗却从未有过。她现在所需面对的精神上的痛苦相比较而言还是可以承受的，尽管当触及伤心之处时，正如在童年时那样，她会深切地渴望能够关起门来好好地哭上一个星期，而这之后就像什么也没发生一样。对她来说，一直支撑着她的就是"铁的纪律"。

为什么，我很想知道，为什么她不愿接受极有针对性的精神创伤治疗？在回答我之前，她缓缓地摇了摇头。"关于这件事我也曾想过很久。但最后我对自己说：现在也不会再发生些什么了，剩下这些年我会挺过去的。我现在的生活相对来说已经很安宁了。"

除此之外，她还有着"老脑筋"：不要把自己看得太重要，这不是你该得到的。那些亲朋好友要知道了该怎么议论……

第二章

儿童需要什么?

当儿童的心灵遭受重创的时候,他们最迫切需要的是什么?这个问题并不难回答。他们需要大人们富有爱心和耐心的照料。

一位谨慎的老人

　　当儿童的心灵遭受重创的时候，他们最迫切需要的是什么？这个问题并不难回答。他们需要大人们富有爱心和耐心的照料。而在战争期间，以及战后的苦难岁月里，又到哪里去找这样的大人呢？谁还会依旧那么专注、镇定，最重要的是还有时间，把一个惊慌失措的孩子哄睡着？又有谁会为他们驱赶噩梦带来的恐惧？谁又能理解那些小男孩儿和小女孩儿在他们自己的世界被打碎时的愤怒，并用爱心而不是棍棒去抚慰他们？谁可以与一个默不作声的孩子一同沉默下去，以此来亲近他们？谁可以放下一切紧急的事情，用自己的大手握紧小手，让孩子感到安全？谁还能用平静的声音与孩子们交谈，而谁又可以做一个合格的听众？……

　　孤独的残壁上，空荡荡的窗框将刚至的夕阳吞吐成紫红色。尘霾在将倾的烟囱之间飘荡。整片废墟静静地打着盹。他紧闭着双眼。刹那间天色仿佛更加阴沉了。他觉察到，有人来了，就站在他面前的昏暗之中，无声无息。他壮起胆子偷瞄了一眼那双裤腿，很快分辨出，那是一位上了年纪的男人。

　　"你就睡在这里，是吗？"男人问道。

这是沃尔夫冈·博夏特（Wolfgang Borchert）著名的短篇小说《夜晚老鼠也睡觉》的开篇一段。这篇小说是德国战争文学史上非常独特的一篇，小说的中心人物不是士兵，而是一位年仅九岁的男孩。在他夜以继日地守在已成瓦砾的家园故土不愿离去时，一位陌生的男子小心谨慎地引导他重新走入生活。

"如果你不出卖我的话，"尤尔根连忙说道，"是为了老鼠。"

弯扭的双腿折返了一步："为了老鼠？"

"是啊，它们可是会吃尸体的，人类的尸体。它们就是以此为生。"

"这是谁说的？"

"我们老师。"

"而你就这样守着老鼠？"男人问。

"当然不是守着它们！"随后他极其轻声地说："因为我的弟弟就躺在这下面。这儿。"尤尔根用棍子指向倒下的墙垣，"一颗炸弹砸中了我们的房子，地下室里的光亮一下子就消失了，他也是。而那时我们都还在叫喊。他比我小很多，才四岁。他一定还在这里。他还比我小那么多呢。"

男人从上方俯看着那团蓬乱的头发。过了一会儿，他突然开口："哎呀，你们的老师难道没有跟你们说过，老鼠晚上也会睡觉吗？"

"没有，"尤尔根小声地说，他看上去忽然显得很疲惫，"他没说过。"

"唉，"男人叹了口气说，"连这个也不知道，还能当老师啊。老鼠在晚上真是要睡觉的。你晚上大可放心地回家，它们晚上总是在睡觉。天一黑下来，它们就已经睡了。"

尤尔根用棍子在废墟中挖着一个个小坑。这些都是小小的床,他想,全都是一张张小床。

这是一段很特别而又感人的对话,精彩描述了如何赢得一个心灵遭受巨大刺激的孩子的信任的第一步尝试。

这时男人又开腔了,而他那双弯曲的腿不停地颤抖:"你知道吗?现在我就去喂我的兔子们,等天色暗下来我就回来接你。或许我还可以带只兔子来。一只小小的,你觉得怎么样?"

尤尔根在废墟中挖着一个个小坑,这些全都是小兔子。白色的,灰色的,灰白色的。"我不知道,"他望着那双弯曲的腿小声说道,"要是它们晚上真的在睡觉的话。"

男人这时已经越过了断垣,来到了大街上。"当然,"他在那里说着,"你们的老师真可以收拾东西走人了,他连这个也不知道。"

此时尤尔根站了起来,问道:"我真能得到一只吗?也许一只白色的?"

"我试试看吧,"已经走远的男人高声说道,"但你必须在这里等着,等我回来带你回家。我还得跟你的父亲聊聊怎么搭一个兔子窝呢。关于这个你们可真要弄清楚。"

这位年迈的男人向男孩提供了什么,以使他重新回到生活中来?不多。只是一个儿童可以理解的"善意的谎言":一只小兔子,还有一个可以陪他回家的承诺。男人没有去教这个孩子怎么做,没有胁迫他,更没有试图直接拖走他。

没有父亲的孩子

像我这样战后才出生的人,已经习惯于长达60年的和平。我们很难想象,曾经有那样的孩子们,整天都处于孤立无援的境地,甚至没有人试图找到他们。也许，尤尔根的母亲正是在一次毁灭性的空袭后，惊慌失措地离开了那个被摧毁的城区，带着她另外两三个幸免于难的孩子。随后，他们与其他那些成百上千的无家可归者一起，在紧急避难所过夜。早晨，他们会在火车站等候着进行紧急疏散的火车。也许直到严重超员的列车最终驶出之时，他们才发现，尤尔根不见了。

很自然她会想到，他一定是在拥挤的人群中走散了。但她无论如何也想不到，他是悄悄溜走的，只是为了守护他小弟弟的尸体，使其免遭老鼠的骚扰。母亲还能做些什么呢？她只能如同囚徒般坐在车厢里，不停地祈祷：也许到了晚上什么时候，会有亲戚或者邻居打电话来，告诉她尤尔根出现了，一切安好……

故事中有一点在现实中非常不可能出现的是，这个九岁的尤尔根真有一个还可以帮他搭兔子窝的父亲。大多数儿童只在他们的军人父亲回家探亲的时候见过他们。经年累月，每个家庭都攒下了数量可观的战地来信。而总会从那么一天开始，他们能得到的就仅仅是父亲还活在战俘营里的消息，甚至从此音讯全无。

在战后最初的几年，人们得出了具体的统计数字：有多少孩子失去了父亲。而这对战争儿童这一代人来说，所导致的后果显然是极其严重的。

1950年的一组统计数字显示：

——300万人阵亡；

——200万人失踪；

——200万人因伤致残，其中超过50万人截肢；

——200万人从战俘营被释放。

那些在俄国战俘营里待了若干年的德国人，境地凄惨。若干年前，德国人也是这样对待那些被视作劳工奴隶的东欧人的。很多的返乡者原先都已身为人父。饥饿、疾病缠身以及他们无法自我控制的间歇性反常行为是其普遍特征。

返乡者的困境与愤怒

我的童年时代正处于20世纪50年代。我和我的女伴们很容易就可以在身边碰到半打这样的男性：他周边的人都遭受着他突然暴怒的折磨，这其中甚至还有老师。而这样的闹事者却被大人们保护了起来。要亲善地对待这些人，从小我们就被这样教育。直到有一天，我终于明白，人们对这样的人其实充满了同情。几个关键词就是：战争，战俘，头脑损伤。人们面对他们的疯狂举动，就像面对夏日里的暴风雨。暴雨将至，人们需要做的，就是迅速躲藏起来。此外，小伙伴们还会感谢老天，这样一个举止反复无常的人不是自己的父亲。而那些人一旦发作起来，就会对他们的子女大吼大叫，甚至殴打子女。

终日里被恐惧情绪困扰的，并不仅仅是那些年轻的退伍军人，还有那些参加过两次世界大战的老兵。直到后来，当我们在学校读到了沃尔夫冈·博夏特和海因里希·玻尔（Heinrich Böll）的作品时，我们才学会如何去理解他们。

在精神病院留下病历档案的返乡者绝非少数。在此人们要知道的是：直到60年代，医护人员都并不了解，尽管精神疾病发作的原因与其他各类器官性疾病完全不同，但由此对身心造成的损害程度，同样是可以诊断出来的。准确地说，健康的身体本身不会导致精神类障碍，而是另有成因，那就是遗传性抑郁症或者长期处于一种脆弱不堪的心理状态中。

当时的一个医学定论是，一位深度心理异常的患者，如果他的身体并没有遭受暴力的痕迹，甚至没有长期遭受外部精神压力的迹象，那么他就不是我们所说的因战争而导致心理创伤的患者，一定是由于其他某个特定的原因才导致他产生了精神障碍。

这样的医学信条给那些从战争灾难中幸存下来的人带来了严重后果。德国法院的审核官们正是依据这样的诊断，拒绝给予这些人应得的救助金和治疗费用。这样的处理，对这些纳粹政权的受害者来说，实在是冷酷无情。1963年，美国的德裔心理分析专家库尔特·艾斯勒对这个问题尖锐地发问："一个人要在不会产生任何不适的前提下，杀死多少自己的孩子，他的体质才被认为是不正常的？"

现在，这些返乡者的命运就摆在德国医学界的面前。他们中的很多人都是战争的参与者，更准确地说是战俘营的幸存者。那些因战争和被俘的经历产生精神问题的病人的比例爆炸式增长，而在医院的病历里，他们的问题被处理为"体质问题"。人们可以这样理解，他们在医生面前所显示出来的某些精神障碍，不过是以前那些所谓的"脆弱的角色"重演罢了。

诊断："营养不良"

在战后的德国，那些对这一课题感到力不从心的精神病医师为了解决这一问题，引入了一个特别的疾病概念："营养不良"。这一概念，把人们所遭受的身心创伤统统解释为是由早期严重缺乏食物造成的。今天我们可以轻易看出，这个概念不过是在当时物资紧缺的情况下的一个发明而已。营养不良症患者主要症状为：沮丧，注意力涣散，无法控制的易怒，或者总有一种感觉，即敌人随时在他身边。人们可以这样说：对许多人来说，尽管他们已返回家乡，但战争仍在继续……

这个"营养不良"的诊断，就我所知，对儿童是完全不适用的。但基本来说，专门针对精神创伤人群的治疗十分罕见，因而很少被记录下来,对成年人和儿童而言均是如此。很多家庭无法寻觅到慰藉。尽管如此,在暴力与毁灭中,总还是能找到孤零零的安全岛。其中一个被作家彼得·怀斯在1947年发现,他在瑞典的一份报纸上对之进行了描写:

> 柏林北部有一位儿童精神科医师。她是少数几位面对困境仍在坚持的人之一。她有一种独特的人性力量,她散发着平静与对生命热爱的气息。在她那些弱小的小朋友身上,她找到了人生的价值。那些孩子来自儿童福利院,那里的经历是导致他们尿床的精神原因所在。在那里他们还会仅仅因为面露恐惧而遭到毒打。他们无父无母,他们的父亲不是战死就是仍在战俘营,他们要独自一人随着逃难的人流漂泊,不知去向何方。
>
> 儿童福利院有一位八岁的女孩。在一次空袭后,她看到了妹妹残缺不全的尸体——一个令其终生难忘的直面死亡的经历。后来人们告诉她,她的妹妹现在成了天使。从此她就总是能看到这样一位天使:有着她妹妹支离破碎、腐烂的双手的天使。在儿童福利院,她因为这样的描述而遭到了惩罚。到这位女医生找到她的时候,她已经半死不活了。这个女孩已经不会说话,但她的双手依然灵巧。她叠了一个娃娃——一个带翅膀的女孩,她为它的胳膊缠了一圈绷带。之后女医生陪她玩葬礼游戏,就此开始了她的第一个疗程。

给"难民儿童"的早期指导

当我浏览那些旧报刊,以便更好地了解当年儿童的状况时,我有了一个重要的发现。斯图加特的恩斯特克雷特出版社在1952年出版过一套教育类的指导性丛书,共四本。每本书1.9马克。其中三本的书名分别为：《身处异乡的难民儿童》、《让儿童玩耍》、《将陌生的孩子视如己出》。一位敏锐的作者在《新进步报》上就此评论道："读了这几本小册子，你会觉得，一个难民儿童，也许曾在逃难的路上完全一人独自承担过对弟弟妹妹的责任，而在一个新环境中，面对陌生的生存规则，他们不服管教是很正常的事情。对这些背井离乡、失去父母的孩子，不应该让他们承受更多由自身背景问题导致的压力了，应该让他们在一个没有成见、体贴入微、充满爱心的环境里茁壮成长。"

今天，这样的说法是很有说服力的。而那时候，在家庭里，孩子无条件听话是最重要的，对此，当时的教育界则是最主要的推手。甚至报纸文章的书评也是这样一种腔调："这四本册子的基本论调就是：对于儿童令人无法理解的幼稚、冲动、软弱、不理智的反应，不应用暴力去消除，而应尝试予以充满爱的理解。"

自然，当时也有留意这一问题的教育工作者，也有善良的、关心他们子女的父母。但很明显他们为数极少，因为当时的成年人被完全不同的另一个教育问题困扰着。丛书中的第四本名为《被威胁的青少年——危险的青少年》，书名已经清楚地说明了当时的情势有多么严峻，随着时间的推移，父母们不得不越来越认真地对待这个问题。无论是在修辞还是在语气上，这类小册子都与纳粹时代那种视儿童为敌人的指导性书籍完全不同。人们取消了教育学上所谓冲突的典型情境的列表，作为替代，书中建议那些父母——也许对他们来说很难理解——要去认真地观察与倾听。不可以指着鼻子互相指责，不管是孩子还是家长，而是要尽可能使用让人感到舒服的、平静的语气。另外一个原则是要就事论事。

这本薄薄的有关难民儿童教育的小册子，描述了那些常常令人难以察觉的暴力，而最主要的是教大人如何以一个小孩子的视角看待所发生的事情：

逃难的过程在一开始是非常好玩的,至少很有趣。孩子们睁大眼睛四处看。而当黄昏来临之际,周围的环境却开始令人感觉毛骨悚然!"我们想回房间了,妈妈。为什么我们还不回家?"天越来越冷,越来越黑。这些两到六岁的小孩子们不会理解,这到底是怎么回事。他们狐疑的神情,就像鸟巢被人袭击掉落在地的雏鸟。

作者伊丽莎白·普法伊尔(Elisabeth Pfeil)并没有过多地致力于描述那些非常特殊的创伤经历,而是尝试通过这种日常生活中的、大家都试图忘却的场景来引起父母们的注意。有些事情,即使逃难的日子已经过去,也会让孩子们永远不再感到有安全感。

孩子们开始比较:"所有的孩子都有玩具,只有我没有。""为什么我们没有苹果?其他所有人都有苹果。"已经是复活节了,尽管事实上什么也没有,但孩子们还是可以从家庭主妇那里得到几个复活节彩蛋。四岁半的胡伯特对此非常确信:复活节兔子会给他带礼物来。但他什么也没有得到。在他开始哭泣的时候,一位女士给了他一个很大个儿的惊喜蛋。他满怀希望地把彩蛋打开,但里面空空如也。对他来说,整个世界早就塌了,但他对复活节兔子还是充满信任的。然而现在,那里面什么也没有,连兔子也骗了他。

另一方面,父母也通过这本书得到宽慰。书中告诉他们:在周围环境恢复正常的时候,他们也会很快恢复过来。在这本书中,这些难民儿童的适应能力正如在早期所有的出版物中那样,再次被大大地褒奖。

芭芭拉已经八岁了,在她的这个新世界里,她一直在一位当地人的监护下生活。她说起话来,已经带有浓重的威斯特法伦口音,那是她的第二故乡。在已过去的这段时间里,她始终不信任周围的人。但尽管如此，还是发生了这样的事情：吃饭的时候，人们聊起来，一户邻居必须要搬出他们的住宅。这个孩子顿时脸色苍白，放下餐匙，问："妈妈，我们又必须要离开了吗？"

与父母相比，儿童往往能更快适应一个新的环境。另外，对成年人来说，逃难的历程除了令人恐惧之外，没有什么别的了，但孩子不是这样。

"不是吗，妈妈，我们下次再逃跑的时候，我可以留下我的双肩背包？"沃尔夫已经是四岁的小伙子了，他可以把自己最喜欢的玩具装进自己小小的双肩背包里，背着上路。但这一家人被一辆军车捎上了，准许他们上车只有一个条件：什么东西都不可以带。他们要尽可能多地装些人上去，这是经过这里的最后一辆德国汽车了。因此，这个小孩也不得不把他的小背包扔掉。他的这句话其实表达了两个意思：其一是，他还没有从那次的痛苦经历中缓过来；其二是，"我们下次再逃跑的时候……"这句话表明，这个世界对这个小家伙来说是这样的：人们总是时不时地要逃跑。

稍微大些的孩子在谈论起这样的戏剧性经历时，经常是这样的口吻：他们能被准许参加这样的冒险游戏，实在是一件十分幸运的事儿。下面这首由一位十岁的孩子写的诗说明了这一点。

1945年2月10日，离开了，
从漂亮的父母住宅。
如果马和马车还在，
旅行终将那么愉快。
他们在前面那个村庄里甜美地睡去，
那里的人把拐杖和帽子挂在钩子上。

> 就这样继续吧，
> 不管晴天还是阴天，
> 永远继续，穿越远方，
> 直到终有一天，那好吧，
> 我们要和俄国人做点什么。

这首诗使我回忆起我常常听到的那种说话方式。许多成年人对他们在战争中的童年经历进行描述时，声音中并没有带着恐惧，反而似乎还乐在其中。"至少从没有无聊过。"伊丽莎白·普法伊尔同样十分准确地把握住了这首小诗以及其后的真实含义。

在这首诗里，逃难途中的一切都被描述了出来：他们是如何启程的，途中有哪些有趣的东西，探险般的旅行，以及孩子对那些于他而言不寻常事物的观察（人们把帽子挂在墙上的一个钩子上）。逃难途中，他们的经历不断变换，随后又失去了他们的马和马车，直到他们最后被敌人截获。写这首小诗的男孩，事实上亲身经历了他们一家人的艰苦跋涉，亲眼目睹了弟弟是如何掉队，他们又怎样不得不因此回头搜寻的事件。母亲不得不像女仆一样拼命工作，而那些士兵又残忍地强暴了她，所有这一切的大恐怖，最终化为简单的三个字："那好吧。"

第三章

一个不为人知的静默世界

他们是我们民族中一个沉默的未知世界,一个很少被研究与调查的另外的世界。……我们现在必须为被遗忘的这一代人做点什么了。他们的命运从未被认真关注过,更未被深入研究过。

当整个德国陷入饥荒

二战刚刚结束之际,德国人的生存状况和健康状况是怎样的?记者伊萨克·多伊彻(Isaac Deutscher)在他发表于1945年9月29日《经济学家》杂志上的文章里这样描写了他对当时柏林的印象:

> 当人们注视那些面孔时,可以很清楚地看到,他们中至少一半人都在挨饿。而让我们做出这样判断的不是通常所说的瘦削的身体,而仅仅是他们的脸色。童车里婴儿的脸色是死人般的铁青,身上的肉看上去像用蜡或者肥皂做的。小孩子的脸色通常是黄色的,但12岁以上孩子的面色,看上去与大人的一样苍白,除非他们患了黄疸。

整个德国都在挨饿。瑞典的彼得·怀斯(Peter Weiss)在报纸上写道:

> 那些德国人沿街蹒跚而行,仿佛半梦半醒,完全无视身边的交通状况。而当某位路人随手扔掉一个烟头时,他们会立即跃起,直奔烟头而去。在属于那些远道而来的"外国客人"们的垃圾箱里,他们可能会翻出烂橘子、土豆皮、啃过的骨头或者沙丁鱼鱼刺……看上去,在全国人口中也许都找不到一对正

在热恋的情侣，只有那些外国大兵在匆忙而又草率地与那些德国女孩进行着"爱"的冒险，因为她们实在是物美价廉。

像伊萨克·多伊彻和彼得·怀斯所写的这一类报道，在德国国外引发了一个对德援助的浪潮。这些援助主要来自美国和瑞士。心理治疗专家哈特穆特·拉特伯德（Hartmut Radebold）在他名为《缺席的父亲与战争中的童年》的书中提到了他的一位姑姑。她生活在美国占领区，那里供给充足，所以可以经常把燕麦片放在信封里寄来，每次50克到100克。

饥荒在联邦德国的城市中持续到了1947年底。而在民主德国，某些地区的居民直到20世纪50年代初仍然无法果腹。1950年，联邦德国地区共有900万儿童生活状况极差，甚至可以称之为非人的生活。在难民收容营里全部的30万人中，近一半是少年儿童。

我大量浏览早年的报纸，希望通过这种方式更好地了解当年的状况，但渐渐对当时的真实情况产生了更多的疑问。1952年4月30日的《新报》抱怨说，对儿童的健康状况一直没有一个准确的统计。而根据医学界的说法，结核病的传染率比1939年时高出很多。这篇文章还报道了基尔市卫生局对当地中小学生的营养和经济状况所做的调查。在当地，10～11岁的儿童中的半数不能定期得到牛奶，而五分之一的孩子饮食非常单一。

1945年，有550万德国儿童失去了家园。但这个数字也许出入很大，有的说法是仅仅140万。

1952年，一份有关达姆施塔特市战后青少年的社会学调查报告被公开。这个城市的社会状况在当时非常有代表性，从而使这份调查报告具有重要的参考比对价值。达姆施塔特市在战争期间超过50%的城区被摧毁，当地的社会状况与其他德国城市相比，非常具有典型意义。比如报告中说，那里14岁的儿童中有四分之一没有自己的床。《法兰克福汇报》对这一调查报告做了详细的评论："这是一个新的危险的根源，它会令家庭中父母由于过重的工作压力造成的精神紧张以及缺乏耐心变得更加严重，而使已经十分紧张的家庭关系变得更加紧张。"特别是那些父母离异家庭的子女（"1950年在达姆施塔特市有229对夫妇离异，而1934年仅有92对"）更是首当其冲。而再往下的一句话没有那么夸张，但仍不无担心地指出："尽管我们无法证明灾难性的轰炸造成的伤害是持续性的，但事实上，那些逃难的和被疏散的儿童很难适应新的环境。"

从20世纪50年代中期开始，正如其他的报刊文章所指出的那样，即使是这些逃难而来的儿童，在身高、体重等各方面的身体指标上也已经没什么问题。人们因此赞誉学校系统在这方面极富效率的工作。同时也提到，这些外来的儿童可以毫不费力地掌握当地的方言，并融入其中。

这是一个成功的新开端，至少看上去是这样。我非常愿意相信，当时的情况的确是这样。"经济奇迹"时代的开始，治愈了民族的旧伤。始终不能从过去恢复过来的，也许仅仅是一小部分人。但事实上，更多的问题却没有得到回答。

研究，测量，称重

我们完全不曾了解，当年的德国儿童，对哪一个时间段、在多大程度上仍旧背负着战争和曾被驱逐的沉重回忆。而这实际上在当时也引起了心理医学界的广泛关注。但以今天的眼光来看，当时的研究成果实在令人失望，因为当时的人们一直抱有这样先入为主的观念：尽管你的测量手段无懈可击，但仍然无法测量到的东西，事实上就一定不存在。

《德国战后儿童调查报告》就是一个最好的例子。这个调查报告发布于1954年，作者是三位教授——柯帕（Coeper）、哈根

（Hagen）和托梅（Thomae）。这是在德国战后第一次由一群医生和心理专家对主要出生于1937—1938年间和1945—1946年间的儿童所做的全面的身心调查。而对于战争后遗症对儿童身心的可能影响，在冗长的导言里却根本没有提及。

这个项目由马歇尔计划提供资助，采集了4 400名中小学生的数据进行评估。但那是怎样的数据？其最突出的特点是，充满无穷无尽的有关儿童身体各部分均值的数字、表格。按照今天的观点，这简直是一种疯狂的举动：对儿童的身体进行测量，直到细枝末节，并把结果一丝不苟地列出清单，以便让克雷奇默式①的专家们顺理成章地按他们的理论将之归纳为若干类疾病。

即使是在当时，也有人对这种用体重秤和皮尺进行的所谓科学的研究提出异议，但也只能是暗自叹息。比如，芭芭拉·科里（Barbara Klie）在她的文章《基督与世界》中指出："那些门外汉、孩子的父母，还有那些老师，没有谁会关心有多大比例的德国儿童被归入克雷奇默理论所说的苗条型、运动型或是矮胖型，或者这一群儿童与另一群相比，是否更容易患上腮腺炎。"

下面这组统计数字和结论是报告中仅有的在今天看还有点儿意义的东西：

——战后四分之一的儿童没有自己的床。

——36%的儿童牙齿健康，也就是说，其他三分之二的儿童牙齿都有问题。

——10%的儿童患有猩红热，6%患有白喉。

——一个出身贫苦，特别是来自那些难民家庭的儿童，在学校的成绩往往比其他人更加出色。但如果靠勤奋仍不能成功，他们就比不过其他人了。

---

① Kretschmer，德国的精神病学家，著有《体型与性格》一书。——译者注

"这让我们印象太深刻了,这是典型的机械主义式的生搬硬套,"芭芭拉·科里写道,"从这些测量数据以及枯燥的百分比中,人们根本无从了解那些被幸运抛弃的儿童的实际状况。对他们而言,轻松美好的童年生活从很早开始就已经是一种奢侈了。他们变得少年老成,但这本身就是不正常的。"你可以明显感觉到,作者在为这些战后儿童鸣不平:"他们当中很多人的早年经历只有逃难、营地和地堡。"

"今天比以前笨了?"

一年以后,《世界报》再次关注了这个教育问题,发表了一篇评论文章,名为《今天的儿童比以前笨了?》。慕尼黑的心理学家阿尔伯特·胡特(Albert Huth)对1.3万名13～15岁的少年做了测试。与战前相比,其平均智力水平下降了约5%。当然,他的题目——如何把一个由多个小木头块组成的正方体打乱后重新组合起来,考察的更多的是一种模糊的空间想象能力。结果是:男孩所需时间比从前增加了12%,而女孩则增加了33%。可以说,这些中学生在空间想象方面的能力,明显退步了。胡特认为,这一方面当然是由过去的时代过重的生活压力造成的,但更多的是由于"广播、电影和电视"不断增长,带来了过度的感官刺激。

在此之前的一年,西北德意志广播电台在了解德国青少年方面的一篇文章具有划时代的意义。这是一份对1929年至1938年出生的听众所做的关于他们的人生态度、价值观和爱好的调查,题目为:社会学家眼中的战争儿童。尽管从中人们还是无从了解战争对这些人所造成的精神影响,但至少可以从他们的观念里追寻到一些蛛丝马迹。

从今天的角度来看,调查结果并不令人激动。可在当时,这一文章却在媒体和社会学界产生了广泛影响,因为这是首次对这一人群的生活近况进行调查。这份调查显示了这一人群的普遍特征。这些"均值的"少年人——当时就是这么称呼他们的,通常非常勤奋,努力去获得一个有保障的职业。虽然他们普遍对参与政治毫无热情,但他们并不害怕面对一场新的可能爆发的战争。

那还是这样的一个年代:在大学课堂上,男孩们要穿西装打领带,而他们的女同学则穿着白色衣领的长裙或者戴着珍珠项链。对于调查中的这样的问题:"有没有一个理念,会令您为之痴狂?"三分之二的受访电台听众回答"没有"。大多数人(67%)会"定期"或经常性地阅读报纸,他们在收音机里最爱听的是轻音乐,并热衷于去电影院欣赏电影,主要是那些反映现实生活问题的电影,而矫情的爱情电影并不符合他们的口味。他们不会阅读有关战争的书籍。几乎一半的年轻人不属于任何协会团体。每五个人里就有一人会独自度过业余时间,并认为自己不太合群。每四个人里就有一个找不到任何人可以倾诉个人的生活问题。此外,80%的年轻人会听从成年人的建议。

谢尔斯基的发现

1957年,社会学家赫尔穆特·谢尔斯基(Helmut Schelsky)出版了他最为著名的书《怀疑的一代》。书中重点考察的对象是出生于20世纪30年代的青年。"人们在今天的成人世界中有时候会听到这样的呼声:我们需要让年轻人有'新的理想',"谢尔斯基写道,"老一辈人对现实社会中'理想主义'的缺失充满失望,年轻一辈普遍缺乏理想。老一辈人认为,'理想'一直都是真实存在并可以被传播的,只是年轻人根本没有去追寻过,因为他们并不准备相信它。而在20世纪二三十年代,在年轻人中,理想主义精神随着国家政治上危机的不断加剧而不断高涨。"

这位社会学家相信，来自战争的人生经验和它所造成的精神后果，使这一代年轻人完全摒弃了"对政治信仰的奉献精神和意识形态上正确的追求，而这正是上一代年轻人所具有的本质特征"。

谢尔斯基非常准确地把握了这一代年轻人。每个人，特别是那些青年人，他写道，已经"彻底地相信，在这样的政治和社会环境下，人性整体上很软弱"。除此以外，他还发现，"怀疑的一代"依然继承了父母一代的价值观。考虑到战后的条件状况，这些青少年实际上和成年人一样，面前只有一条路：生存下去，建立自己的生活。

接着，这位社会学家甚至预言说："总体来说，正如人们总是热衷于为世界上的历史性阶段冠名，这些青少年将被称为'安静的一代'。"他们比那些政治家更清楚明白，德国已经彻底退出了国际政治舞台。事实上，他们对此非常满意。他们所在乎的，只是自己如何更好地生活下去。

如前所述，谢尔斯基主要关注的是 20 世纪 30 年代出生的一代人，而在战争期间出生的一代，却显示了不同的发展方向。1955 年发生了第一次所谓的"愤青骚乱"，而谢尔斯基看上去似乎也无法确定该如何评价这一现象。

首先，参与其中的主要是那些出身于工人阶级家庭的青少年，但不久后，这些组织同样吸引了普通市民家庭的子女。他们在街巷角落聚众饮酒，骚扰路人，挑衅滋事。他们最喜欢也最常干的事儿，就是撬开汽车出去兜风，最后将之扔在路边的阴沟里。他们是德国最早一批穿牛仔裤的人，那时候还称作工装裤。他们的偶像是马龙・白兰度和詹姆斯・迪恩。他们喜爱的音乐是爵士和摇滚。

《汉堡晚报》在 1956 年 6 月 16 日的一篇文章中写道："人们心

甘情愿地被煽动起来和去幻想。而在路易·阿姆斯特朗①的音乐会上发生骚乱并不是偶然的。"在举行音乐会这样的活动时，几乎必然会引发街头战斗，数以千计的青少年聚集在一起，暴力对抗警察。这样的情况一直持续到1956年底。

因为这股愤青潮流并不是德国一国的特有现象，其他国家也同样遇到了这个问题，所以很难说这里有着德国特殊国情的原因。这只是一些堕落的青年？人们不禁要问：究竟为什么会这样，特别是为什么有越来越多的来自"极为普通家庭"的青春期少年参与其中？那些乐于思考的评论家指出，这股风潮的产生，是由于这个年龄段的年轻人在他们童年时，曾担负了养活家庭的职责。他们大偷特偷，参与黑市交易，吸烟，并且把子弹当玩具。很快，他们就成了"早熟的儿童"。在那些城市废墟上，他们已经在自己的圈子里自然而然地形成了属于他们的"游戏规则"。50年代初，当许多父母在自身境况得到改善的时候，突然想起自己还承担着教育子女的义务，并开始像从前那样以独断专行的严格手段教育子女。而这已经明显太晚了：自己的孩子不再与自己沟通，因为他们已经不再是循规蹈矩的青少年。

一方面，谢尔斯基非常正确地看到，这些"愤青"仅仅是少数，只是媒体对他们关注过多，实际他们并不能反映整个一代人的普遍特征。另一方面，这位社会学家清楚地意识到，这些"愤青"目前的状况只是一场规模将远为庞大的反叛社会运动的前奏。因此，在他的书中，他引用了一首作者佚名的小诗，希望引起人们的关注。诗的名字是《致弱者》，这里的弱者，明显指的是当代的成年人。诗中写道：

  你们没有给我们指明方向，那些有意义的，因为

---

① 20世纪最著名的爵士乐音乐家之一，被称为"爵士乐之父"。——译者注

> 连你们自己也找不到方向,并且错过
> 对它的追寻,
> 因为,你们是懦弱的。
> 你们对那些禁令所说的,
> 脆弱的"不行"听上去是那么纠结。
> 我们只需要呐喊,
> 因此你们拿开"不行"吧,说"可以"。
> 以此来抚慰你们脆弱的神经。
> 你们可以将之称作"爱"。
> 因为,你们是懦弱的。
> 你们向我们购买安宁,
> 只要我们一直都还那么小,
> 用电影票钱和冰激凌。
> 你们并不是为我们着想,
> 而只是为你们自己的便利。
> 因为,你们是懦弱的。
> 爱的懦弱,耐心的懦弱,
> 希望的懦弱,信仰的懦弱。
> 我们是愤青,我们的灵魂
> 只有我们年龄的一半古老。
> 我们制造喧嚣,因为我们不愿哭泣
> ——当面对所有那些
> 你们没有教过我们的东西。

被软弱化的成年人对这些愤青应该肩负责任——这位佚名的作者,或者说一位儿子这样认为,并在结尾要求道:

> 向我们中每一个制造噪音的人展现我们,

安静的你们当中有一个是好人。
容许,而不是以橡皮棍威胁,
展示给我们,道路在何处。
不是用话语,而是用你们的人生。
但是,你们是懦弱的。
强者已归隐山林,
令奴仆健康。
因为他们蔑视你们。
正如我们。
因为,你们是懦弱的;
而我们至少外表坚强。
母亲,去祷告吧,
因为弱者至少还有手枪。

青春期迟到的战争后果

　　弗莱堡的医生、心理学家泰奥多尔·F·豪是为数不多的从很早就开始在战争年代这个大背景下来研究"愤青"骚乱问题的青少年问题专家。在20世纪60年代,他努力地研读了1 000份病历档案。这些病历是15年间(从1950年到1964年)在他所在医院看病的所有17到25岁的病人的。他发现,"在这些病人中,出生年份从1939年开始,罹患精神分裂症的百分比不断增长"。这个数值在8年时间里从不足5%增长到了40%。

　　1968年,他的书《儿童的早期命运与神经官能症》出版,书的副标题为"战争时期的不幸损伤"。这样的著作在学术界很少见,最重要的原因是其他人往往没有可能进行长期连续的观察。

　　在这本科学出版物里,这些年轻的患者被如此描述:缺乏交往，畏于进取，自闭，没有安全感，消极沮丧。这些特点因此给这些青年人的人生带来了广泛深远的影响。或者说，他们仿佛身心僵化了，陷入麻木之中，并因此而一事无成。

"这个医学观察表明，我们必须去认识并思考战争及战后初期的社会环境因素，有哪些导致了这些青年人心理上的障碍。"豪这样写道，"观察还显示，这些特殊心理障碍导致的精神分裂症状的爆发在第一年之后会以'波浪'式不断出现。正常人在青春期与后青春期阶段可以完成的心理转变，这些年轻人完全无法做到。"

豪医生在书中还回顾了那个愤青年代，那已是本书出版十年前的事儿了。他指出，当时的那一代成年人，事先对这些青少年最终将走上叛逆的道路，根本没有任何觉察。

豪医生发表这些研究成果，距离谢尔斯基《怀疑的一代》出版已经过去 11 年了。时代在改变。在他写作这本科学著作的时候，学潮运动已经此起彼伏，即将全面展开。他不可能对此无动于衷，于是他在责任感的驱使下大声疾呼，要用充满理解的方式来关爱这些年轻人。

未被关注的一代

那么这一代战争儿童的叛逆行为在整个德国社会里是否被理解了呢？一点也没有。在这些反叛的学生眼里，那是一场巨大的灾难。冲突双方想达成和解是完全没可能的，首先 1968 年学潮的参加者自己不会放弃，而作为其对手的政治界和媒体界一方更是对这些青年人口诛笔伐。

进入 70 年代，曾在一段很短的时间里，当媒体对所谓的"高射炮辅助射手"一代的经历产生兴趣的时候，相关的一代战争儿童再次进入公众视野。又过了十年，所谓的"纳粹童年"被关注了，但关注的不是战争童年。在有关心理治疗的书籍中,这一命题得到了相当的重视。与此同时,因战争而失去父亲这一题材也被挖掘出来。不少作家都以自传的形式、以童年的视角描写自己的亲身经历。而这其中最重要的是纳粹时代百姓的日常生活场景。对战争残酷的一面,在他们的书中往往只是略有提及。那些有幸在和平年代长大的人,通过这些文字只会体验到,现已成年的当年那些儿童,实在没有什么理由对他们的命运抱怨。

时评家、心理学家霍斯特-埃贝哈德·里希特(Horst-Eberhard Richter)使我在1997年的一次广播节目中首次了解了战争儿童这一概念。他对这一代人做了这样的总结:"他们是我们民族中一个沉默的未知世界,一个很少被研究与调查的另外的世界。"

他指出,那些从70年代开始致力于整理挖掘希特勒时代历史的学者,出于自身的罪恶感,只去研究那些纳粹罪行的受害者:大屠杀的幸存者以及其他类似的群体,或者那些自己的父亲曾是纳粹分子的人。不管怎样,他们都从未把同样遭受战争创伤的德国儿童也看做纳粹统治的受害者。

我们现在必须为被遗忘的这一代人做点什么了。他们的命运从未被认真关注过,更未被深入研究过。

第四章

两位女士的人生回顾

两位女士,两种人生,却有很多的相似之处。如果她们相互认识,也许会由于彼此的相似性而成为朋友。她们有着相同的思考方式,相同的面对衰老的方式。她们对孙辈有着同样的溺爱与无微不至的关心照料。她们还有着相似的受教育程度,同样不知疲倦地投身于社交活动。对政治她们都有着警醒的头脑,以及一个共同的心愿:不再有战争。

最深切的渴望：不再发生战争

两位女士，两种人生，却有很多的相似之处。如果她们相互认识，也许会由于彼此的相似性而成为朋友。她们有着相同的思考方式，相同的面对衰老的方式。她们对孙辈有着同样的溺爱与无微不至的关心照料。她们还有着相似的受教育程度，同样不知疲倦地投身于社交活动。对政治她们都有着警醒的头脑，以及一个共同的心愿：不再有战争。

两位女士，却又是战争儿童的两个版本和完全不同的两种人生。玛丽亚娜·克拉夫特（Marianne Kraft）出生于1930年，露特·慕秋（Ruth Münchow）比她年轻4岁。在与我会面之前，她们都花费了大量时间，对自己的人生经历做了一个详尽的自我回顾。她们两人同样出身于大城市里的市民家庭，童年生活幸福满满，工作也一帆风顺。当我与她们会面后我就很清楚，出于这些共性，我应该把她们两位的故事放在同一章节里讲述。

玛丽亚娜·克拉夫特看上去没什么可以抱怨，因为她的生活"近乎完美"。而难民子女露特·慕秋对生活却有着另外一种评价："生活对我来说一直太残酷了。"她的声音平实冷静，仿佛在念一份购物清单。对于逃亡途中的可怕经历，她仅仅是只言片语带过。她谈的较多的是其后几十年的生活：从不放弃，一次次重新开始……其他谈的较多的还有大轰炸，但也很少谈及轰炸的后果，因为她认为不管怎样总算是挺过来了。

玛丽亚娜·克拉夫特女士是一位历史学家。当我 1997 年第一次邀请她做一次访谈的时候，她战争年代中的那些童年旧事仍然仅仅尘封在记忆里。尽管目前她已经近 70 岁了，但退休生活对她来说实在算不上清闲安逸，因为她应邀承担了教会中一项志愿工作，而她认为这是理所应当的事情。大致来说，她所承担的责任相当于半个神父。但她却十分不乐意听到这些赞美之词，因为对她来说，做点事情，特别是能够为其他人做点事情，实在算不得什么。

祖母和她的孙女

此外，玛丽亚娜·克拉夫特还在大学里讲课，同样也是没有酬劳的。她和她先生都属于衣食无忧的退休者，因此，如果还能发挥余热，传授知识，这本身就能使她获得极大的满足。她的孙女列娜在 17 岁那年向她提出，要跟她一起去上课。祖母讲课妙趣横生，在吸引住学生的同时，也给列娜留下了深刻印象。于是列娜决定，以后也学习历史专业。在玛丽亚娜·克拉夫特女士向我说明，可以在多大程度上对她战争中的童年经历进行采访时，她同时告诉我，这也已经成了她的亲朋好友之间的一个话题，特别是她最大的孙女列娜，对此有着强烈的兴趣。因此我向她建议，在下一次会面时，可以带上列娜。

这个老人与年轻人之间相差了 50 岁。玛丽亚娜·克拉夫特有一张年轻时的照片，照片里她与列娜长得像极了，宛如姐妹：两人都有着较宽的颧骨、黑色浓密的头发以及炯炯有神的眼睛。

毫无疑问，列娜对她祖母崇拜至极：祖母声音低沉，充满磁性，特别适合她的说话方式，她还有着坚强的内心与敏锐的理解力。她每日操持着繁重的家务，照顾体弱多病的老伴儿，打理整幢房子。对于一个有着三个子女、五个孙子孙女的家庭以及一个庞大的朋友圈来说，她是中心的中心。

列娜是一个父母离异的儿童，因此对她来说有一点十分重要：她从祖父母那里感受到，尽管已经过去了40年，但他们两人仍然可以相爱如初。玛丽亚娜深知，无论如何这样的生活都是值得感激的。而列娜也知道，这就是典型的祖母，她会把生活中经历的所有美好看作是上天的恩赐，她自己为之付出了多少却并不重要。所有与玛丽亚娜打过交道的人都会被她的人格力量深深折服。玛丽亚娜本人对此却十分不解，因为按照她的基督教信仰，她所做的仍然是那么微不足道。

对饥饿记忆尤深

作为一位历史学家，玛丽亚娜·克拉夫特女士认为她的童年并非开始于出生的那一年，而是从之前很多年就已注定了。"饥饿"，将是她生命中最重要的一个内容，因为她意识到，父母在对她的教育中加入了太多有关一战时的不幸和20世纪20年代饥馑生活的描述：人们如何在森林里采集野生蘑菇和野果维生，这些都是她的父母在他们居住的大城市里向她描述的。

"人们穿着睡衣，排着队走来走去，仿佛是在展示，他们有多么瘦骨嶙峋，"玛丽亚娜说道，"那是1930年，正是我出生的那年。"但听上去好像这些都是她的亲身经历。"我的父母都是老师，是教育革新派的师范学校老师。每天都会有一个所谓的共产党员的孩子到我家饱餐一顿。我父母并不是共产党员，但我们都很清楚，总不能让那个孩子饿死。饥饿意味着什么，在我整个的童年时代里我彻底领教了。"

她还有另外一个深刻的领悟："作为我们接受的认知的一部分，也出于深藏于内心的本能意识，我们知道，一切都可能在极短的时间内毁灭。也许只需要几年时间，一个繁荣的国家就可以变得如同沙漠般荒芜。而这些都是我的父母已经经历过的了。"

他们不久就经历了第二次饥荒。"我还有父母1945年拍的照片，从那上面你可以看到他们当时已经被饿成什么样子，"玛丽亚娜说，"我母亲太虚弱了，以至走路经常会跌倒，而我那才从战俘营里回来的父亲，甚至每天至少晕厥一次，在教堂里或其他什么地方。对我来说，要把像他那样无比高大的男人扶起来简直是太艰难了。"

15岁时，玛丽亚娜独自一人爬上了北行的运煤列车。在没有其他任何帮助下，她搬了家。她必须担此重任，因为她的父母实在是太虚弱了。

玛丽亚娜自己也曾挨过饿，在今天这不仅仅是回忆。我的理解是，正如她自己所说，曾经的饥饿感已经深入骨髓："想到的全是吃的，没有别的。夜里睡觉时梦到的也是面包。我对面包的渴望简直近乎疯狂。"

很长一段时间里，玛丽亚娜和她母亲住在她的一个姨妈家里。在那里，这个小女孩整日里必须打扫卫生，洗洗涮涮。"这个姨妈呀，"她轻叹了口气说，"现在已经去世了。她总是把面包就那么放在厨房里。我从没有拿过一块，但她就是不相信我。"

列娜与祖母和外祖母曾经谈过很多关于战争的事。她关心的是什么呢？很简单——人！"只有了解了一个人在青少年时期的经历，才可以说，我对这个人的了解是完整的。"她说道，"也许我不能真正地完全理解，但多知道一点儿总是好的。这样，他就不再仅仅是一个坐在我对面的人,他对我就有了更多的意义……"

这位女大学生相信,饥饿在她祖母和外祖母身上都留下了痕迹。玛丽亚娜从不会扔掉任何食物,同样也不会在旧的没吃掉前去买新的。"但我外祖母,"列娜说,"却正好相反,她觉得最棒的感觉就是把什么都买回来,把冰箱塞得满满的。有什么东西她不想再吃了,就会直接丢进垃圾箱。是的,她很享受这种物质极大丰富的感觉。她自己也这么说。"

总是在帮忙做事,睡得很少

她们几乎每天都会收到父亲的战地来信。有时候里面还会有一些小故事:彼得的新鲜事儿。彼得是一匹马,也是父亲最好的朋友,曾经好几次把父亲从危险之中救了出来。当人们身陷绝境,最终却被营救,这是个多么令人欣慰的消息。

玛丽亚娜在回顾往事时能想到的,不是精疲力竭地颓坐在地下室里,就是在抹面包片或者分配饮用水。作为一个少女,她那时总是在帮忙做事,一直站着,睡得很少。她还会帮助那些因轰炸而逃亡的人,在疏散时搜捡他们最后那点儿私人物品。随后她又要准备好面包,灌满各种水罐,送到火车站,提供给那些士兵、进站的伤员列车,晚些时候则是满载难民的列车。

"我想,我们当时的看法是:没有什么是不可能的!"玛丽亚娜·克拉夫特这样说道。毫无疑问,她觉得自己无论是在战争时期还是在之后的糟糕年月里,都一向强大。以她当时的年龄,她也的确可以劲头十足地干活儿。而她也正希望如此。她总想做点什么,只有用这种方式她才可以赶走那种无力改变什么的感觉。也正因为如此,有一次药房的药剂师给她手里塞了兴奋药片儿时,她也没用,因为她觉得这些药片儿并不会让她更好过。

1943 年，鲁尔地区经历了一次最为严重的轰炸。她的一个同学和一位深受敬爱的老师被炸死。在等待着下一波轰炸的时候，她的母亲给她读起了阿达尔贝特·施蒂弗特①的小说《晚来的夏日》。那是一个完全不真实的世界，充满柔情蜜意和对爱情的追求。没过多久，就传来消息说，她最喜爱的表弟死了，但她甚至都没有时间去悲伤。

实际上，她仿佛突然之间从一个孩子成长为成年人，但像"小马彼得"这样的故事仍然能够给她带来慰藉。"在战争中当然有这样令人难忘的事儿，"玛利亚娜说道，"你正在面对死亡的威胁，而你的父亲也曾经如此。整个大地都在摇晃，没有什么地方是安全的。人们会告诉你，记住这一时刻吧，这是最重要的一刻。"

她曾经两次遭到轰炸。第一次是在自己家里，第二次则是在祖父母家，他们的房子完全被摧毁了。人们被困在地下室里，因为出口坍塌了。但玛丽亚娜并没有惊慌失措，因为她相信，她刚刚回来度假的父亲一定会救他们出去的。而他也的确做到了。"有这样一位父亲，真的很让人安心。"她这样回忆道。

战争在继续，但生活也要继续。不知从什么时候起，属于他们的物品少得用一辆自行车就可以带走了。她和妈妈作出决定：离开鲁尔地区。随着一支难民队伍，他们徒步抵达了哈茨地区，她和妈妈轮着推自行车。有些时候，他们如兔子一样，被俯冲而来的飞机追逐飞奔。

历经劫难却屡屡化险为夷，这就是她典型的战争经历，同样也是她母亲和父亲所经历的。全家人最终都幸免于难，活了下来。

她的孙女列娜很清楚地知道，自己的祖母是怎样在极端的生存困境中活过来的。在普通人看来，那简直是不可想象的。"第一次

---

① Adalbert Stifter, 19 世纪奥地利作家。——译者注

听到这些经历的时候,我真是被吸引住了。那时候我正好和祖母当年同岁。"列娜说。当然,她同样很清楚,她的童年生活与祖母的童年生活完全是不可相提并论的两个世界。"祖母那个年代,人们的目标要简单得多,"她确定地说道,"活下去。与此相比,其他的一切都无足轻重。"接着她又对祖母说:"比如对精神生活的探讨。我不知道,对你们来说这是不是很常见的事。"

"没有,没有那些东西。"玛丽亚娜·克拉夫特女士回答道,"我相信,如果放在现在,你们同样也会参与很多事情,包括家长的成年人生活。我们这一代人就没有过所谓的青春期。人们只是将其称为波动的情绪,仅此而已。当然,爱情也是持久的,只不过不说出来而已。"

列娜从来没有觉得两位祖母的战争经历对她来说是一种精神负担。与之相比,她的童年简直就是"令人惊异地没有任何值得一提的事情"。不过那都是以前的事儿了,就让它们过去吧。

就列娜所知,还有哪些家庭在战争中遭受过更大的苦难?没有。然而,实际上,这位女大学生也承认,在她的朋友圈里根本没人会提到这个话题。

一次次死里逃生

每一次访谈都会令我回味许久。我记得很清楚,当我离开列娜和她的祖母们的时候,心情非常愉快。是的,在家庭里就应该是这样的,特别是在两代人之间。当成年的孩子提出问题时,没有沉默,没有秘密,不会转身就走。而当祖父"又开始说起战争的事儿"时,孩子也不会表现出厌恶。把过去当做一种宝贵的经验财富去传承,也包括那些沉重的,甚至很难用语言去描述的过去。不会去欺骗自己的孩子,也不会对他们保持缄默。有时候我会在头脑中描绘出一个美妙的愿景：也许在我有生之年，还能看到我们德国人都能做到这一点……

在汉堡与露特·慕秋道别后，在返程的路上我忽然有了这样的想法：如果她的亲朋好友平时能够多给她一些支持，令她不再感到那么形单影只，那么她的状况也许会有很大的改善。访谈半年以后，她在电话中告诉我："现在不太一样了。"她周边的条件明显改善了很多，她与新老朋友之间的交流日益增多。

她最大的愿望之一，就是保持身体健康，因为现在她毕竟已经年过70。在我们的访谈过程中，她一直在咳嗽。如果不是这样，也许我也不会意识到她的状况有多么不好。对像露特这样的女性来说，顽强的自我约束已深入骨髓。换做是别人的话，像她这种情况也许已经只能躺在床上了，而她还可以做这个访谈，并通过这个访谈回顾了自己的一生。

在她从她的迷你厨房拿来两个茶杯的时候，她说她又生病了，刚刚从疗养院回来。长期以来她一直担心的颈椎，还是旧病复发了。她将其称为"全面瓦解"：极度衰弱的心脏机能，肾脏、肠道和肺部炎症。她说那种感觉就像是站在刀尖上。战争再次打击了她的生命力。不稳定的健康状态在她已经成为一种常态，这全是拜"逃难"所赐。但在这种情况下，为什么她还是十分能干？她对此守口如瓶。她不仅为自己和两个孩子赚到了足够的钱，甚至还在很长的一个时期里补贴了父母，还有她的两任丈夫。她没有第三次婚姻。

也许别人会用"可怜的小妇人"、把自己的全部奉献给了他人来描述她。但事实上这种评价对露特·慕秋而言并不适合。尽管孑然一身，但她并没让人觉得非常可怜。恰恰相反，她是一位让人觉得十分自信的女性，尽管按照社会上一般的标准来看，她谈不上特别成功。但她也不需要别人对她的肯定。有更多的钱也许是好事

第四章 两位女士的人生回顾

儿,但社会评价怎样,对她来说实在是无所谓。她自己认可了自己的成绩,并为之自豪。她自认为"蹩脚地与自己达成了谅解",相信自己的生活是十分成功的。但事实上,她现在是年老体衰,还很穷。在大多数人眼里,这样的境况简直糟透了。

像其他人那样,露特也为我准备了不少照片。暑假时的海边,位于但泽的一条林荫大道,两旁是漂亮的民宅。"当我还是孩子的时候,我根本不会去想象一个美好的世界是怎样的,"她说,"因为我真的感到我已经被幸福包围了。"那个夏天,那年有四个月的时间最高气温超过 30 度,紧接着是一个短暂而美好的秋天,然后冬天来了,温度最低到了零下 30 度。家门口的雪堆积如山。"从大门根本出不去了,只好爬窗户出去。"在回忆那段美好愉快的时光的时候,她没有咳嗽。

她的父亲是一位商人,事业上非常成功。他最为自豪的是,他有很多受过良好教育的犹太朋友。很自然地,纳粹威胁他必须终止与犹太人的关系,否则就……但她父亲想,纳粹还能把我怎么样呢?因此,他不为所动。但有一天,他必须离开但泽了,因为战争开始了。德国占领了波兰。露特的父亲尽管没有被送到前线当兵——因为他的腿有毛病,但还是被惩罚性地发配到了波兰。全家人被迫搬到了华沙东边的一个小城里。

对露特而言,沉重的岁月开始了。父亲秉持的异见观念同样也在她身上表现出来。不可避免地,她也加入了"少女联盟"①。她的工作是负责宣传。撒传单的时候,她把所有传单都撒进了河里。她非常喜欢和波兰女孩一起玩,不过绝对不能被人发现。

1945 年 1 月,他们的逃难旅程开始了。露特那时 11 岁,从此

---

① Jungmädelbund,希特勒青年团面向 10～14 岁女孩开设的组织,适龄德国女孩必须参加。——译者注

她成了一个难民儿童。那是长达两个月的马车旅行，只有她和母亲以及妹妹同行，因为不知在什么地方，她们和父亲走散了，还有她们的小保姆。寒冷、风雪交加、恐惧以及漫长的旅途……重返但泽是不可能了，只能更远地西行。在某一天，父亲又突然出现了，还有她们的小保姆。那一年3月时，他们获得了安全——暂时的。

五十几年后，那可怕的过去仿佛又历历在目：露特·慕秋曾在一家精神病医院疗养了一段时间。在那里她参加了一个"心理事件诉说小组"的活动，在这样的小组活动里，每个人都要把自己当成精神负担的经历讲述出来。很容易想象，这会引发多么剧烈的感情波动，而这也正是治疗所要达到的效果。

露特回忆说："我所讲述的，是有关我们的小保姆的。她得了流行性斑疹伤寒。我们每个人都得过这个病，但她当时给我们的印象是，她根本熬不过那个夜晚。因此，大人们交代我用马车把她拉到最近的大城市去。只有我和她，她在马车后面不停地喊叫，说她听到了教堂的钟声。我十分明白，她听到的是她自己的丧钟……当我在小组中讲到这儿时，所有人都起身离开了，因为他们实在听不下去了。而对我来说，这还算是'口味清淡'的故事。"

蚊虫叮咬带来的恐慌

流行性斑疹伤寒是由体虱传播的。一想到这个，露特就颤抖不止："那时候大家会经常看看身上有没有被叮过的伤口。如果有的话，在那时候就意味着死亡。"到今天她都不能从这样的恐惧中解脱，每次被蚊子叮了时，她都害怕得要死，还不止于此："我很容易陷入恐慌之中，这是精神创伤给我造成的又一伤害。"

她的生活过得那么艰苦，一方面当然是客观环境造成的，但另一方面也有她个人性格的原因。"很明显，我对自己的要求过于苛

第四章 两位女士的人生回顾

刻，但这正是我那时候渴望的。"她流露出不太高兴的神情，因为她发现她女儿现在也有这样的倾向。"嗯，我在政治活动上十分投入：照顾土耳其家庭，义务参与社会工作，把不幸的女性送进'妇女之家'①……"这样一位女性，在别人眼里简直是完美无瑕的。但长期如此对她来说明显是不可能的。

从很早开始，人们就相信，她好像真的是"无所不能般的"强大：她第一个男朋友的哥哥被反坦克火箭炸死，男朋友的父亲被送到了西伯利亚，而照顾母亲和妹妹的重担很自然地落到男朋友的肩上。对他那样一个少年来说，这副担子实在太重了。露特今天还记得："他总是把头靠在我的膝上痛哭。我们是两个迷失的孩子，而又无法互相帮助。"

露特在 30 岁时，进行了她的第一次心理治疗。"心理分析师不愿意听到战争，"她讲道，"连我自己也没再多理会这一点。"群体性灾难造成的影响，在那时的精神分析中没什么分量，还不如去研究很容易把握的家庭关系。在露特·慕秋这一个案里，也是如此。医师关注到她与父亲的紧张关系，与母亲的不和，而这都来源于他们的专制式教育——所谓的"黑色教育"。用惩罚与殴打恐吓孩子，其首要目的是"瓦解他们的意志"。这样的教育自然绝对培养不出自信的人。对此不能完全归罪于纳粹，正如露特的父母让我们看到的。这种"黑色教育"很早以前就已经存在，只不过在"第三帝国"时期被强化了并被大力宣扬。教育不光是个人的事情，也是全民族的事情，大家的步调都是一致的。对于纳粹这种"驯兽"式的教育方式，西格里德·张伯伦（Sigrid Chamberlain）女士在她的学术书《阿道夫·希特勒：德意志母亲和她的第一个孩子》中有详尽

---

① 西方国家常见的社会机构，旨在为遭受家暴的妇女提供保护及住所。——译者注

的论述。这里我们引用其中一段十分有趣的对当时孩子的评述:"有些(孩子)基本感受不到自己的身体,比如说,当他们应该觉得痛的时候,会有这样的情况发生:当他们生病,甚至是重病的时候,他们完全感觉不到自己的身体有任何症状。但他们的确是有症状的,可以说他们的注意力被持久地转移了。"

张伯伦的观点很好地解释了为什么露特直到40岁才第一次感到自己的身体健康已经严重受损。她首先感觉到的,是自己的精神越来越差。而这个时候,她的生活实际上正逐步好转。从前她不得不很努力地工作,因为她总是缺钱。实现自我价值纯属夸夸其谈。然后,她做出了人生中一个重大的决定:成为一名教师。此后的那段岁月,对这位单身母亲来说,是三副重担在肩:工作、完成大学学业和抚养两个孩子。但最终的结果还是美好的。她通过了考试,第一次拥有了一套属于自己的房子,甚至可以去度假了。这时的露特·慕秋刚刚四十出头,离婚单身,有理想的工作,并且不用再为钱发愁。另外,全职教师还很有可能会成为国家公职人员。

而就在这时,她开始失眠、做噩梦,并出现其他各种可怕的不适。"我整夜整夜地坐在暖气前,却依然感到冰冷,恨不得一头钻进暖气管道里去,"她说道,"我还持续地大声吼叫,根本无法停止。"

她并没有觉得自己患上了抑郁症……一阵咳嗽打断了她,然后她继续讲述,她只是总感到极度悲伤。"而当我想到,总之没人能帮到我时,我开始用文字记录自己的梦。我甚至还编排了一些能够展现我梦境的音乐。做这些使我感觉轻松了很多,但生活仍然是很艰难的。"

一个对她的生活具有决定意义的消息如同给了她当头一棒。她成为公职人员的申请被拒绝了。官方的身体检查诊断出她有严重的心脏功能衰弱和不可治愈的肾功能问题。她因此而没有可能成为一名公职人员。她的一只肾老化萎缩严重，原因只可能是长期未能根治的炎症。"是的，从逃难时起，我就一直有背痛的问题，"露特说，"然后还有猩红热。不过，哪个孩子没得过猩红热呢？那真的不算什么大事儿。什么时候能治好？怎么治？为什么要治？我们那时候受的教育就是：像牛皮一样坚韧，像钢铁一般刚强。但背真的很疼……那又怎么样？"她又开始咳嗽了，听上去这次更猛烈了。露特喝了口水，说出了最关键的话："如果我发烧了，那就意味着我必须留在原地，不能继续前行。"从那时候起，从逃难的日子开始，她的身体已经有了这样的反应：绝对不会发烧。直到今天都是这样。"不久前我又患上了肾盂肾炎，但没有发烧。"

最低退休金

露特说，这场战争，无论在身体上还是在精神上都给她带来了严重伤害，而这样的伤害又像多米诺骨牌一样，引起一连串的消极后果。首先是她无法享有成为公职人员的好处。这使她的精神变得异常敏感脆弱，因而无法再忍受中学里的喧闹。在已经50岁的时候，她不得不转到薪水微薄的"人民高等学校"① 授课，而这直接导致她退休以后的退休金也十分微薄。最后，她甚至已经有六年没钱去度假了。她也不会与自己的两个孩子谈论有关战争这样重大的话题，因为她并不相信他们的看法，而孩子们也从不会主动问起。

露特的另一个问题是如何面对男性。"直到今天，我仍然无法与他们毫无阻碍地接触和交流，"她说，"这里面一直有着某种看不见的、未知的阻隔。"

---

① Volkshochschule，并非通常意义上的高等学校，而是类似于中国的成人夜校，提供各类进修课程。——译者注

这一问题并不是露特·慕秋所特有的。与我就她们的战争童年进行交流的几乎所有女性，都是单身。她们很少会谈及一段长期的、很好的伴侣关系。"这个原因主要在于，她们曾经跳过了青春期。"这是石荷州的神经科医师和心理专家海尔加·施普朗格（Helga Spranger）女士的看法。2002年时我曾为德国的一个电台广播节目采访过她。

海尔加·施普朗格的年龄与露特·慕秋相仿，她的观点其实正是来自自身的经历。"我在难民营待了很长一段时间，我的所谓青春期都是在那里度过的。那里自然没有青春期的女孩们为了使自己更漂亮通常希望得到的东西。没有漂亮的衣服，没有香水，没有做头发的地方，也不可能化妆打扮。"她这样回忆道，"大家所关心的，是能不能在农民那里帮工，或者说养活家庭，就像母亲那样。然后就是去上学，希望能够借此尽早'脱离苦海'。不会有什么浪漫的桥段，什么也没有发生过！不会有什么人有兴趣做我的男朋友。并不是我一个人这样，还有很多女孩儿跟我一样。简单地说，我们长得并不好看，穿得也很差，最重要的是，我们来自难民营。"

没有青春期，这到底是什么意思？她们真正缺失的是什么？

"是这样的，"施普朗格解释说，"当一只鸟从未学过飞翔的时候，也许它们无法在高空展翅——我这时想到了凤头麦鸡，但它们依然可以在低空美丽地上下翻飞。对它们来说，缺陷可以用另一种方式弥补。但我们却不能。"作为替代的是，她们必须绝对可靠、勤奋、有抱负，特别是得可靠。

这些听上去像是在履行某种义务，而不是要与男朋友相处。在我看来，这样的关系实在是带有悲剧色彩，早晚会破裂。事实怎么样？这些女性最终都是形单影只，正如科隆的心理专家伊莲娜·威尔普茨（Irene Wielpütz）在与我讨论战争儿童的问题时所指出的："还有这样一些女性，她们在没有长期伴侣关系的状况下，走完了一生，十分孤独。而当她们年老时，也许会反思：为什么会这样？这种反思往往会使人产生一种对美好爱情的强烈渴望，比如说，她们会相信童话里王子的故事。很多时候，她们正是这样看待伴侣关系的。而如果某位女士在60多岁还这样的话，那么这绝对会引起矛盾。"

这里还有一条由"被跳过的青春期"而来的启发。通过对老年人的心理治疗，人们认识到，尽管有着"拥有一个幸福的童年为时未晚"之类鼓舞人心的格言，但已经错过的生活终究是无法弥补的，能够弥补的只是一些细节。比如，爷爷奶奶可以像孙子孙女那样玩耍。但冒着被人嘲笑的风险去做一些年幼轻狂的事儿，体验青春期的感受，对已经退休的老人们来说是可望而不可即的。

但这一启发对于"战争童年"这个话题来说，还是很有意义的。在情感方面，露特·慕秋在同龄朋友中是以保守而闻名的。她很后悔，特别是在她顺利地重理了自己的童年经历时。"我个人的一次突破是，在一篇报纸文章中写道：战争中的经历使我觉得自己现在像个残疾人。这可以算是一次'出柜'了！"①

她的孩子们在看了这篇文章后有什么反应？没有像她所希望的那样做出反应，露特面带微笑地说着，但她对此表示理解。她的儿子没有表态，但可以感觉到，他对这个题目很感兴趣。他甚至还给母亲拿来载有相关内容的其他报纸。

但他却不允许露特的孙子们看这些文章。当作为祖母的露特知道以后，她就想："我的老天，他们现在已经分别11岁和16岁了，而他们的父母却认为这些文章对他们来说过于沉重了。我那时候也是11岁，但我必须去经历这一切……"但很自然，在她的孩子面

---

① 出柜，英语 coming-out，心理学名词，特指公开自己的性倾向和性别认同。——译者注

前，这些是不能说出来的。

一个富有疗效的梦

除此之外，她的人生还有另一个转折点。那是一个梦，一个富有疗效的梦。很长时间里，她腿部的刺痛令她几乎无法忍受。这种疼痛一直延伸到胃部。她的医生让她补镁，但症状并没有减轻。而在某一天，精神创伤专家彼得·莱文的书使她深受启发，并激励她开始对自己进行研究。莱文在书中记述了动物的身体反应：在什么情况下它们会被吓得动弹不得，在什么情况下它们可以恢复。露特认为这与她的症状极为相似，并尝试要求自己的身体拒绝这样的"僵化"反应。这使她的症状大为缓解。

之后她还做了一个这样的梦：一个吉卜赛家庭闯进了她的居所，拿走了家中所有的东西。露特在梦里反抗着，但那个吉卜赛父亲理直气壮地说："是的，您并不知道，希特勒是怎样对待我们的！"这使她在梦中大为愤怒并且大喊道："我已经用了一生为此而忏悔！我还能怎么样？我那时候还只是个孩子……"

从那以后，腿痛的毛病消失了，她觉得自己的健康状况明显好转，并因此希望，其他的各种病痛也能如此不告而别。

在谈话的最后，我向她提了一个问题，而此前我很少得到对此的回答：如果这场战争从未发生过，您认为您现在会是什么样的？

露特笑了："这算是个什么问题！好吧——我想我肯定会有一匹马，我会骑着它在海滩驰骋。"

第五章 快乐的儿童

战争儿童一代中的很多人都从父母那儿听到过这样一句话:『你一直都是个快乐的孩子!』这句话的含义到底是什么?当人们去读他们所记录下的那些童年回忆的时候,就会注意到,从当时的环境来看,他们没有任何理由可以一直快乐。

一位坚韧不拔的普鲁士小女孩

战争儿童一代中的很多人都从父母那儿听到过这样一句话："你一直都是个快乐的孩子！"这句话的含义到底是什么？当人们去读他们所记录下的那些童年回忆的时候，就会注意到，从当时的环境来看，他们没有任何理由可以一直快乐。

"我每天都在练习怎样承受痛苦。"出生于 1938 年的乌尔苏拉·史塔尔（Ursula Stahl）这样写道。想到当时脚上的冻疮，她至今仍然不寒而栗。"不知道是谁教了我父母一个所谓煤油疗法。每天早晨，我母亲会用浸满煤油的布带把我肿胀的脚趾紧紧缠上。然后就是我受罪的时候了！一厘米一厘米的，把我冻伤的双脚塞进坚硬的皮靴里。最终把双脚都塞进去并紧紧地系上鞋带时，我才可以起立和行走。那简直像是身在地狱！带着双脚撕心裂肺的疼痛和泪水，我痛苦地走到学校去。"

就此她继续写道，她怎样接受了所谓"普鲁士纪律"的训练，并至今也难以摆脱它的影响。乌尔苏拉·史塔尔把她在战争中及战后的经历整理并记录了下来，书的题目为《到外面去，我的心肝，去找朋友！》，这本书令我极有感触。我相信，正是对大自然的爱使她获得了继续生存下去的力量。大自然能给予生活中最大的抚慰。

第五章 快乐的儿童

最有说服力的、在战争的不幸中能够坚强生存下来的人物,莫过于保罗·盖尔哈特[①]了。在"三十年战争"中,他失去了五个孩子中的四个,而正是在此以后,他开始信仰上帝并成为一代大师,创作了大量优美的教堂赞美诗。但就算是他,当写下回忆记述战争中的往事时,是否会用这样的一个题目:《到外面去,我的心肝,去找朋友!》?

在我看来,这个书名首先体现的就是对上帝的坚定的信仰。这不是主观成见,客观上,这的确能够解释为什么那些没有经历过战争年代的人对老一辈人的回忆总是心存误解。我们所说的,是书中不时流露出的欢快语调,这与之前所描述的巨大恐怖完全不相称,特别是在承受可怕的精神打击时,他们依然面带微笑,而讲述者本人却不自知。

那些没有过相似经历的人,会对这样的情感感到非常困惑:这是在严肃地谈论一件事情吗?艾兴多尔夫[②]在他的小说《无用之人》里描述的就是这样一个乐天派的、不会去伤害任何人的少年。在这个少年的游历旅程中,他会不时地遇到危险、事故甚至歹徒……但突然间,一切不幸又重归美好,因为他到达了一个村庄。在村庄的水井边,与他同样年轻的其他过客们欢歌笑语,愉快的情绪完全感染了他。

这位浪漫主义大师非常喜欢给无味艰辛的生活注入些童话般的元素。这正是诗歌和音乐最伟大的本质之一:在艰苦的时代使人们忘却烦恼。在防空洞里,在逃亡的途中,人们自然也会歌唱:圣诞歌曲、家乡小调、教堂赞美诗或是像《世界不会就此毁灭!》这样的当时的流行歌曲。还有下面这一首歌:

[①] Paul Gerhardt,德国 17 世纪最具影响力的教堂赞美诗诗人。——译者注
[②] Joseph Freiherr von Eichendorff,德国 18—19 世纪诗人、小说家,被视为德国最重要的浪漫主义作家,他的作品在今日德国依然脍炙人口。——译者注

啊，生活！
就在杯中，
那用火般红的野葡萄酿成的酒里，
让我们开怀畅饮！
星星仍在闪耀，
在那天际散发着光芒，
我们冲向它们所在的远方，
强迫它们与我们共舞。
我们舞动我们的生活，
我们的欢呼激昂嘹亮。
它终将向我们投降，
世界将再把年轻飞扬。

科隆的丽泽尔·舍费尔（Liesel Schäfer）在她的回忆录中这样写道："在昏黑的、被炸弹完全摧毁的科隆城，我们唱着格奥格·图尔马伊尔（Georg Thurmair）写的这首歌。而此后，我们在尽管不再昏黑，但已然满目疮痍、犯罪横行的科隆城里，依旧唱着这首歌。我们歌唱我们年轻人，歌唱我们还活着。它承载了我们所有的希望与梦想。"

"我们舞动我们的生活，我们的欢呼激昂嘹亮。……"这样的歌曲使整个群体强大，同时也通过给予其一个气泡般的希望，来使之战胜穷途末路的情绪。对后辈人来说，已经无法区分它强化的到底是盲目的坚持，还是本已坚定的信念。但更为重要的是，从那个时代过来的人，在介绍他们那个时代年轻人的心境时，并非不加选择，而是已经做过深思熟虑的甄别——正如丽泽尔·舍费尔所做的那样。我请求她把这段歌词当众朗诵一遍。她在读到一半的时候笑了出来，然后解释说："格奥格·图尔马伊尔当时的确被信教的年轻人当做一位大诗人。我今天对他也谈不上有多么喜爱，不过反正他也早已不在人世了。"

饥饿与遗忘

　　正如我们后来在很多的童年回忆录里可以读到的那样,对孩子们很有意义的是,战后第一年尽管物资匮乏、生活困苦,但这同时也意味着他们将拥有冒险、自由的生活,以及不再被大人管制的美好感觉。当然,他们也并不是完全不顾及父母。他们的父母大都体弱多病、贫困不堪,而把他们当做家中的依靠。孩子们极力想改变这种悲惨的处境,或者至少要把这种想法呐喊出来。

　　一个反复出现的梦境总是使乌尔苏拉·史塔尔回忆起她七岁时最大的遗憾——不能为父母分忧:"我们就待在那幢'亨克尔老宅'里面,我和我的已经苍老、需要照顾的父母。那是一间充满霉味的小储藏室,我们在很长一段时间里栖身于此。小屋里没有桌子和椅子,只有一个我们从罗兹①逃出来时带着的大木箱。我的父母饥渴交加,而我却弄不到任何吃的给他们。"

　　但至少,我们可以给父母带来一些快乐⋯⋯

　　心理分析与治疗专家彼得·海纳尔(Peter Heinl)的书《金龟子在飞,你的父亲在打仗》引起了我对"快乐的战争儿童"这一现象的注意。我在第一次看到这个书名的时候愣了一下。我在想,《金龟子在飞,你的父亲在打仗》这首歌是从哪里来的。毫无疑问的是,它已经非常古老了,也许在"三十年战争"期间就已经产生了。尽管现在已经没有小孩再唱,但这首童谣《金龟子在飞,你的父亲在打仗》在德国还是比其他任何童谣都更为有名。这是一首摇篮曲,表达了人们对战争的恐惧和被遗弃时的感觉。

---

① Lodz,波兰第二大城市,二战期间被纳粹德国占领。——译者注

彼得·海纳尔从20世纪80年代开始对大屠杀受害者的精神创伤进行临床和学术上的研究，特别对儿童所遭受的痛苦进行了研究。他出版于1994年的这本《金龟子在飞，你的父亲在打仗》旨在引起人们对他所接触的一类患者的注意。他们在数十年以后，依旧在遭受童年时战争精神创伤经历带来的痛苦，而导致他们产生这一症状的原因却未被正视。他注意到，除非能拿出孩子小时候的照片来佐证其他说法，否则许多家长定会执着地认为，尽管那个时代很糟，但他们的孩子还是"什么也不缺"。而这种情况会导致他们的孩子自己也混淆了自身经历。而当这些孩子心理上出现问题的时候，人们会从所有其他方面寻找原因，唯独不会注意到他们的战争童年经历。

"我并不是要刻意去评价这些父母，他们当时自身的处境也不佳。"海纳尔写道，"但在这种情形下，这些孩子成年以后难免会错误地评估自己的生活，并使他们对真实童年经历的了解变得十分艰难。还原一个这样的童年——反正也已经是几十年前的事了，并冠之以'快乐的'，并不能给我们带来任何益处，特别是那时候整个国家都已成为焦土。"

对那些昔日的战争儿童来说，海纳尔的治疗方式绝对是非常有效的。通过这样的方式，人们可以非常直观地感受到什么是恐惧、毁灭与不幸。他讲述了这样一个病例：有一位出生于1945年的患者，总是会莫名其妙地晕倒。这个人的身材很魁梧，表情总是十分友善，但海纳尔从他的眼神中却看到了一丝哀伤。"我另外还注意到，他的头与他的身体相比，大得不成比例。"海纳尔接下来讲述了他如何专注于取得这位患者的各种病情数据，并最终"产生强烈的感觉"，认为这位患者需要的是被"喂养"。

海纳尔并不忌讳直接询问患者，他的大脑袋是否是由于童年时营养缺乏而造成的。海纳尔很清楚地了解了有关这位患者的各种信息。他出生的时间，他对食物的特殊感受，以及他过大的脑袋，都表明，在他的童年时代，饥饿导致他受到了严重的心理创伤。

然而，从患者那里得到的反应，却是明确的"不是"。该患者说，他这一辈子都有种永远吃不饱的感觉，但童年时却绝对没有挨过饿。恰恰相反，那时候他甚至还有巧克力吃。于是这位医师建议对这一案例继续进行跟踪观察，并且建议该患者最好去问问他的母亲，当时的实际情况到底是怎样的。

结果是令人吃惊的。"当我再次见到这位患者的时候，他迫不及待地要告诉我他从母亲那里了解到的情况。"海纳尔这样写道。这位患者的母亲向他证实：在他进入"人民学校"上学以前，他主要的食物都是流质的。巧克力块儿只是个例外。最常发生的情况是，他甚至会在蹲马桶的时候饿得晕过去。

除此之外，这位患者还在研究自己过去的过程中，在地下室里找到了一本被遗落的旧相册。照片上是从前的他：一个骨瘦如柴的男孩儿，细长的身体支撑着一个硕大的脑袋，眼窝深陷，神态悲伤。

"事实上已经不用再多说什么了。"这位医师在个案总结里这样写道，"在这样一个地球上最富裕的、'饥饿'这个字眼儿只出现在新闻节目里的国家里，在这样一个特殊的早晨，有一个人最终认识到了一个事实：他早年食不果腹的经历对他的一生都产生了重大影响。而从那以后，以前他常犯的晕厥的毛病也不治自愈。这都是因为他最终找到了自身心理创伤的根源。"

心理分析的意义

蒂尔曼·莫泽对海纳尔的临床实践十分信服，因此在他的专著《魔鬼的化身——心理治疗中第三帝国的回归》中，他对此作了长达一章的介绍。但他也同样表达了自己的不满：海纳尔的《金龟子在飞，你的父亲在打仗》一书，仅仅从纯粹的战争角度进行了病因的探讨，而对当年的纳粹统治以及大屠杀对受害者造成的严重影响却丝毫没有提及。

对莫泽来说这简直是不可想象的。他从没有想过，要把纳粹时代和战争时代这两个概念加以区分，至少在理论上二者无法分割。在他的心理治疗临床实践中，他认为一切心理影响因素，像贫困、恐惧、被遗弃以及负罪感等等，都是互相关联、错综复杂，并相互作用的。比如饥饿和有一个曾是党卫军、总是在藏匿的父亲之间的关系……

莫泽所举的病例，患者大都在某种程度上由于家庭里一些纳粹时代的秘密而烦恼。最常见的是，因为父母在那个年代的罪行而产生负罪感。"这位心理分析专家认为，在很多背景复杂的家庭里，这种自发的精神上的分析整理往往是由于某位家庭成员不堪忍受精神上的重压，因而对家庭的过去、对那些不可为人道的秘密不断追问了解，并因此在无意识中发现了某些问题。"自70年代以来，无数心理病例表明，政治上的黑暗历史尽管被掩盖着，但它往往是使当事人陷入精神痛苦的原因。而对此，心理治疗以及宗教上的心理帮助都无能为力。所谓的治疗也仅局限于找到这其中的关联。

除此之外，莫泽还提示我们，也许无论是战争的胜利者还是失败者，受害者还是凶手，随大溜的人还是置身事外的观察者，都不可能对纳粹造成的灾难进行冷静客观的研究。"但更让人惊异的是，那些来到德国工作，以帮助恢复德国精神分析领域建设的'国际精神分析协会'的专家们也与纳粹和战争这一课题保持距离。这一状况一直持续到20世纪70年代末80年代初国际上开始对大屠杀受害者开展研究时。"

德国学者在精神分析领域非常迷信弗洛伊德。他们毫无异议地全盘接受了美国弗洛伊德学派的研究成果——如莫泽所讲,"以恋母情结为中心的传统理论"。但美国并没有经历过纳粹统治时代,也没有过对几百万人的屠杀,本土甚至没有发生过战争。总之,它没有对全人类犯下过罪行,也没有遭遇过整体性的灾难。美国的氛围与西格蒙德·弗洛伊德创立他的有关家庭关系的精神学说时的维也纳一样和平宁静。这意味着,在经历了"第三帝国"的浩劫后,德国精神分析学家们对精神进行分析的手段完全只是针对一个和谐美好社会的。

随着国际上对大屠杀受害者研究的深入进行,甚至德国人自己也已经开始了对幸存者、受迫害的人以及他们的子女的研究,莫泽继续写道:"显示出来的情况是十分令人震惊的,精神上严重存在问题的不仅仅是那些受迫害的人,还包括那些纳粹罪犯及纳粹同情者和他们的子女。"

从罪犯和罪犯同情者的子女到战争儿童,这看上去的确是前进了一大步。精神科医生们不仅要面对自身学术上所遇到的困难,还十分担忧同事们的公开反对。我在 90 年代的时候,很偶然地看到了蒂尔曼·莫泽的一段教学录像,这段录像是有关他如何诊治一位遭受战争精神创伤的病人的。令我吃惊的是,在那个时候,他对他所演示的治疗方法要费很多口舌进行解释,大致意思是说:当他对德国的受害者进行诊治,并充分掌握了他们所遭受的战争创伤时,他不想被人怀疑,他企图以德国人所受的伤害来抵消大屠杀受害者以及其他纳粹罪行受害者所遭受的痛苦。接着,他做了一番冗长的解释,在其中他把自己描述为一个极有责任感的德国人,对父辈们所犯下的罪行不论何时何地都会予以承认,也因此绝对不会通过某种比较把大屠杀受害者的苦难予以弱化。

在我看来,这种矫枉过正的解释的初衷,是莫泽希望在同事那里能获得理解,他秉承的,无非是一个作为他职业基础的伦理观:

去救助那些需要救助的人。

但实际上，由于德国历史上的多灾多难，很多从前被认为最自然不过的东西现在早已丧失殆尽。在我的广播节目专题"防空洞儿童"里，霍斯特-埃贝哈德·里希特[①]的说法丝毫不令人惊讶："这种耻辱感一直延伸到科学领域。人们认为只有这样才是合情合理的。人们可能会给一位受害者的孩子做全面检查，但绝不会想到为一位普通的、遭受过轰炸、曾经逃亡过或经历了1945年胜利者的残暴行为的德国人的孩子做检查。"

很明显，对蒂尔曼·莫泽这样的人来说，在他试图去掌握战争儿童一代的状况的漫长过程中，需要花费很多精力去应对那些充满怀疑的声音。人们可以这样说：大多数医生和心理专家的心理和行为与社会上其他人并没有什么不同。他们并非单纯地为了追寻暴力的痕迹。没有对自己在战争中的童年进行过研究的医师，同样也会无视他的病人在战争中的经历。道理就是这么简单。

当心脏演绎疯狂

出生于1943年的纺织品商人库尔特·谢灵（Kurt Schelling）现在已经明白了，为什么在过去的几十年里，他的症状从未被重视过。"我的心脏一直不舒服，一直以来都是这样，"这位高大的、长满胸毛的男士告诉我，"然后我去了医生那里，对他们说：我觉得我快心肌梗死了。医生却说：你什么事儿也没有。然后给我做出了那个'美妙的'诊断——植物神经张力障碍。"

那时候，医生认为，他应该接受这个事实——很多人都遇到

[①] Horst-Eberhard Richter，德国精神分析家，被誉为"德国和平运动"中"伟大的老人"。——译者注

第五章 快乐的儿童

过——心脏由于过于激动而感到不适。什么原因？不予作答。有时候就是这样的。他不存在任何器质性损伤，他大可放心，不必为此过于担心，最好根本无视它的存在。

谢灵遵从了医嘱。而当他不去理会他的心脏偶尔的"发疯"时，他的生活也确实得到了改善。总体来说他的生活健康向上，似乎不会有什么能影响到他的生活节奏。最为特别的地方在于，尽管他有时心脏不适，但他的各种能力丝毫未受影响。他是一个雷厉风行的人，总是充满干劲。别人需要两天做完的事情，他一天就可以解决。与他的同龄人相比，他简直是不知疲倦。人们从来不会想到他的健康会有什么问题。在事业上，可以说他是非常成功的，而在家里，他又是位好脾气的父亲。无论做什么事情，他都会全力以赴。他很早就结了婚，有三个孩子和一幢坐落在绿意盎然的风景之中的房子。一切都在正常运转，经济上也很宽裕。这样的生活一直持续到他退休。

我们的谈话并不是在一个华丽的客厅里，而是在一个狭小的、朴实无华的厨房里进行的。当我第一脚踏入他的家门时，我的感觉就是，这里简直就是学生宿舍。

库尔特·谢灵先生并不介怀我的错误判断。他觉得，自己在这样的年龄还能够接受一种不稳定的、经常出乎意料的、甚至带有风险的生活方式，是一个很大的收获。在最近的一次度假里，他就在意大利进行了一次长途的自行车之旅。他是一位运动型的、真正充满活力的男子汉。同时，他也是他孙子最好的哥们儿。他从不会掩饰自己的感受，而总是以一种极不寻常的开放心态将其展示出来。你也会觉察到，他肯定是那种定期参加"男人聚会"的人。但仅仅在十年前，他才彻底颠覆了原先的生活方式，转变为现在这般——彻彻底底敞亮地生活，正如他的住宅那样。

在更早的几年前，也就是在他 40 多岁的时候，他长期以来不温不火的生活突然戏剧化地被打破了。他无法解释，为什么突然之间他变得不再乐观与幽默。他不知所措，尽管生活还是有清晰的迹象可循的。"我当时总做一些疯狂的梦：在昏暗的天空里，我看到的全是飞机，"库尔特说，"我不知道在什么时候我是不是真的看见过，但不管怎样，这样的梦就是挥之不去。就是这么令人疯狂……"

他在情绪上甚至也产生了巨大变化。库尔特无力改变这一切。他一直都是一个不会哭的人，但从那时起却总是流泪。最糟的时候，是在探望父母之后。每次与父母告别之后，他都会躲在车里悄悄地落泪，就像一个小孩子。可以说，从那时起，他不再会笑了。很幸运的是，他的乐观而又充满爱心的父母对他一直关怀备至。他最常听到的话就是："小库尔特，你以前一直都是我们的阳光！"他的父母对这个神奇的孩子一直心存感激，正是他使这个家庭在战后的艰难时期总有足够的东西吃，因为小库尔特灿烂的笑容总能很轻易地打动别人，使别人塞给他很多吃的东西。

阳光与开心果

家里的这束"阳光"在长大成人后也成了大家的"开心果"。谢灵回忆说："我很爱开玩笑，所以走到哪儿都很受欢迎，因为我总能带给别人好心情。"

他真的总爱开玩笑吗？也不总是这样，谢灵补充道。有时候他会有这样的感觉：这不是真正的你，或至少不是全部的。一方面是一个总能做正确的事的人，仿佛生活在这个地球上的意义就在于令他人欢乐；而另一面的他，也许是与他走得最近的人也未曾认识过的。

这样的想法的确很引人注意。"在某一时刻我想清楚了，我必须要把永远快乐的'开心果'背后的那个库尔特找出来，"他说道，"有时候我觉得自己就像一个笑话。对此我实在无法忍受了。"

先是哭泣，之后就是茫然无措。他被猛烈的、汹涌而来的恐惧感所袭击，他的心脏问题迅速发展到令他无法承受的地步。这时，一位熟人给了他一个提示：不要忘记他的战争童年。那个人说："好好看看你自己出生的日期吧。"

1943年他出生于杜塞尔多夫。在那个战火纷飞的岁月，他直接在防空洞里来到了这个世界……当然，库尔特本人对此没有任何记忆，而他的医生也没有一个会对他人生中这样的细枝末节多加关注。

这实在是令人吃惊的，那些在发展心理学[1]中非常明确的重要概念完全被无视了，而且一直被无视。我可以肯定，即便是那些自己对早期儿童心理障碍有着明确认识的幼教老师，在涉及"战争儿童"这一概念时，也会很快忘记自己所有的专业知识，转而回到旧有的错误认识上：如果某人在遭遇可怕的事情时，因为年龄过小而对此根本没有记忆，那么这样的事情以后就不再会对他构成伤害。另一个有趣的现象是，有很多人在第一次听到我提出"战争儿童"这一概念的时候，会马上对我提出这样的告诫："不要把所有的账都算在那场战争上面。"

儿科护士芭芭拉·布勒迪埃克（Barbara Bullerdiek）寄给我的一首小诗使我大感兴趣。这首诗是她在很多年前写的。

在炮火中
生命偏离了奔向死亡的轨道，
无可阻止而来。

---

[1] 心理学的一个分支，主要研究人类随着年龄的增长而发生的心理上的转变。——译者注

> 神经质的新生儿，
> 艰难地加入战争的喧嚣。
> 生疏地转换着前线，
> 从母亲的体内来到防空洞。

在她把这首诗读给她的一些同龄朋友听时，大家都不置一词。在 1944 年那样的时代背景下，没有人会认为，一个孩子的降生算件喜事儿，至少在大城市里是这样。在我的访谈里，也常常会提到这个问题，但往往是一带而过。"一架飞机满载着弹药坠毁在田野里，"一位 70 多岁的女士这样描述，"妇产医院里已经再没有一片面包。其他倒没有什么特别的，只是那些妈妈们再也得不到牛奶了。"

循着一些蛛丝马迹，库尔特·谢灵开始自己去寻找痛苦的根源。再回顾这段往事时，他相信自己当时已别无选择。"我几乎快精神崩溃了，身体完全垮掉也是迟早的事儿。最为急迫的是，我需要说出来，哭出来，呐喊出来。全部的恐惧感，必须从我的身体里滚出去！"

最大的惊讶来自他的母亲，过去她一直把小库尔特当做生命中的一缕阳光。业已年迈的她现在依然坦率地承认这一点，而并不畏惧回忆的痛苦：是的，我们在整个战争期间一直住在杜塞尔多夫。是的，躲在地下室里时，我无时无刻不在恐惧。是的，你也同样经历了所有空袭，而我却不能给你哺乳，因为我始终处于恐惧之中。

她说她的库尔特对她来说一直都是生命中的一缕阳光，那是因为在他周围只有一片黑暗……

"这之后我就明白了，"库尔特说，"一点也不奇怪，我的内心从不让我平静。因为那样的记忆同样也已铭刻在我的内心深处，就是这样。我仿佛已经死过很多次了，而对一个正常人来说，这不可能不在他心里留下些什么。"

就是从这时候开始,他希望知道一切。每个细节对他来说突然都变得那么重要。他也在文学作品中寻找某些启示。直到读了迪特尔·佛尔特的《穿血鞋的少年》时,他才真正体会到了空袭的恐怖。他必须彻底把童年时代的痛苦抛掉,别无其他选择。而与他同龄的朋友们都觉得他应该停止这样的疯狂举动。这又能怎么样?过去就过去了……也许他们有时候担心他会失去理智,不过这也算正常。

轰炸的氛围

"在那一时期我经常埋怨我的父母,"库尔特回忆说,"为什么要在那个疯狂的年代生孩子?"他的母亲表现出对他完全的理解,为此库尔特一直心存感激。因为他很清楚,换做其他父母,在面对这样的诘问时,只会以沉默作答。在他50岁生日时,母亲送给他一份官方表格作为礼物,那上面详细记载了1943年到1945年间他出生的城市落下的所有炸弹。库尔特把这一"恐怖表格"做成了一幅拼贴画,挂在了他家的楼道里。画的标题是:轰炸的氛围(Bombenstimmung)①。在他这里,战争再也不是一个禁忌的话题。直面战争帮助了他,让他感觉舒服。那是因为他终于发现:"那种整个世界走向毁灭的感觉,其实一直隐藏在我内心深处……"

他接受了一次心理治疗。他心脏的不适和他的恐惧感有时还会出现,但明显不那么强烈了。他觉得自己完全健康了,他可以笑,可以哭,可以享受生活。他对自己生活的把握,远远超过了从前。当我第一次与他会面时,绝对没有想到他的健康有问题。我的印象

---

① Bombenstimmung,这个词在这里一语双关,可以理解为轰炸的氛围,也可以理解为热闹的氛围,可以说是一个黑色幽默。——译者注

是：这个快80岁的人居然还可以骑自行车旅行，戴着棒球帽跑步。

在十几年前，他陷入热恋并结了婚，但这一婚姻最后却以离婚收场。其实长期以来他们之间一直存在问题，库尔特说，但他却下不了决心早点解决。他认为，不可以随便就抛弃别人，即使双方没有什么共同点和更深层的交流。"我一直是——是的，就像我常说的——有点发昏，"事后库尔特这样总结道，"我像发了昏似的结了婚，有了孩子，而我其实真不是这样的人。"

他的孩子们怎么样？他是否在孩子们的行为举止里发现了自己沉重的过去的痕迹？"他们不是这样，"他证实说，"他们总是避免发生冲突，积极地去适应生活，友善并充满爱心，也非常守规矩。这与我受过的教育如出一辙：做一个可爱的男孩。在这方面，我给孩子们做出了榜样。"

比如说，在他第一次与他的妻子尝试解决他们之间的问题时，孩子们都已长大成人。"好在他们现在对这件事的看法已经转变了。"

现在，对于他童年时的精神创伤问题，他又有了新的想法："总是说这些事于事无补，"他确信，"你必须真正调整自己的心态。因为我相信，对于某些'消化'不了的东西，你的身体早晚会在某个时刻向你'摊牌'。"他已经注意自己的同龄人很久了，他们之中的很多人甚至早已厌倦了生活。他自己也要非常警惕这一点。

最近一个时期，他被检查出胃有毛病，医生给他开了抗胃酸的药。但库尔特自己则认为，这其实是身体给他发出的一个明确的信号：你赶快来看看吧，这儿还有消化不了的东西。

他曾连续三次做了一个同样的梦："我扔出去一枚手榴弹并且赶快跑开。在我跑的时候，我突然意识到，我正待在我童年时住过的家里。那枚手榴弹带着刺耳的声音从后面向我的脑袋飞来，但却没有伤到我。我躲进父母的大衣柜里，等着它爆炸，但它却在我的胃里炸开了。——总是一到这个时候，我就醒了。这时我能感觉到，血液怎样在我的胃里奔涌，而我的双腿完全麻木。这正是我过去一直有的感觉：想逃跑却压根儿做不到。"

这样的梦对他来说是一个明白无误的警告和要求：释放压力！库尔特·谢灵接受了这一警告，并在提前退休的合同上签了字。

第六章

整个民族的迁徙

作为希特勒发动的毁灭性战争的直接后果,在德国前东部领土约有1 400万人失去了家园,流离失所。其中大约有200万人,有的说法为20万人——甚而失去了生命。无论怎样,我们对这一史实都不应保持沉默。

像支柱般存在的已失去的家园

对于"大逃难"和"大驱逐"这段历史的回顾，迄今已经出版过无数的小说和研究性书籍。截至 20 世纪 70 年代初期，对被驱逐者这一完全有别于"大轰炸"受害者的群体，也早已进行过全面探讨。对他们之中大多数幸存者来说，他们已失去的家园始终是他们得以生存下去的精神支柱。作为希特勒发动的毁灭性战争的直接后果，在德国前东部领土[①]约有 1 400 万人失去了家园，流离失所。其中大约有 200 万人——有的说法为 20 万人——甚而失去了生命。无论怎样，我们对这一史实都不应保持沉默。

人们很少谈论这样一个事实：如果当时德国人没有被自己人阻碍，而能及时地逃离，那么这场巨大的苦难完全是可以避免的。对此问题，《斯大林格勒》和《柏林 1945：终结》两书的作者、深受赞誉的英国作家安东尼·比佛（Antony Beevor），曾在一篇发表于《世界报》（*Die Welt*）的文章中写道：在第二次世界大战最后的六

[①] 德国前东部领土是指位于奥得河—尼斯河线以东，曾经得到国际公认的属于德国领土一部分的所有省份或地区。第二次世界大战之后，根据《波茨坦协定》，所有奥得河—尼斯河线以东的地区，不论是国际社会公认的德国领土，还是德国在二战中占领的领土，主权全部交给其他国家。——译者注

个月里，红军对柏林发动了摧枯拉朽的猛攻。越来越多的普通德国士兵和平民在此期间被卷入这场由纳粹一手造成的噩梦般的浩劫之中。希特勒拒绝下达撤退命令，这意味着，德国的妇女和儿童将直接面对俄国人进攻的洪流。

在德国，关于"大驱逐"这个问题的讨论，首先是涉及群体利益的一个政治问题。尽管不是所有人，但至少那些"德国被驱逐者联盟"里叫得最响的干部们一直在坚持要求归还德国前东部领土。而对这场灾难性的战后"大驱逐"的看法，全社会空前一致。人们都把注意力集中在因此造成的巨大的损失和悲痛上，当然对那些被驱逐者也报以巨大同情。但社会上其他人与那些难民之间真正"共患难"的情感却从来没有过。对被驱逐者进行的战争赔偿虽然由全体德国人民承担，但却依然引发了很多联邦德国人对他们的嫉妒。按道理说，人们不应该嫉妒那些难民，因为相对于他们在战争中所遭受的重大损失而言，他们能得到赔偿的仅仅是很小的一部分。

深有意味的是，即使是在受害者家庭内部，父母或祖父母一代所遭受的悲惨命运，那些经历的细节也被刻意淡化了。我们甚至可以说，年轻一代德国人对数百万被驱逐者当时的遭遇知之甚少。当年的那些"难民儿童"，从逃难至今已过去50多年，但他们自己往往也无法说清楚，当年从离开家乡直到抵达在萨克森、巴伐利亚或北德的某个目的地花费了多长时间。几周？几个月？还是更长？

在这些家庭共同的回忆里，逃难路上的辗转流离始终是一个盲区。或者是因为第二代或第三代人对此并无兴趣，或者是因为老一辈人不想让年轻人再像他们那样承受巨大的心理负担，或者就是人们对某些巨大的精神创伤再也难以启齿。这首先就包括数十万当年被强暴的女性。就我们所知，她们之中只有个别人，在年迈之际，才终于打破了缄默。

诞生于逃难路上

关于儿童在逃难途中的命运，我们了解得很少。历史学家白蓓尔·鲍特纳（Bärbel Beutner）女士在20世纪80年代曾出版过一本名为《诞生于逃难路上》的小册子。书中所收集的都是真人真事，它把当时逃难中妇女儿童所面临的极大危难直接展现在公众面前。"这是大灾难中被忘却的那部分。"鲍特纳女士在前言里写道。

在这本书中人们可以读到这样的故事：一位女性，在分娩后，就急匆匆地再次上路，甚至没有时间把新生儿清洗干净，直到7天以后才有时间清洗；在一条运输船上，一个女婴在两位兽医的帮助下来到了这个世界；一次空袭之后，门窗直接飞到了一位产妇和她的新生儿的身上；还有这样一位母亲，她希望用荨麻汁保住她新生婴儿的命，尽管这是徒劳的，而另一位母亲则抱着她早已死去的婴儿冰冷的尸体度过了数天。

这本书引起普遍关注的另一个原因，就是作者对由这些往事带来的后果做出的思考。由于每一个幸免于难的"难民儿童"都仿佛是一个奇迹，所以在他们以后的生活中，他们在家庭里的地位非常特殊，当然这也有其他的原因。"我作为'难民儿童'长大，但却从不需要自己逃难。"鲍特纳女士根据她的亲身经历这样说，"在我生日那天，年复一年重复提及的就是那段逃难之旅：多少多少年前的这一天，我们出发了……然后我们到了这里，又到了那里……到现在已经过去那么久了！……看看我们家的'难民儿童'今年多大就知道我们离开家乡有多久了……"

众所周知的是，在这样的逃难家庭里，对这样的'难民儿童'的要求往往很高。"不言而喻，他们必须不断努力，避免犯错，避免打扰别人，尽力满足家人的期望。"鲍特纳女士这样写道，"对他们而言，或许最糟糕的事情就是，让家人感到失望。而比这个更糟糕的是，他们由于行为不检点或成绩很差而遭到旁人羞辱，以致名声受损。因为他们一无所有，唯一剩下的，就只有好名声了。"

对母亲永远心存感激……

亲眼目睹父母在战争中遭受的巨大损失，这对成长中的对生活正满怀憧憬的儿童不可能不产生影响。正如鲍特纳女士对这个问题的看法："那些经历了战争的人，怎么可能继续轻松地生活？"而那些所谓的"难民儿童"，比起他们的哥哥姐姐，因此而受到的良心上的约束更多。对他们而言，对为了他们的生存而做出过超人努力的母亲永远心存感激，是一种义务，尽管并没有谁把这一点直白地讲出来。

"当'难民儿童'能理解这一点时，"鲍特纳女士写道，"随着逐渐成长，他们懂得了应该怎样正确对待母亲。他们会觉得，从母亲身边离开，从家里搬出去并建立自己的生活是非常不应该的。在他们之后的每一段人生中，母亲都是不可被忽略的，更不要说从母亲身边离开了。"

对这样的人生，白蓓尔·鲍特纳女士丝毫没有怪罪老一辈人的意思，她不曾谈及这是谁的责任，更没有因此而自责。因为她清楚地认识到，这一切，都是由"大驱逐"造成的。

原则上来说，敬爱父母是件好事。但很明显，许多来自难民家庭的孩子很难搞清楚，什么时候这种充满爱心的对母亲生活上的帮助是必需的，而什么时候这样的关心照顾事实上却妨碍了母亲自己的生活。几十年来，白蓓尔·鲍特纳女士已长大成人并已身为人母的女儿，出于对母亲的爱把她带到了一座位于威斯特法伦的小城一同居住。尽管母女感情依旧，但对母亲来说，这里却绝不是真正的故乡。昔日的故乡,是父母一辈最大的心结。在联邦德国的生活,对鲍特纳而言一直都是一种随遇而安。"当人们的自我生活完全任人摆布的时候,它就不再是真实的了。而自我存在的意识则被令人惊讶地淡化了。"

半个德国在路上

难民和被驱逐者只是几千万在纳粹统治期间及随后的战争狂潮中被四处驱赶的德国人中的一部分。在 1945 年那个初夏,他们的境况又是怎样的呢?并不是所有的西里西亚人、波莫瑞人、东普鲁士人和苏台德德意志人到这个时候都找到了临时居所。[①] 一个数目不详但必定庞大的人群此时仍在不懈努力,投奔亲朋好友,希望能被容留。而其他那些举目无亲的人则沦入赤贫境地,衣衫褴褛,由于各种偶然的原因到处流浪漂泊,又或者被占领军当局从一个占领区赶往另一个占领区。这最后的奥德赛式的漂泊,最终把许多难民带到了绝望的边缘,因为他们对恐怖及恐怖带来的一切仍然记忆犹新。

"德国———一座爬满蚂蚁的庞大蚁山。"历史学家玛格丽特·丢尔(Margarete Dörr)女士这样描述战争刚结束时的境况。她认为,那时至少每两个德国人中就有一个在路上,而其中妇女更是远多于男人。一套共三册的文集收录了丢尔女士所有公开发表的文章,文集名是《那些没有经历过那个时代的人……》。这套书把"二战中及战后数年间德国女性的命运",以拼图的方式完整地刻画出来。想真正了解那些女性曲折的生存之路及各不相同的命运的

[①] 西里西亚、波莫瑞和东普鲁士均属德国前东部领土范围。苏台德地区原为捷克领土,但此地居住了 300 多万德意志人。——译者注

人，一定不可错过丢尔女士的这一著作。在她的书中，人们看不到那种英雄赞歌式的描写，比如所谓的"废墟女工"，但它也绝不是一曲悲歌。

她写道："直到最后一刻，女工和女职员们依然带着难以言表的疲劳坚守在各自的岗位上，毫无怨言地不停加班；农妇在晨曦中赶在俯冲式轰炸机到来之前种下土豆；而女教师们仍然想方设法保证按时上课。她们做这些并非被迫，而是出于一种在今天很难被理解的责任感以及纯粹的生存意志。"这位女历史学家也提及了取得这些巨大成就的代价："那些姑娘和母亲们事实上从未睡够过，战争持续得越久，她们的睡眠越少。很多人其实已筋疲力尽，却一次次挣扎着再次爬起。"

半个民族都在路上。一开始的时候，除了那些失去家园的人之外，还有很多被疏散的妇女儿童。他们为了躲避炸弹而被疏散到农村地区，还包括那些德国前东部领土地区，现在他们也想返回故乡城市。据估计，在战争期间有500万到1 000万人曾被疏散。疏散时间长短各不相同，从几周到两年都有。

无知的村民

迪特尔·佛特（Dieter Forte）在他的小说三部曲《我肩膀上的房子》中对疏散生活进行了详尽的描述。小时候他经常被从杜塞尔多夫市疏散，并且还知道，他的母亲在外地被人们称作"炸弹女人"。每次都是一样，这对母子总是在很短的时间之后就匆匆返回故乡城市。他妈妈总想尽快"逃离"乡下，因为她实在无法忍受那种虽然远离战争却充满无知和麻木的氛围。

这里当然偶尔也会响起空袭警报，这被称作演习。人们继续行走，仿佛没事儿发生。他们通常会走得特别慢，以此来证

第六章　整个民族的迁徙

明他们并没有被空袭警报吓到。人们都在取笑那个第一个跑进最近的地下室的男孩,而那些在小日用品商店里闲聊的妇女会被告知对此不用紧张。而她们则会继续用宽宽的餐刀切着黄油卷,以此表明她们没有丝毫恐惧。在这里,没有什么能够吓到他们,并打破他们那种一成不变的宁静生活。

数百年来这里什么大事儿也没发生过,只是有一次一头母牛从屠宰场里逃跑了。每年村里的布告板上都会提到这事儿。而那个每天上午都站在被铁网包着的布告板前等着看消息的男孩,永远也不会看到帝国遭到空袭的消息。

战争行将结束时,在全国各地的大街小巷,除了随处可见的被疏散者和难民,还有很多四处流浪的少年学生。由于战时的"儿童乡村遣送计划"[①],他们被遣送到了某个遥远的地方,有的地方甚至已经到了"德意志帝国"的边缘。据估计,大约有200百万少年人曾参与其中。"俄国人来啦!"他们中的一部分此时突然发现,自己已经被老师们抛弃,未来只能依靠自己了。我们完全可以想象,在当时那种困难的条件下,对如此庞大的人群进行运输,是怎样难以为继。迪特尔·佛特在他的书中对一次疏散进行了描写:

> 火车在德国大地上蜿蜒行进,夜以继日。它缓慢地爬过因灯火管制而显得昏暗的城市,停靠在燃烧未尽的工厂上,穿过由被士兵看守的战俘劳作的田地,以步行的速度通过临时搭建的还架设着高射炮的桥梁。它钻出阴暗而潮湿的树林,在野外某个空旷之处停下,有时甚至达数小时之久。车上的人经常要跳下火车,藏身于铁路路堤之后,等待飞机擦着头皮呼啸而

[①] 从1940年10月开始,由于盟军对德国城市的空袭日益加剧,德国官方在人烟稀少的乡村建立了很多营地,并把大城市的少年儿童有组织地遣送到那里,他们在那里生活并继续接受教育。——译者注

去。然后，它又缓慢地爬行起来。前行，无休止地前行，人们根本不知道它将去向何方。

火车上的女人们轮流讲述着她们的故事。从阵亡的儿子，讲到失踪的丈夫、故去的父母。死亡的故事来自每一个角落，来自陆地、天空和海洋，来自被烧毁的坦克、被击落的飞机和沉没的潜艇。故事来自被毁掉的房屋和住宅，来自所有那些她们已永远失去，但始终珍藏于心底的东西。而那些被拿出来展示的照片，仅仅是帮助她们回忆的一个工具。

战争结束之时，人们的长途跋涉已经不再是通常意义上的"旅行"了。人们有可能乘车而行几公里，然后再开始步行。有时人们会搭上一部拖拉机或者盟军军车甚至是一辆牛车前进几公里。又或者，所有人整天聚集在一个火车站周围，希望能爬上一列装满牲畜的火车。在这种无休止的火车旅行中，人们只能站着。大人们挤在一起，而儿童们的身高正好是大人的一半，他们被夹在大人中间。很多当年的那些儿童，直到今天一想起那种恶臭仍心生厌恶。

很多时候，妇女儿童和老人们会组成一个很大的群体。他们轮流拉着载着他们行李的小马车行进数百公里。今天很少有人会再提及裹在破烂鞋子里疼痛的双脚以及那个上帝赐福的传说。那个传说讲的是，如果与一位老爷爷结伴而行，那么大家的坏鞋都会被修好。

玛格丽特·丢尔女士在书中还回忆了这样一些女人：在战争结束时，她们正远离家乡，在东线的国防军或者战争辅助性组织里工作。此时，她们也想回家。除此之外，许多女性都曾尝试过去野战医院或战俘营探望她们负伤的丈夫或儿子。

对所有这些女性来讲，她们最大的愿望就是，能在经历了战时的混乱之后，再次回到原来的家庭，大家重新走到一起并开始新的生活。而这条道路并不好走，随之而来的是极度贫困、饥饿、极其不卫生的性行为和传染病的威胁。

残酷的分配之争

在临时宿营地，所谓的卫生设施往往只是一个盥洗池。毫不奇怪，不管如何筋疲力尽，所有的人都只有一个想法：向前，迅速向前！得到一个可以搭车的机会就像彩票中了奖。对这种机会的分配从来都是残酷的，而在战争刚结束不久时，甚至大批刚被释放的战俘也参与了进来。

想尽快返回家乡的，并不仅仅是德国人，尽管因此整个国家已变成了一座"大蚁山"。丢尔女士还写道，总数大约为1 000万的所谓 displaced persons①，也就是那些曾经被强制劳动的外国劳工及战俘，他们也将被陆续遣返回各自的国家。

所有人的旅程各不相同，有长有短，但哪怕是最短的旅程也是个历险般的过程。比如说，一个科隆人要前往吉森或奥登堡乡下进行"易物交易"——因为那里有黄油——最快也得三天后才能回来。"易物交易"，对于在那个混乱的年代里身心俱疲的人们来说，这是个多么动听的词……这样的"易物交易"存在了相当长一段时间。1947年5月，《慕尼黑新报》刊登了作家埃里希·凯斯特纳（Erich Kästner）的一篇文章，文章对这一现象进行了详细描述：

在勃兰登堡的哈维尔河边，停着一列客车，那个画面只有布吕赫尔能画得出来。在他那个年代，并没有拥挤不堪的铁路，而在今天，却也不再有布吕赫尔。很多事物都是不可共存的……车厢踏板上、车厢连接处甚至车头两侧的窄道上布满了

---

① 意思是流动人口。应为占领军当局的定义，原文直接引用英语。为体现作者本意，予以保留。——译者注

悲伤的人，而车厢顶上也密密地挂满了人，互相挤作一团，比之车厢内的乘客一点都不少。我们原先能看见的火车，现在一点都看不到了，就像猪排裹满面包屑般被人完全裹在了里面！

他们或坐，或挂，或立，紧紧地挨在一起，由于午后阳光的照拂，他们都无精打采地微眯着双眼。他们并不在意前方的弯道或隧道，他们只在意背包里那几磅易货而来的土豆和家中的面孔。要是在从前，列车行驶时，从车窗探出身体都是被禁止的。而现在，数以百计的老妇人和瘦弱的孩童就那么蹲坐在布满煤灰的列车顶上，没有任何支撑或扶手，就像在搭乘无顶的双层公共汽车。区别在于，现在再也没有谁会去禁止这种自杀式行为了。

一位勇敢的 12 岁女孩

不过，这种易货交易之旅对精力充沛又想做些事情的年轻人来说，也有它令人感到美好的一面。来自埃森的乌尔苏拉·亨克（Ursula Henke）那时 12 岁，为了给母亲和弟弟交换到食物和其他日用品，她定期独自乘火车前往绍尔兰山区①。这样的事情使她很早就展现出了做生意的天赋，这种天赋一直保持到今天。

她家被轰炸过三次，因此一无所有，没有什么东西可以拿去交换。她先在埃森城里赊购大量的削土豆刀，然后把它们带到绍尔兰山区，用来和当地农民交换。她这个生意很不错。她挨家挨户地在当地拜访，直到她的包里装满用削土豆刀换来的土豆、鸡蛋等物，有时候甚至有大块肥油。然后她会带着丰厚的"战利品"返回火车上。她和火车司机交上了朋友，他们都很愿意帮助这个勇敢的金发

---

① Sauerland，德国北莱茵—威斯特法伦州北部山区。——译者注

小女孩。在整个返家的旅程中，她的大包裹一直放在驾驶室里，以免半路上被坏人抢走。乌尔苏拉这个削土豆刀的好主意，让她收获颇丰。

在这位 1933 年出生的女士身上，我再次看到了在那个艰难时期孩子们强大的生存能力。不过，这也需要三个前提条件：第一，他们的身体原本就很健康；第二，在灾难到来之前，他们曾有过几年可谓美好的童年；第三，他们的父母对孩子充满爱心。

"可怕的，但也有很多美好的东西"

乌尔苏拉的弟弟克劳斯（Klaus），比她小四岁。战争带给他的精神伤害，一直延续到现在。目前他仍在持续地接受心理治疗。很明显，这正是由于他当时年龄太小，没有为改善家庭的生存环境做过什么。与他完全不同的是，对他姐姐来说，那一段战争经历是"可怕的，但也有很多美好的东西"。

我与乌尔苏拉的访谈是在她位于某栋楼房三层的居所里进行的。瞥眼向下一望，就能看到外面生动的生活。这里是她的故乡，她的街区，从没有改变过。一个街区就像一个小"村庄"。乌尔苏拉家客厅的窗下，就是小市场。啊，是的，当那些"村庄"里的面孔在楼下不断出现的时候，她就会想到那些面孔是多么熟悉啊，那些都是从孩提时代起就已熟识的。乌尔苏拉还记得战后第一年的一些往事，比如她母亲的朋友安娜格蕾（Annegret）是如何离家出走，与不止一个英国士兵上床的。而她三个茫然若失的孩子会在每个夜晚祈祷：亲爱的爸爸终有一天能从战争中归来。邻居家的海因茨（Heinz）和威利（Willi）兄弟则买来一些私酿劣酒，整日里借酒浇愁。

乌尔苏拉的母亲和其他那些人则完全不同，她从没想过去做那些乱七八糟的事情。乌尔苏拉直至今日仍因此而对母亲心怀感激。她母亲想做的，就是与孩子们相依为命，并日复一日地祈祷着从陆续归来的返乡者中终能看到丈夫的身影。

乌尔苏拉回忆道，在50年代，那些曾经在社会上放浪形骸的人，仿佛突然之间又想起了什么是道德。他们摇身一变，又都成了正派的、值得尊敬的人，"仿佛原来那种另类生活从没发生过"。但他们的孩子得有多大的勇气才能面对这种转变！那种心情恐怕是只有在50年代末一位少女生下私生子时才会有的：这是件多么丢人的事儿啊！

到床上去，屋里冷得像冰窖

战争期间，乌尔苏拉一家曾被多次疏散，一次一个地方。最美好的一次是去图林根某地，她回忆道。那趟旅行根本不像紧急疏散，倒像是一次愉快的探亲访友。在那里，他们借住在村长家，那可算是当地的有钱人了，连他们礼拜日去教堂所乘坐的马车都是两匹马拉的。回忆起这一时期的生活，只能用"美好"二字形容：有额外为他们烤的小甜饼，有一条狗相伴，甚至还有男人们——在战争年代那可是相当罕见的。而在冬天，他们会像村里其他孩子那样，滑着雪去上学。

第二次疏散，乌尔苏拉一家的生活就非常艰苦了。最糟的是那种拥挤不堪、喧嚣的共同生活。"但人们必须理解这样的大家庭式的生活，"这位70岁的老人，带着浓重的鲁尔口音，指着楼下的小市场继续解释道，"请您想象一下，那里突然开来一辆装满50人的大客车，停了下来。车上的人下车后摁响了您家的门铃，当您打开房门时，看到门前站着一位带着两个孩子的母亲。这意味着，您必须收留他们。"

那个房屋的女主人那时根本没得选择,她只能从她本已很小的寓所里分出一间供她们居住,乌尔苏拉继续说道。而在某个时期,她把厨房和客厅也让了出来。"我们楼上的卧室冰冷不堪,整个白天我们只好待在客厅里。一到晚上7点,我们就要把客厅收拾好上楼,"随着回忆的展开,她开始抽泣起来,"我们必须到三层楼上去。我们必须马上躺进被子里,否则一定会被冻死。"

克劳斯终于上学了,但学习对他来说,从一开始就是个问题。"我的母亲为了帮他,变得有些神经质,"乌尔苏拉说道,"我们三个坐在这间不怎么欢迎我们的陌生的客厅里,妈妈和克劳斯在那儿为完成他的家庭作业较劲。那时我经常会想,如果爸爸在这儿,他一定会非常有耐心的。"

那段时间,乌尔苏拉的母亲常常会独自哀伤。母亲阅读着父亲的战场来信,在那些信中,他哀切地请求,希望母亲能带着我们留在那里。因为,除了那里,没有哪儿是安全的。每当母亲阅读父亲的来信时,她都会哭泣,因为她太思念自己的丈夫了。除此之外,再次见到老家埃森的亲朋好友的渴望也每天都在增长。直到有那么一天,大概是那年圣诞节前不久,我们终于可以回家了。在随后的一次空袭中,母亲流产了,而且身体从此再也没有恢复过来。"有三个月时间,她不得不待在医院里,"乌尔苏拉说道,"是的,我们的母亲在战争期间情况非常不好。离开父亲,她完全垮了。"

"爸爸几乎每天都会给我们来信,有时候甚至还有装满食品的小包裹。信里他还告诉我们不要把这些东西分给别人。"乌尔苏拉回忆道,"有时有油浸沙丁鱼罐头,还有其他一些吃的,都是他从自己的配给定额里省出来的。所以那时我总在想,他自己也许从来都没有吃饱过,因为都寄给了我们。这是我还是孩子时的看法。"在一次返家探亲时,爸爸带着乌尔苏拉去看望了她的爷爷,而那时发生的一幕令她终生难忘。"爸爸应该给爷爷讲了些什么,也许是些很糟的事情,毕竟他在东线俄国战场服役。接着,两个大男人抱头痛哭。"

从图林根徒步返回鲁尔

在我们的访谈进行中,乌尔苏拉在起身去煮咖啡时,顺便拿来了一个很大的信封。上面贴着标签:爸爸来信。"这只是我们保存的爸爸战地来信的一小部分。"她说。在战争结束时,就再也收不到爸爸的信了。一封乌尔苏拉写给他的信,也因无法投递,被退了回来。

随着又一次的疏散,在1945年,乌尔苏拉一家再次来到了图林根。"这一次,我们是徒步返回埃森的。"乌尔苏拉不无激动地说,"对此我的回忆十分美好。那时我们一共13个人,祖父母也跟我们在一起。"他们在路上一共走了三个星期。傍晚,他们在火堆旁做饭,随后在谷仓里过夜。"对我们孩子来说,这是件很好玩的事儿,"乌尔苏拉说,"但妈妈每晚都会哭泣。糟糕的是,我无法帮到她……"

战后,他们陷入了赤贫。三次大轰炸令家里一无所有。乌尔苏拉曾经得到过一件大衣,那是用羊毛毯改的。而她的内裤,则是用装糖的麻袋做成的。她唯一一件礼服,之前曾有三个表姐妹分别穿过。那是她唯一一件漂亮衣服,就像面包上点缀着的唯一一枚草莓,那是多么珍贵的东西!母亲用自己的卷发夹换了土豆,平时只好用旧报纸挽着头发。

12岁时,乌尔苏拉的童年就此结束。上午,她要去速成中学[①]上课,而在一天的其余时间里,她像其他成年人那样,尽力讨生活。没过多久,她染上了伤寒,并因此在医院里待了足足9个月。

[①] 战后德国的一种特殊学校,不分年龄,面向全体国民开放,毕业即获得进入大学的资格。——译者注

第六章　整个民族的迁徙

那时所谓的病房其实就是个简易房间，而窗前就是一处墓地。当母亲来看她的时候，母亲只能站在墓地后面。"那场传染病真的很严重，死了很多人。头天晚上我们还是11个人，早上醒来就只剩下9个了。"但对乌尔苏拉来说，最大的折磨是，她不能陪在母亲身边。

在乌尔苏拉痊愈以后，她觉得自己在速成中学已经跟不上了，只好回到"人民学校"①读书。战争给她造成的最大恶果，并决定了她一生的就是，她总共只上了六年学。工作以后，她先干了一段时间家政服务工作。不久后，由于没人认真审核她的学历，她顺利地进了一家服装店，并当上了学徒老师。这是一家历史悠久的家族企业，而少东家爱上了乌尔苏拉。因此，她很年轻时就结了婚，并有了两个孩子。

不再有迹象显示父亲还活着。"我们一直坚信，他会回来的！每个早晨我们都会重新坚定这个信念，而到了晚上，又陷入深深的失望。然后我们就会祈祷，并重新满怀新的希望。"他们始终如一地等待着，两年，五年……而对母亲来说，这一等待就是一生。她拒不接受她的丈夫被宣布死亡，为此甚至拒领抚恤金。父亲生死不明，这一直是他们一家最大的痛。"有时候，我们会自认为合情合理地编出这样的故事：他也许在俄国又有了新的女人和他们的孩子……"

乌尔苏拉·亨克女士与她丈夫的婚姻生活非常幸福，生意也经营得很好。重建时期的困苦不是没有回报的。那时候人们尽管工作繁重，但也收入丰厚。在乌尔苏拉60岁时，她的丈夫过世了。因此给她带来的巨大悲恸，甚至远远超过了她失去父亲时的痛苦。

1955年，母亲也去世了。乌尔苏拉和弟弟克劳斯收到一封"战争阵亡者救助组织"的来信。信中他们被明确告知，早在20世纪50

---

① 相当于中国的夜校，不算正规的学校教育。——译者注

年代初，他们的父亲乌尔里希·亨克，就已死于苏联的一个战俘营。

尽管经历了种种不幸，但乌尔苏拉对于过去的生活仍是满心感激。她觉得自己虽然经历了各种艰难困苦，但好运也始终相伴。环顾她的同龄人，就可以发现，整个人生沦入万劫不复的境地是多么简单的一件事。如果她没有上那几年学——尽管这远远不够，她一定仍旧贫穷不堪。如果她嫁给了那种把妻子视为附属物，并"只能依附于他"的男人的话，那么她很可能会像一个单亲妈妈一样，一个人带着两个孩子苦苦挣扎。又或者，如果对母亲过分依赖，那么她以后将无法独立生活。但事实上，对乌尔苏拉的母亲来说，帮助女儿构建她自己的生活，使她得以慢慢享受美好的人生，一直都是件很重要的事情。乌尔苏拉回忆道："有多少次，妈妈替我们照顾孩子们，只为了我和我丈夫可以去参加一场舞会。"现在，乌尔苏拉的孩子们也有了自己的孩子，而她也满心欢喜地由女强人变身为可敬的祖母。

最后来信

在我们的访谈行将结束时，乌尔苏拉·亨克女士再次看了遍那些战地来信。这个带有"爸爸来信"字样的大信封，是她在整理妈妈的遗物时发现的。她说："我还没有老糊涂，我知道我现在是个老太太了！但您看这个号码：17581。这的确是战地邮件的编号！"接着，她向我展示了那封她写给爸爸的因无法投递而被退回的信。她把信拿在手里摩挲了很久，接着说出了她的想法："我只想知道，为什么我这封小小的、出于孩子之手的信会破损那么严重？我妈妈的信都很正常，但是，您看见了吗？我写的这封信却完全破损了。"对此其实只有一个解释：乌尔苏拉的妈妈一定经常把孩子的信拿出来，反复阅读。

第七章

战争遗孤：追寻记忆

在战争行将结束之际,孩子走失,可以说是最令人痛苦的经历。它给人带来的心灵伤害如此之深,以至于当事人以后甚至都不愿再次面对。

失踪的儿童

在战争行将结束之际，孩子走失，可以说是最令人痛苦的经历。它给人带来的心灵伤害如此之深，以至于当事人以后甚至都不愿再次面对。正如汉斯-乌尔里希·特莱歇尔在他的作品《失踪的孩子》中所描述的那样，它深深地改变了当事人的生活。这位作家属于那么一小群年轻作家，他们专注于将战争对战后一代造成的深远影响以文字呈现出来。

在1999年出版的《失踪的孩子》这部小说里，作者描述了一个战后家庭里那种僵硬的代际关系。对这个家庭里的父母来说，家庭生活的内容只有一个：寻找阿诺德（Arnold），即他们的长子。1945年1月，这个孩子在迁移途中失踪。故事的叙述者是阿诺德的弟弟，整个故事以第一人称叙述的形式展开。这位弟弟战后才来到这个世界，而在哥哥被找到前，他在家里根本没有任何地位可言。

整个故事具备了"经济奇迹"时代的生活该有的所有特征，但阿诺德的父母并不打算这样平静地生活下去。他们十年来追寻着每一条线索，尽管总是错误的。一个希望刚刚破灭，他们马上又会造出一个。特别是故事中的母亲，永远无法安静下来，她永远只生活在自我想象出来的情景里，并信以为真。他们的追寻行动使他们最终找到一个已成年的当年的弃婴。他们投入不菲，只为搞清他真实的身份。这对父母委托一家私人侦探所对此进行调查，同时花费巨资进行医学鉴定。他们对小儿子的生活漠不关心，而他们的亲朋好友中似乎也没有人站出来提醒他们这一点。特莱歇尔通过这个家庭的故事，描述了20世纪五六十年代普遍弥漫的一种生活情绪：空虚与压抑。

统计数字显示，战争结束后，每四个德国人中就有一个在寻找家人，或者其自身正在被寻找。光是在德国"红十字会"失踪人口办事处那里登记在册的失踪人口就有1 400万。在位于波恩的德国历史博物馆里，相关的档案资料详细记录了儿童搜救组织当年的工作。摄于当时的老纪录片把那段历史再次展现在参观者眼前：那些是正在找寻父母的孩子们，他们逐个在镜头前腼腆害羞地说出自己的姓名和家乡。

几年前，我拿到了这家博物馆出版的一本小册子，其中介绍了当年的失踪儿童登记卡。每次我翻看它的时候都会有这样的想法：至少在博物馆里，这些儿童还在被人们怀念，但也只有在那里被怀念。我总是会翻到第27页，在这一页上有20个失踪儿童的照片及简介。我随后产生了这样的愿望：去亲自了解其中至少一张照片背后的故事。随后我在那些照片里挑选了一张姓氏听上去不那么寻常的男孩的照片。借助于一张电话簿光盘，我搜寻到了七个地址。我因此总共写了七封信分别寄到这些地址，然而并没有抱着成功的希望，要知道至今已经差不多过去60年了……但其中一封显然是成功了。汉诺威的霍斯特·欧姆兰德（Horst Omland）打电话给我，说他不十分确定，他是否就是我要找的人。他是的，他的生日和出生地但泽都说明了这一点。但是他对我信中所提及的失踪登记卡却并不知情。他请求我把原件传真给他。

很快他打来了第二通电话：他的视力十分糟糕，实在看不清传真的内容。我向他保证，会尽快给他寄一份放大的复印件过去。他对此表示感谢，并说："好的好的，不用那么着急。"

在我把失踪登记卡复印件邮寄给他后不久,他也寄来了他1958年的士兵证。上面有他年轻时的证件照。他简短附言道:"这张照片上的耳朵和失踪登记卡上的一样吗?"

失踪登记文本:

霍斯特·欧姆兰德?登记号03265307,于1937年4月4日出生于但泽附近的提根霍夫。中等黄色细发,深棕色眼球,略微招风耳,鼻翼两侧有些许雀斑,肚子上有两小块色斑(胃部附近)。母亲:未知名,在但泽的一次空袭中身亡。霍斯特在此次空袭中受伤。其父原为工厂工人,后从军。他的两个哥哥,16岁的威廉和15岁的赫伯特,带着行李与他一起登船离开但泽。失散后霍斯特再未见过他们。他随后被一位陌生女士带往哥本哈根。

霍斯特·欧姆兰德失踪登记卡

果然如此!我们再次通话的时候,他跟我说,他家里人也一致认为他和照片上的孩子太像了。他两个孩子中的一个,小的时候长得和失踪登记卡上的小霍斯特更是一模一样。虽说如此,但欧姆兰德对失踪登记文本上的内容却一无所知:他不知道那上面提及的母亲、他的哥哥们或者那次空袭。事实上,他一直与住在魏玛的一位女士保持着联系。那位女士说,他们俩才是亲姐弟,他们的母亲在他们还是婴儿的时候把他们送到了孤儿院。

与他更多地通过电话交谈是不可能的,因为从童年时代开始,他就有严重的听力障碍。他更愿意相信,他这个病在服役期间由于军事训练而变得更加严重了。

在书信往来和电话联系之后,我们见了两次面,分别在汉诺威和魏玛。当我亲眼见到欧姆兰德的时候，第一印象就是，他绝对是一个"豪爽的大块头"。他对他的病情毫不讳言。他的证件上注明，他是百分之百听力障碍：两只耳朵都需要助听器。在这种情况下他仍然能够生活自理，的确是一个很大的成就。而由于视力障碍，他只能短途驾驶汽车。另外，他还患有糖尿病和高血压。

1986 年，他曾突发中风。之后他甚至无法说话了。但他并没有放弃，在咨询了很多医生后，他最终确定自己中风是由脑垂体瘤引发的。在一个脑部手术之后，他恢复了语言能力和部分听力，但仍然弱视。令人无法置信的是，他之后重新返回了工作岗位，甚至获得了升职。在 1991 年离休时，他的职位是高等法院的强制执行官。现在他已年近七十，生命要靠药物维持。自他中风后，他的婚姻随之结束。他与妻子在那之前实际上已经相互疏远。尽管如此，他却并未感到孤独。他有两个儿女、四个孙子女，都住在他附近。"目前的一切都很好。"他这样说。

一个位于丹麦的营地

他还可以回忆起来的童年，开始于 1945 年："拉普兰号"轮船把他带到了丹麦，在哥本哈根有一个儿童收容营。他到那儿的时候，差不多 8 岁。在那之前究竟发生了什么不同寻常的事件，以至于令他如此无法承受，因而将之完全从记忆中抹去，而同时抹去的还有那之前所有的人生经历？霍斯特·欧姆兰德不知道这个问题的答案。1947 年，这个收容机构的一位工作人员把他从丹麦带到了德国。"尤塔姑姑说：'我要回去了，你一起来吗？'我同意了。"霍斯特回忆说。这位尤塔姑姑应该是门诺教会一位牧师的女儿，来自沃姆斯附近的蒙斯海姆。回到德国后，她希望能为霍斯特找到一个合适的寄养家庭。

当时的社会环境，对那些战争孤儿来说，更是雪上加霜。正如恩斯特柯莱特出版社出版的一本有关儿童早期教育的书中所提到的那样。书中所采纳的救助机构的一位工作人员的叙述，使这本小册子颇具说服力："一位养母不无吹嘘地说，她用给她收养的三个孩子的抚养金购置了整个厨房，买了沙发，甚至有一部分还可用来兴建自己新的住宅。在其他情况下，这些被收养的孩子通常还被当做廉价劳动力使用。另外值得一提的是，目前的情况与早期困难时期正好相反。那时候大家能力有限，尽管很愿意帮助那些孩子，却有心无力，无法收养更多。而现在，人们对这些孩子的'需求量'很大。他们一拥而上，抢着报名收养孩子，首要原因就是为了现钱，这可是大家都匮乏的东西。在这种情形下，就有了黑森林地区农民收养的'窝棚儿童'这一说法。*得到帮助、把这些收养儿童当做摇钱树或者劳动力是他们最主要的目的，他们并不是真的要通过收养来帮助他人。*"

在当时这种情况下，小霍斯特的确很幸运，他得到了"尤塔姑姑"的帮助。她前后为他找了三个家庭，却都认为是不合适的。但她始终没有放弃，直到为霍斯特找到了一对值得信赖的夫妇，而且他们膝下没有子女。他们是普法尔茨的葡萄种植户，在村里也算个大户人家了。当霍斯特搬过去的时候，他已经十岁了，而且还从未上过学。

"我一入学就是四年级，"欧姆兰德说道，"养父母每天晚上都陪我练习算术、读写，直到我在桌子边睡着。但是不管学什么，我再看第二遍就很熟了！"很快，他的老师就表扬了他正确的发音。当然，这也遭到了村里其他孩子的嫉妒，特别是他的养父母还有那么大一份产业。这个男孩在学校被孤立了，甚至被殴打。

"我有一对非常好的养父母，但他们也真的十分严格，"欧姆兰德这样描述他儿时的处境，"我被绝对禁止外出，幸亏村里的马掌匠把我带进了男声合唱团，这样我至少每周可以外出一次。"

在农庄里，他像成年人那样工作。从很早开始他就被交予了一些责任很大的工作。他也学习了酒庄的管理工作，因为以后他早晚要接管整个酒庄。但事情却突生波折。1953年，他的养母突然去世，养父因此把他的妹妹叫来同住。"从那以后，我就只能在教堂里唱圣歌了。那位女士完全无视我的存在，"欧姆兰德回忆道，"养父也不再提及办手续正式收我为养子了。"霍斯特被养父告知，他的侄子将继承酒庄。由于叔父家的这个孩子对葡萄种植园和农庄工作事实上毫无兴趣，养父因此向霍斯特提议："你可以作为经理留下工作。"年轻人拒绝了这个提议。

在联邦国防军中的新起点

此后，霍斯特加入了联邦国防军，做了15年职业军人。再之后成为公务员并最终成为法院的强制执行官。如果不是由于听力障碍，他完全可以继续他军人的职业生涯。"那是第二次巨大的失望。"他今天这样说。

他的士兵证上有一个特别之处。1958年他在上面签字时，写下的名字是"霍斯特·乌姆兰德"（Horst Umland）。人们可以很清楚地看到，他的亲笔签名后来被改动过。策勒县兵役局的官员把"U"改成了"O"。这种情况在20世纪50年代的官方文件中十分常见。在那个不规范的年代，这种方法通常被用来临时解决问题。

但问题在于，为什么要对他的名字进行这种改动？当然，完全还原事情本来的样子是不可能的。对战争遗孤来说，他们的出身往往是一笔糊涂账。对当时的霍斯特·欧姆兰德来说，也许仅仅是这样："我要结婚了，但我的证件有问题。"这事儿就需要联系德国

"红十字会"的失踪人口办事处来处理，而他们也因此得到了他新的联系地址。接着，一位来自科隆的科内留斯女士对他们说，她是霍斯特已故母亲的妹妹。霍斯特说："我还记得，她完全可以证明我不是姓乌姆兰德，而是姓欧姆兰德。"可之后不久，他与这位女士的联系也中断了。

有那么一天，这位联邦国防军军人突然收到一封来自魏玛①的信。这当然也引起了联邦德国军事反谍机关（MAD）的注意。"我必须到头儿的办公室去一趟，"他回忆道，"头儿的手里拿着一封信，而他旁边站着两个穿便装的人，一看就是 MAD 的。他们问我：魏玛那边怎么回事儿？我跟他们说，非常抱歉，我也不知道。然后，头儿就把那封信读了一遍，一位叫鲁特的女士正在寻找我，因为我是她弟弟。对此我只得说，我一无所知，我根本不知道我还有兄弟姐妹，我是一个人长大的。我不会做出回应。对此 MAD 的人表示很满意。"

这封信来自一位叫鲁特的女士，而她的娘家姓正是欧姆兰德。出于类似的原因，她的来信也中断了。她丈夫在警察机关工作，由于她试图与联邦德国那边建立联系，因而丈夫在民主德国的国家安全部门那里遇到不小的麻烦。"请您禁止再发生这样的事儿！"这是对他的警告。

2003 年 5 月，我有幸与鲁特一家在魏玛会面。霍斯特·欧姆兰德也从汉诺威赶了过去。

两德间的一个故事

我们坐在一家咖啡馆里，聊着一个家庭却分属两德的家庭历

---

① 原民主德国城市。——译者注

史。这完全是东西方"冷战"所"赐予"的特殊一幕。鲁特女士说:"我们被禁止与联邦德国的人联系。当然咯,统一以后就可以了。"

不得不说,鲁特女士和霍斯特长得真的很像。他们拒绝做DNA鉴定,正如陪鲁特女士一起来的她的儿子所说:"他们相互间非常理解,我总是说,其实真的无所谓,他们要么是百分之百的姐弟关系,要么不是。"这位儿子与霍斯特·欧姆兰德隔桌相对而坐,两人同属一个重量级的体型,我就在想:这就是一对亲叔侄,还能是什么别的关系?

鲁特女士看上去很柔弱。她很坚定地继续参与了我们的交谈,尽管这期间她的情绪非常激动。"我现在的妈妈在我五岁的时候把我带走了,那时她应该三十八九岁吧。霍斯特还很小,而我妈妈只能带一个孩子走,因此把霍斯特留在了但泽亲生父母那里。"

她的这位养母非常不希望她继续和亲生母亲保持联系。而她的亲生母亲总是想方设法来看女儿。"我和我亲生母亲只一起出去喝过一次咖啡,"鲁特女士说道,"但我现在能回忆起来的,只是这件事,而不是她这个人了。"过了不久,她就听说,她的生母在汉堡去世了。这些事情明显与霍斯特的失踪登记卡上所记录的完全不符⋯⋯

当她谈到她的养母时,很明显,鲁特总是在强调她们的关系有多么亲密。"当苏联红军过来的时候,我们不得不与其他21个人共居一室。那时候我母亲都不想活了。我们爬到'起重机门'上,那可是但泽的地标,然后她说:来吧,女孩,让我们从这儿跳下去,这样的生活对我们来说就结束了。但我却对她说:什么啊,妈妈,让我们继续生活下去,让我们再多试一次⋯⋯"

1945年,她们必须离开但泽了。起先她们移居到了北德。1948年,她们来到了魏玛。在这里鲁特认识了她后来的丈夫——

一位警察。

两德统一后,鲁特女士和霍斯特进行了第二次联系。双方都再次求助于失踪人口办事处。"1992年12月,霍斯特和他的妻子来到了魏玛,就那样站到了我面前,"鲁特女士回忆道,"我对我女儿讲,就是那种感觉,仿佛我们早已相识多年。那是怎样一个拥抱啊!我们相互都没有感到陌生,如同我们一直保持着联系。"

霍斯特·欧姆兰德却十分理智地看待他们的关系。"现如今我也觉得我们是姐弟关系,有着共同的母亲。"他说。但他并不像鲁特女士那样对此深信不疑。"我是在儿童福利院长大的孩子,我不知道我的亲生父母是谁。我从没有管谁叫过爸爸、妈妈什么的,我只是后来在影视剧里才看到过。相应的,在养父母那里,我也只是自然成长,谈不上度过了什么美好童年。"他的姐姐鲁特女士,明显是属于多愁善感型的,听到这些,泪水马上充满了眼眶。她充满感激地回忆到,她过得要好得多,因为她有"爸爸"和"妈妈"。霍斯特轻咳一声,继续说道:"我的养父母是第三个或者第四个决定收留我的家庭,这多少会让人变得麻木了。我不了解真正的家庭生活应该是什么样子的。因此我和我姐姐的感受是完全不同的。但对我而言,这是个既定事实,我们是姐弟。"

在我们访谈的最后,他透露给我说,他打算把鲁特女士接到汉诺威去过上一周。而为了避免她独自一人旅行,之后他还会亲自陪她返回魏玛。

挨饿的母亲与祖母

在汉堡,我还认识了另外一位战争遗孤——克里斯塔·法勒-伊封(Christa Pfeiler-Iwohn)女士。她出生于东普鲁士的柯尼斯堡(Königsberg)。"被驱逐者联盟"介绍我认识了她。她原先的工作是经理秘书,可靠,谨慎,最重要的是,自立。工作对她来说,是人生中最重要的部分。目前这种退休生活尽管舒适,但并不舒心。在一个出生于东普鲁士的战争遗孤自救组织里她是最主要的成员之一。第一眼看去,这位金发女士是那种既富有才华又雷厉风行的人,但如果和她交往过一段时间,你就会发现,她其实是那种非常敏感的人,甚至言语上稍有不慎都会伤害到她。

到目前为止,可以说我们已相识多年。1999年科索沃战争期间,无数平民被从故土驱逐。她打电话给我说,她实在无法接受从电视上所看到的一切,只好关掉电视。她说:"他们的状况让我感到无比痛心,他们的确需要救助。但有一点让我心里感到不那么平衡。看看现在的他们,那么多人都在关注他们的苦难,给予同情及帮助,特别是那些孩子。而当年的我们呢?那时候可没有谁在乎过我们,甚至都没有人问起过我们。"

克里斯塔·法勒-伊封女士并没有谴责的意思。她亲身体会过那段历史。她明白,战争与战争是不同的,每场战争都有其自身的环境条件。"对我们而言,那时的确什么都没有。"她说。1945年,整个欧洲都陷入极端的困境。不像现在,当某个地区爆发战争时,会得到其他那些富足与和平的国家的帮助。

在苏联红军占领柯尼斯堡也就是现在的加里宁格勒的时候,小克里斯塔亲眼目睹了一场屠杀:一群平民挨墙站着,就那样被射杀。随后那个行刑队军官对她母亲说:"今天晚上你们就是下一拨!"这个家庭幸存了下来,就因为这个人无意间多说了那么一句。

几周以后,克里斯塔的母亲去世了。"两个男人挖了个坑,我们就那样把她放了进去。"带着极力克制的声音,她这样说道,"三天以后,我祖母也去世了。那时我才11岁,而我已被别人收养的小妹妹八岁半。只剩下我俩了。我的母亲是饿死的,我的祖母也是。"从此她就成了孤儿。她从来没有见过她的父亲,在她出生前不久，他死于一场事故。这个 11 岁的小女孩和她的小妹妹靠着乞讨、做苦工甚至偷窃活了下来。"有时候能找到一些黑麦渣儿，磨碎了可以熬粥，或者到俄国人的食堂讨要点儿吃的。有时候能要来，有时候什么也要不到。之后我还给俄国人洗军装。靠着这些，才凑合着熬过了那个冬天。"

据估计，战争结束时，在柯尼斯堡及其周边地区，共有大约 5 000 名儿童成为孤儿，自谋生路。他们当中比较强壮的，靠着自己逃到了立陶宛。在那里，这些孩子被称作"狼崽子"。最小的那些则被送往俄国人在东普鲁士建立的后来所说的儿童福利院。克里斯塔和她的妹妹也被送到了那里。两年后，她们被火车拉到了苏联占领区。她们新的家乡很快就有了一个新名字——民主德国（DDR）。

从这里开始，克里斯塔·法勒-伊封女士就有了今天所谓的"干净的"人生履历。"在那里我们很快被告知，绝对不许谈论红军进驻时所经历的事情。"老师会把孩子拉到一边，让他们明白，住口才是他们最好的选择。

克里斯塔在少年时期逃到了西部，而直到两年后，她妹妹才被允许出境。

整整 40 年后，克里斯塔·法勒-伊封女士收到了一张老照片，那是 30 个孩子的合影。他们中的很多人都是大脑袋，留着短发，肚皮鼓胀，腿细得像树枝。这是典型的由饥饿造成的营养不良。克里斯塔从前也是这样的。

克里斯塔与其他来自柯尼斯堡的遗孤建立了很好的联系。几乎他们所有人都生活在民主德国，大多数是谦和的普通人。直到 20 世纪 90 年代初，加里宁格勒（即柯尼斯堡）才再次允许德国人入境。从那时起，克里斯塔·法勒-伊封女士就开始组织那些比她更不了解故乡的人去那里旅行。他们中的大多数战争结束时还很小，甚至已经不记得自己的父母。失踪登记卡上的描述通常都很模糊，甚至干脆就是错误的。由于这种情况，他们无从知道自己的父母姓甚名谁。造成这种混乱状况的原因主要是，战争刚刚结束之时，在很短的时间里就有数百万失踪人口被登记，失踪人口办事处根本无从核实登记内容的准确性。

在克里斯塔·法勒-伊封女士组织的旅行安排中，他们还会前往参观儿童福利院旧址。远久的记忆在这里像拼图一样被重新拼接出来。这是一个艰难的追寻过程，但也是在头脑里重新构建自己早年生活印象的过程。在这一过程中，他们还寻求德国"红十字会"失踪人口办事处的帮助，尽管在60年后，了解到真相的机会几乎等于零。令人欣慰的是，其中的确有个别人在克里斯塔·法勒-伊封女士的帮助下，找到了自己失散的兄弟姐妹，或者知道了自己父母的真实姓名。而其他人因此也有了希望，这样的事情或许有一天会降临在自己身上。

众所周知，当年有很多儿童被俄国人收养。克里斯塔·法勒-伊封女士一直在努力，希望能够找到当年俄国人建的儿童福利院的工作记录资料。这是一个执着的冒险。莫斯科和柏林相关方面对这段历史都是守口如瓶。当然这也是事出有因。当年不只是妇女，还有很多儿童被苏军强暴，并被传染上了性病。俄国医生在儿童福利院里对这些女孩进行诊断与治疗。"当我们被问起，士兵们有没有对我们施暴的时候，我们当然只能说没有。"克里斯塔·法勒-伊封女士这样陈述，"我们其实不知道的是，通过临床检查，人们可以很快知道真相。"所有病情都被记录在档案里。这样的儿童性暴力一旦公开，在政治上无异于一枚炸弹。一定要弄清楚真相，这是无论莫斯科方面还是柏林方面都不愿意看到的，因为两国的关系目前是非常友好的。

但克里斯塔·法勒-伊封女士对此却持完全的反对态度：为了

安度晚年，人们首先需要将自己的全部人生了解得明明白白，没有任何一个盲点和阴影。这是最基本的人权。

热情的女儿

法兰克福的玛尔戈特·鲍尔（Margot Bauer）女士，也是当年失踪儿童中的一位。整个谈话期间，她的态度都非常友善，但略显胆怯。这是一位 60 岁的女士，没有接受过完整的学校教育，这当然是她主动告诉我的。一眼看上去，你就会相信，她的人生历经坎坷。她常年体弱多病，直到现在，健康对她来说也是一种奢求。但对她的病情，她倒不是那么在意。她已经适应了这样的生活。谈话期间，她不时面带感激地看向站在一旁的女儿。那是一位美丽、热情的年轻女人。

在一些稍微复杂的话题上，这位名为米利安（Miriam）的女士也提供了帮助。"我母亲和我还有最后一个机会，"她说，"这个机会就是，某位正确的人正在寻找我的母亲。"

米利安是一位干练、头脑灵活的女士，供职于某政府部门的新闻处。她已结婚，家里还养着一只懒散的猫。我们的谈话就在她的住所进行。整个下午，那只猫好几次趴卧在她的膝头，那架势仿佛一切都是它掌控的。

这位女儿把母亲最为关心的事当成了自己的事，因为即使是她，也被自己谜一样的身世困扰着。"有时候我问自己，我哪些方面是来自外祖父母这边，"她讲道，"我现在唯一能确定的是，我的确是我母亲和父亲的共同产物。但家里其他那些人对我来说也都是完全未知的。外祖父、外祖母长什么样？他们在哪里？又是怎样生活的？"

玛尔戈特·鲍尔对她自己的出身一无所知。她不知道自己准确的年龄，甚至不知道自己真实的姓名。当然，她绝对不会是凭空诞生的。比较有据可查的是，1945年，有一个三岁大的女孩被送进了东普鲁士格岑多夫的儿童福利院。谁送来的？未知。

玛尔戈特·鲍尔女士同意，随同她的故事一起，可以被公开的还包括她18岁时的一张照片。这对母女希望，也许从这张照片上，从前的家人或亲戚能看出她的长相与他们相似。这又会是一条有用的线索……

玛尔戈特·鲍尔18岁时的照片

1997年和1998年，玛尔戈特·鲍尔女士和克里斯塔·法勒-伊封女士一起，两次去东普鲁士旅行，还去了格岑多夫。"儿童福利院已经不复存在了，那里破败不堪，"她说，"但在它附近我看到了似曾相识的东西——一个农场，它还存在。"

她在儿童福利院最糟的一个回忆就是：有一次，他们的床塌了，而躺在她旁边的一个孩子被压在了下面。"他后来肯定是死了，这真的很残酷。我能够活到今天，实在是太走运了。"

她能回忆起的场景都无法联系到一起，支离破碎。那只是一些易逝的片段，不能起什么帮助作用，反而造成记忆的混乱。但玛尔戈特看上去还是十分高兴，至少她还能记得这些。这至少可以说明，"从前的确发生过什么"。这至少比一片空白好。玛尔戈特和她的女儿经常交流这些，这使她女儿也获得了这些仅存的回忆。米利安解释说："我母亲总是提及一个大房子，她曾坐在那个大房子前的秋千上。因此我就问自己：当年她会不会是住在一个农庄里？"

对玛尔戈特来说，这样的画面十分模糊，就像在做梦，难以捕捉。"就在那很遥远的地方，我能看到我的父亲，他戴着一顶帽子。"接着就是那个标志性的动作:朝我耸了耸肩,"我无法形容他的样子。"而这种感觉反复出现,魂牵梦绕,不断告诉她,她和她父亲长得是多么相像。

"她头脑里的确有这样的画面!"米利安补充道,"令人难过的是,人们无法把这种画面从记忆里下载下来。您可以想象,如果真的可以把这个画面打印出来,那我们就终于可以知道去寻找谁了。"

这对母女还有另外的一个疑问。玛尔戈特·鲍尔不愿意相信,她的名字是在儿童福利院的时候取的。"对很小的孩子来说,至少能记得自己的名字实在是太正常了,"这位母亲说道,"'玛尔戈特'对我来说,一点也不陌生。我总是苦苦思索,但根本想不起任何其他名字,绝对没有。"

她女儿的观点更清楚地显示,这个问题已经折磨了这对母女很长时间:"我们这样设想一下,没有什么不可以说的。在她被送走的时候,随身没有出生证明,没有任何有关她的信息。总之,从某时起,她就被别人这样称呼了。但是,到底是她在被别人问起时,自己说的'我叫玛尔戈特',还是有人给她取了这个名字,就是完全未知的了。"

40年代末,玛尔戈特被送到了位于萨克森的一个儿童福利院。入学却成了一个大问题。学校校医认为,她是无论如何也跟不上课程的。米利安后来对此事进行了调查,发现当时的校医判定小玛尔戈特是低能儿。"这是绝对无法原谅的。"米利安到今天依旧对此事耿耿于怀。

在这种情况下,一个难得的机会就是,玛尔戈特至少还可以去上智障儿童学校。"我在那儿待了三四年,多少读了点书,"她回忆道,"然后我在一个经营苗圃的家庭找到了工作。直到那时候我才刚学会写字,而事实上在我那个年龄早该上职业学校了。"在那以后,她再也不愿提及自己的出身,原因正在于她没怎么读过书。

第七章 战争遗孤：追寻记忆

带着小行囊独自去西部

在玛尔戈特18岁那年，她做出一个决定：到西部去，独自一人。她全部的行李仅仅是一只小箱子和一个双肩背包。米利安对母亲能迈出这一步感到十分惊讶。"也没有现成的工作在那里等着，就到一个陌生的地方去，这得需要多大的勇气啊。只要想想将面对的困难就够了。"

在联邦德国，这个年轻女孩首先失去了她的孤儿救助金，因为按照当时联邦德国的法律，年满18岁就算成年人了。她一开始在一个位于北海的小岛上的儿童福利院里帮厨。过了半年她就辞职了，因为她得知，法兰克福附近的一个纺织厂招收女工。最重要的是，他们提供女工宿舍。"在那儿我向他们简单介绍说，我读了八年书，并且还拿到了文凭。但那是民主德国的文凭，所以就没带着。其实我在想：干吗和他们说实话呢……"这时的玛尔戈特·鲍尔露出调皮的神情。"那样的话，只能损害我自己。要是那样的话，我肯定什么工作也得不到。"

我可以感觉到，玛尔戈特其实对此十分自豪。"不管怎样，我成功了。"60年代中期，她发了一个征婚启事，并由此认识了她的丈夫，也就是米利安的父亲。"但很可惜的是，我奶奶对她却十分不满意。她的身世不明，这被当做一个大大的缺点。"玛尔戈特的女儿补充道。

米利安还有更深的遗憾。"我必须遗憾地说，直到我奶奶去世，我都没有真正了解过她。她的身世一定也是悲惨的，同样是因为战争。这使她变得十分愤世嫉俗，很难让人接近。我脑子里有无数的问题想问，但无论从谁那儿，我肯定都得不到答案。"

在米利安还是中学生的时候，她就帮母亲写信给失踪人口办事处。她们希望在那里能够找到一些线索。但她们得到的信息都非常模糊,没什么用处。玛尔戈特·鲍尔女士决定结束这样的尝试,但她没有成功。"在那些年里,不知道什么时候就有人来问这事儿,"她叹息着说道,"总是有人想了解些什么……因此总还有那么一些非常非常渺茫的希望:也许某人正是我的兄弟。"

她还做过一个 DNA 鉴定,这样的测试需要双方各支付 1 500 马克。最终的结果却是,概率基本为零。希望闪现了一下,紧接着又消失了。

"无从得知,自己是谁,"米利安说,"我相信,这是最糟糕的事情了。糟糕之处在于,你都无法去宽慰她。"

玛尔戈特·鲍尔女士对自己未明的身世念念不忘。"到我这个年纪,问题更大了,"她说,"这样的想法总在头脑里,我总想把它赶走,虽然明知道这改变不了什么。但我连这也没有做到。这是会让人生病的。"

到今天,这些战争孤儿仍在努力追寻有关他们真实身份的蛛丝马迹。谁是我的父母?我还有没有兄弟姐妹?对自己身世这样的思索到了晚年更加无法停止,并愈演愈烈。当一个人连自己是谁都不知道的时候,他又怎么能美好地生活下去,直到生命终结?

在互联网上,我曾找到过一封信,这是一位名叫奥古斯特·卡切夫斯基(August Katczewki)的老人写给《东普鲁士日报》的。在读到这封信时,我仿佛亲耳听到了一位老人操着浓重的方言,或者说至少不那么地道的德语在我耳边发问。这是一个求助的呼声,他希望能够找到他的弟弟:

> 我一直在看《东普鲁士日报》,最终我觉得你们一定可以在我的事情上帮助我。这个事情有关我的父母——他们到底叫什么(名字)? ……我今年 66 岁,退了休,并且身体有病,刚刚做了胃癌手术。我只是想,能在活着的时候知道我的父母叫什么,

知道他们到底是谁。为什么我的父亲会把我送到孤儿院？我求你们，我恳求你们，帮我解决这个问题。我的希望都寄托在你们身上了。

  谨致
崇高的敬礼

奥古斯特·卡切夫斯基

第八章

纳粹教育：体现希特勒意志的母亲

在我们的人民之中，正在发生一场巨大的世界观的转变。新的义务、新的责任在等待着每一个人。而我们作为女性，则需要刻不容缓地履行一个古老而又崭新的义务：为家庭、为人民贡献更多种族纯粹的儿童。

约翰娜·哈尔学校

> 在我们的人民之中,正在发生一场巨大的世界观的转变。新的义务、新的责任在等待着每一个人。而我们作为女性,则需要刻不容缓地履行一个古老而又崭新的义务:为家庭、为人民贡献更多种族纯粹的儿童。

这段话并不是阿道夫·希特勒所写,而是出现在由女医生约翰娜·哈尔(Johanna Haarer)所著的教育指导手册《德意志母亲和她的第一个孩子》的前言中。这本书也许是第三帝国时期所发行的带来最深远后果的出版物。今天,我们通过这本书,可以了解哈尔在婴儿护理、早期儿童教育方面的指导性观点。这非常有助于我们去理解为什么战争儿童一代人经常不愿引人注目,为什么他们认为自己没有丝毫特殊之处,为什么在几十年之后,他们仍然认为自己的童年是"非常正常"的。

约翰娜·哈尔关于儿童的知识仅仅来自自己做母亲的经验。事实上,她是一名专业的肺部疾病医师。她在这本书中对所谓的"洁净"问题发表长篇大论,达5页之多。而关于儿童身心的发展,仅有半页内容,她还把当时的心理学以及心理学分析的成果视为天敌。在20世纪20年代的妇产医院,已经有了"rooming-in"[①]的临床实验以及探讨婴儿在出生后立即哺乳的必要性的著作,而这些在今天都是已被普遍接受并实施的方法,它们可以增进母婴关系并减少母乳喂养的困难。在纳粹上台以前很久,人们就已经对母婴关系障碍的形成有过很多的思考。

但这样的医学讨论,被自诩为人民教育家的约翰娜·哈尔视为眼中钉、肉中刺。她宣传说,在婴儿出生24小时后才可以第一次哺乳,并且不厌其烦地强调,在生产后立即把初生儿与产妇分置于两个房间有多么重要。这种做法,在德国一直持续到70年代才终止。直到那个时候,人们才开始思考,对母婴关系的需求是否是更为自然,并大有裨益的。

哈尔在她的书中一直阐述的观点是所谓的"安静",意思是,应该把婴儿单独留下,听之任之。同时,她警告产妇们,在育儿时不要给予婴儿太多的温存:"对整个家庭来说,这都应该是个基本常识,不要轻易地对婴儿施以温存。每天洗澡、定时换尿片以及哺乳,母亲已经和婴儿有了足够多的时间接触和交流,令他感受到柔情与爱。这些是不用去教那些年轻的母亲的,但应该极力避免过于明显和强烈地展示母爱。"

书中第248页写道:"这样的溺爱只能宠坏孩子,而没有任何教育意义。正如我们已经指出的,母亲与孩子之间的对立关系常常在早期就出现了。因此,即使孩子不停地哭嚷着反抗母亲的做法,做母亲的也一定不要犯这样的错误。"

太棒了。一位德意志母亲坚持要"斗争"到底。按照哈尔的说法,婴儿对此是没有可能进行自我防护的,这样的情况哈尔还没看到过。一位德意志母亲不会犯任何其他错误,只有一条:娇惯自己的孩子。

[①] 母婴同室。——译者注

"防患于未然！"

像哈尔以及她的出版商——慕尼黑的尤里乌斯·F·勒曼（Julius F. Lehmann）这样的"国家社会主义"者（纳粹），完全拒绝接受一位年轻的母亲与她的婴儿之间保持密切的亲情关系。因为他们认为，这样的开端只能造就软弱的人。德意志民族的后代应该是经受过锻炼的，正如一个纳粹的宣传口号所言："要有钢铁般的意志。"由此哈尔不停地呼号："防患于未然！"

但更为重要的，也正是使这位勒曼先生为之像传教士般痴狂的，是德国人必须学会保持种族的纯粹性。勒曼拥有的出版社，是当时全德国最大的医学出版社之一，他对所出版图书的发行量并不关心，而是非常看重书的内容。从第一次世界大战开始之前，他就借助出版物宣扬所谓的"种族净化"理论，而这一理论在当时的学术界特别是医学界并未引起关注。此外，在他的努力下，慕尼黑大学在1930年设立了德国第一个种族学专业。而在他认为时机已经成熟，可以向每一位德国母亲灌输"种族净化"理论的时候，他觉得哈尔是最适合的一位作者，这也在他为本书所写的前言中得到了证实。

> 我们正在完成我们国家前进道路上的一个伟大事业：与所有那些被错误理解的所谓自由的观念所统治的病态的、走向衰亡的种族到处繁衍滋生的危险作斗争，以此捍卫我们健康的遗传基因和高贵的种族价值。每一位"民族共同体"[①]的同志都要从健康和种族角度出发，做出正确的伴侣选择。三个里程碑

[①] 纳粹德国的一个民族主义概念。根据"国家社会主义"的定义，民族共同体"是由血缘相同而有着相同命运和相同的政治信仰的民族构成的共同体，其阶级敌人为外族人"。成为民族共同体中一员的必要条件为，生而为雅利安种族，另外还需承诺忠于"国家社会主义"的理念。——译者注

式的法律文件为我们指明了方向：《防止具有遗传性疾病后代法》、《德意志血统和荣誉保护法》和《婚姻健康法》。①

这本署名为约翰娜·哈尔博士的教育指导手册在 1934 年首次出版，仅仅数周即告售罄。1937 年时累计再版销量已达 10 万册之巨，同时又以丛书名目出版了《我们的小孩子》。到战争结束时，《德意志母亲和她的第一个孩子》一书的总销量达到了 70 万册。1939 年，这位成功的女作者、狂热的希特勒信徒出版了另一本书——《妈妈，给我讲讲阿道夫·希特勒》，这本书主要讲述了婴儿护理和儿童教育的方式方法。此书毫无争议地再次成为最畅销的书。这本书的成功，在战争结束后依然延续：1949 年，这本书再次出现在市面上，仅仅把名字从《德意志母亲和她的第一个孩子》改为《母亲和她的第一个孩子》。书中宣扬纳粹思想的内容被完全删除，但教育理论上的内容完全被保留。该书成为标准教科书，并一直出版到 1987 年。此后一年，约翰娜·哈尔去世。

重新出版的书几乎连书名都未变，照旧宣扬原来的那套教育理论。它仍旧合法地躺在书店的书架上，当人们在教育上需要指导的时候，它继续成为新的不幸的源泉。导致这一现象的原因主要为，父母们实在看不到有任何理由去拒绝这套在婴儿护理和早期教育领域早已被认可的理论。

哈尔这本手册在纳粹时代的成功完全要感谢官方以及社会方面的需要。这里特别要提及的是"帝国母亲培训课程"，这是由"国家社会主义"妇女联盟所创办的一门课程。几年之间，有数以百万计的年轻妇女参加了培训。在德国少女联盟的机构里，它也被作为婴儿护理专业的课程之一。毫无疑问，在这一领域哈尔博士是绝对

---

① 这三个法律文件是纳粹种族主义政策的法理依据。鉴于篇幅，无法详细加注。——译者注

的权威，而且她的理论对战后的联邦德国同样影响深远。

我们现在再来看看前面所提及的那份问卷调查报告《德国战后儿童现状》，这里的关系十分微妙有趣。比如在20世纪50年代初期完成的这份问卷调查中，母亲们被问到，她们的孩子是从什么时候开始不尿床的。调查结果显示：有24％的母亲说一年，26％说一年半，而22％说两年。以今天的眼光看，这个结果实在令人惊讶。我们现在的医学理论认为，婴儿学会自主排便是一个生理和心理趋向成熟的过程。而婴儿通常最早从两岁开始才发展出膀胱饱胀的感觉。美国的一个研究结果显示，学会自主排便最早也要到三岁。这是对费城附近的400名中学生进行普查得出的结论。我们现在回过头来看看约翰娜·哈尔所谓的"婴儿早期训练"是怎样的：

> 在孩子学会坐以前，要从他背后用手分别抓住他的大腿，并把他举到便盆上，便盆的位置此时应该正好在母亲的双臂之间。在一开始，孩子能尿到盆里完全是一种偶然，而每次孩子开始用力排便的时候，我们应该总是对他发出一个相同的语音信号，正如在许多家庭中，每天婴儿都要做的其他事情那样，比如大便是"啊"，小便是"嘘……嘘……"。

"不能闻到孩子的气味"

哈尔说，最重要的是，要让孩子明白，"排便是一个必须做的事情，是要定期进行的"。但这还不够。婴儿应该从很早就学会对他自己的排泄物感到恶心。但这怎么可能！接着就又有了一段哈尔的名言：

> 我们把被小便弄湿或是被粪便弄脏的东西放到婴儿面前，然后对其发出的臭味表现出厌恶的神情，并做给他看：这样的

东西都要马上弄走，而弄脏的衣物都要马上清洗。当我们持之以恒这么做的时候，孩子会很快接受我们的立场。他会越来越觉得，当他被自己尿湿或弄脏的时候，他十分难受。他开始想要干净。当到了这一步，我们已经胜利了一半。

怎样在不让孩子觉得自己被轻视和拒绝的情况下使上述"秘籍"发挥效力，作者并没有提及。这恐怕是她自己也无法做到的。另外，她总是喋喋不休地提及"小孩子恶臭的气味"。西格里德·张伯伦因此确信："哈尔不能闻到孩子的气味，书中很多地方都流露了出来。"

这位张伯伦女士是一位社会学家，是出版于1997年的书《阿道夫·希特勒：德意志母亲和她的第一个孩子》的作者。在她的书中，她揭示出哈尔的指导手册实质上是整个纳粹教育思想体系的一个组成部分。对于哈尔的指导手册，张伯伦女士首先关注到的，是"对产生爱的能力的阻挠"。母亲们被建议在面对自己的新生儿时要"冷若冰霜"。事实上，在这本书的很多插图中，婴儿的神情都是特别僵硬的，甚至让人感觉与他们的眼神交流和肢体接触都是不应该的。张伯伦认为："这完全是蓄意的。在一个人开始作为人生活之初，就把他所有的亲情、人伦关系以及爱的能力彻底毁掉。"

哈尔在书中把她的教育目的完全与纳粹思想相结合：德意志人应该是强硬的——无论是对自己还是对他人，并且应该随时做好牺牲自己的准备。书中婴儿护理部分的明确目标，就是要培养出情感触觉极为迟钝的人。从很早的时候开始，所有能显示出他的软弱性的情感都应被克服。而最重要的是，首先要学会把婴儿的气味作为坏的东西加以批判。哈尔认为："一个被正确照料的孩子是没有气味的！"张伯伦女士对此却有着完全不同的观点。她认为气味在亲子关系的形成中扮演着十分重要的角色："最晚在出生后五天，新生儿就会辨识出母亲的味道并本能地转向这一气味的来源。婴儿同时还可以区别母亲的气味与其他女性的气味。也经常有母亲说，她每一个孩子的体味都完全不同。"

在读张伯伦的书的时候，我问自己：为什么哈尔的这本指导手册在1968年学潮期间没有被付之一炬并遭到极力谴责呢？先锋人物们一向视普通市民家庭里的那种氛围是腐朽不堪的，尽管他们自己也是在那样的氛围里长大的。70年代的那些新式教育实践、私立幼儿园，都与父母一代那种传统的专制式教育泾渭分明。人们渴望家庭能够从这种"压制性结构"中解放出来。子女因此而产生的对父母的无法避免的依赖性，在将来应该再不会出现。

在那个时候，对早期儿童亲子关系的形成或被破坏的研究还没有展开。纳粹的教育模式对这些1968年学潮参与者自身的交往能力也造成了严重破坏，而他们自己在一开始时完全没有意识到这一点。这些叛逆的学生在家里的一个常态就是，从不与父母谈论甚至不愿听到有关纳粹时期的事情。但正如张伯伦的说法所提示的，很可能从一开始这样的交流模式就没有被建立过。也许这些父母在自己的孩子对他们加以批判谴责的时候保持沉默，并不是因为感到羞耻或有负罪感，而是因为这样的对话方式在家里从来就没有过。

在70年代末，一个心理治疗浪潮的开始也许并非偶然。1968年学潮参与者终于认识到自身所存在的这种交往障碍。正如彼得·施耐德（Peter Schneider）在他的小说《小两口儿》中所描述的那样：

> 每个人都是单独地，带着他那自认为微不足道、充满疑虑的爱情偷偷溜进来，甚至不敢抬头去看四周墙壁窗户上，是否有孩子扒开已经放下的百叶窗偷看。人们就这样秘密地在民政局里碰面，就这样在民政局官员的写字桌前举行婚礼。周围会有两三位绝对可以守口如瓶的好友，其他的人则在以后通过用

环保纸做的明信片告知，尽管这个消息谈不上令人高兴。这是怎样的一个婚礼？没有婚礼盛典，甚至没有激情。当人们问起他们为什么结婚时，得到的回答却是纳税上的好处、未来打算要孩子或者仅仅是想换换已被证明失败了的生活方式。极为罕见的是，一对新人在回答他们为什么结婚这一问题时只用一句话作答。也只有那句话才真正适合这一庄严神圣的仪式：我们彼此相爱并希望从此共同生活，更准确地说，是直到永远！

与纳粹母亲的争吵

行政法专家瑞纳特·布兰克（Renate Blank）出生于1940年，是两个孩子的母亲，结过两次婚。1968年学潮时，身在柏林的她也是那些叛逆分子中的一员，尽管那时候她早已不是大学生，而是正忙于工作和照顾家庭。她回忆说："在我的儿子出生后，我妈妈来看我，带来了这本纳粹时代的哈尔指导手册。光是看看这本书的封面我就够了！"那是一位有着非常典型的日耳曼人外貌的年轻母亲，怀里抱着她的婴儿，但她却不是在看孩子，而是目视镜头，如同凯旋的英雄般充满斗志。这本书瑞纳特翻都懒得翻，直接对她母亲说："把这破玩意儿拿走！"在30年后，她读到了西格里德·张伯伦女士的书，书中的研究对象正是她所谓的"破玩意儿"。"当我看到那些来自哈尔的手册的照片，看到那位很有距离感的系着白色发带的年轻母亲时，我终于明白了我母亲的很多我过去一直认为怪诞的行为。"

瑞纳特和她母亲的关系一直都很紧张。即使已经成年，她仍然因过去家里的服从式教育而痛苦。当她看到她的母亲盖尔达·布兰克（Gerda Blank）还想像从前管教她那样教育自己的孙子时，她

第八章 纳粹教育：体现希特勒意志的母亲

觉得这样的事应该打住了。于是，第一次面对面的争吵就此爆发。数年以后，她看到了西格里德·张伯伦对哈尔手册的解释。在她与母亲争吵最激烈的时候，她给母亲写了一封信，在信中她把我们前面提到的张伯伦的见解作为佐证写了进去，以证明自己观点的正确。当然，这封信并没有得到回音。

> 在长达 20 年的时间里，我与女性朋友的交往都不是那么愉快，更不用提男性朋友了。我对此百思不得其解。事实上，在生活中我只是强颜欢笑。我觉得没有人会爱上我，只要他真正接近了我。就连这一点，母亲，也是拜你的教育所赐。你明白无误地让我知道了，我是臭不可闻的。你不厌其烦地一遍遍反复强调，但这其实没有必要。我已经知道我的气味有多么令人讨厌。你从未说过相反的话，这不得不使我相信，我一直都是这样臭，即使经常洗浴和刷牙也于事无补。

在与婴儿卫生问题"做斗争"的同时，这位纳粹教育专家哈尔把给婴儿喂食这件事也看做了一场必须赢得胜利的战役。她完全不懂得，当婴儿进入某个特定的成长阶段时，他们不再只是被动接受，而是会试着自己用手去拿东西，当然这时候的妈妈们多少会有些抱怨。在张伯伦看来，哈尔对此的反应却是暴怒，这简直是不可理喻的。"婴儿应该被完全捆住，完全无法行动，只留下嘴可以开合和吞咽成年人喂给他的食物，直到这一阶段过去。"张伯伦认为这种粗暴压制简直是令人发指的。瑞纳特说：

> 我第一次懂得享受进餐的美妙时，已经二十出头了。我还记得很清楚。在大学的时候别人问我："瑞纳特，你一起来食堂吗？"我一想到我们家一起用餐的情景，就感觉很难受。妈妈，难道你真的忘了吗，餐桌旁是怎样一种氛围？你三个孩子是怎样执行用餐任务的？在餐桌上，他们又是怎样因为学习成

绩不好而遭你呵斥的？当他们举止不得体的时候又会遭到你怎样的惩罚？在你脑袋里有一份很长的列表，即什么是要被禁止的。你还让父亲也要弄清楚这些，加入你的教育计划里来。但与此同时你病倒了，因为你自己吃得太少。你看上去也从不在意自己的厨艺如何。你从来都没有注意到，孩子们在被恐吓的时候是根本没有任何胃口吃下猪肘子上的肥膘的。在你眼里这简直是一种叛逆行为。你会甩手就是一巴掌打过去，然后那个孩子要把下面这句话连说三遍："母亲做的任何食物都是美味可口的。"

当然，像布兰克这样的父母也许确实是比较少见的。他们在50年代那样的人与人之间普遍冷漠无情的大环境里谈及他们的子女时，信心满满地说："我们绝不溺爱他们。"

他们家的孩子都是在战争年代出生，都是按照同样的教育原则进行管教的——就是约翰娜·哈尔教给老百姓的那一套。"亲爱的盖尔达，你对孩子们是否足够严格了？"父亲阿尔伯特·布兰克会在战地来信中这样提醒道。

约翰娜·哈尔非常理解那些觉得不靠暴力无法解决问题的父母："有时候只有能'切实感受到的'惩罚才能有效。吓唬着打几下耳光是十分必要的。"

孩子各种被认为不正确的行为，都要尽可能早地被矫正。因此很多家庭中上演着同样的一幕：哭喊与殴打。殴打是为了使这些错误在早期就被及时扼杀，正如希特勒本人曾经被要求做到的那样。尽管哈尔没有明说，但她对儿童的全部看法很清楚地表明，她实际上完全是在效仿她的母亲。不许顶嘴！正因如此，那些成年人无论怎样粗暴强硬地对待自己的孩子，都会从哈尔的权威理论中获得鼓舞。

第八章 纳粹教育：体现希特勒意志的母亲

小沃尔夫是如何失去生活的乐趣的？

　　1943年4月初，德国人为斯大林格勒战役的失败所震惊。父母开始担忧他们的儿子，女人们开始担忧她们的丈夫。他们中的很多人已经有数周没有从前线寄信来了。大家普遍感到恐惧和担惊受怕。年轻的盖尔达就在这时乘上了从布雷斯劳驶往柏林的列车，带着她半岁的小儿子沃尔夫和女儿小瑞纳特。旅程刚开始的时候，她的儿子还是比较安静的。当旭日渐渐升起的时候，同一个包厢的人说，能够待在这样温暖的车厢里，在这个艰苦的岁月里也算是种享受了……但不久，小婴儿沃尔夫开始哭闹。他的哭喊声越来越大，开始令人无法忍受。他的妈妈竭尽全力也无法让他安静下来。于是她面带微笑，非常有礼貌地问同包厢的人："您是否介意我打他几下？""当然不介意，如果您觉得有必要，就去做好了……"

　　这位母亲把小沃尔夫放在膝盖上，在他的屁股上打了几下。"很用劲儿的几下，"她后来回忆说，"否则没用的。"效果就是：孩子大大地喘了口气，马上睡着了。

　　小沃尔夫在挨打后马上安静下来了的故事在这个家庭里被当做了一段趣事。盖尔达即使在上了年纪以后还是会不断讲起，不过仅仅是在她的同龄人的圈子里，因为只有他们才完全认同她的看法："打一顿"不会真正伤害到孩子。

　　盖尔达还会补充道："小沃尔夫真是个了不起的孩子，一岁的时候就很干净了。那张小脸总是那么讨人喜欢。当他学会走路以后，动作也很完美……"

　　如果小沃尔夫的爸爸还活着，也许对沃尔夫的童年将会有完全不同的认识。在70年代阿尔伯特·布兰克去世前数周，他终于想明白了。"我们当年对沃尔夫的某些做法非常不妥，"在一次和女儿瑞纳特开诚布公的谈话中他这样说道,"他曾是一个那么文静的孩子。但从三岁起他突然变得很神经质,一直到今天都这样。""也许真不应该打他。"瑞纳特说。父亲泪光盈盈,默不作声。

这是唯一的一次瑞纳特大着胆子批评父亲的教育手段有问题。他曾因为二儿子两岁时仍然尿床而打他,用小棍子打腿,直到打出红红的伤痕。结果就是,直到12岁,这个男孩仍然尿床。对三儿子和四儿子,他采取的是同样粗暴的方式。他们赤着脚,在满是锋利碎石的院子里被他赶来赶去。哀求无济于事,只能让事情变得更糟。孩子们上学以后,他有了更好的理由折磨他们。在学校的成绩不好或者没拿到证书都会招致他的暴打。这三个孩子最后都不再去上学了。

从很小开始他们就被吓坏了。跟父母顶嘴甚至反抗都是不可想象的,马上会得到一个耳光,或者是一顿棍打。瑞纳特到现在都记得,在她六岁那年,有一次在餐馆里,他们艰难地喝完了一整杯错加了盐而不是糖的热柠檬,但却没有一个人敢发声。

生活对沃尔夫来说在他很小的时候就没有什么乐趣可言了。长大成人以后,原本也许会感情很细腻的一个人,现在却变得大大咧咧。他倒是不会动手打自己的孩子,但在夜里,当他的妻子说受不了孩子的哭闹时,他说:"那你找对耳塞把耳朵堵上好了。这样你就听不见了。"他在提出这个解决办法时真不是当笑话讲的。在这点上他和他母亲如出一辙。他母亲直到很老以后仍然认为打婴儿是非常合适的教育方法。

女孩也不哭!

在纳粹时代的德国有这样一句话:"德意志男孩是不会哭的!"对西格里德·张伯伦来说,对这句话进行补充的另外一句话同样很重要:"德意志的女孩也不哭!"她对此说:"在这些女孩们的内心里,在她们很小的时候,某些东西就被有意破坏掉了,而那却是女孩应有的特权:对情感生活的需求。当这些女孩长大,也做了母亲之后,她们的孩子在感情上感觉孤立无助的程度大到难以想象,尽管她们主观上并不想这样。"

张伯伦认为,当小孩子在感到痛苦或害怕的时候哭泣,却因此而挨打,会出现的情况就是:"孩子对自身的状况不再能够清楚地感知,而在内心深处,他已经被自己杀死了。"只有为数不多的懂得"自救"的孩子能挺下来。

从你那里能得到的,不是保护,而只有厌弃。做你的女儿,意味着一切都要听你摆布,看你的心情如何:你的情绪好坏,你的失望,你的怒火,还有你偶尔的仁慈。如果我不小心把东西摔在地上,你就会骂我或打我。当我看书着迷而没有听见你叫我,那你也一定会打我。你会先大喊:"把手从脸上拿开!"接着就打了上来。我每次都会按你说的做,因为我怕如果不听的话你就要用棍子了。

你只是希望我完全听话。我如果敢说个不字,你就会打我耳光;如果我不愿意喝鱼肝油,你会打我耳光;如果我动作不够轻,影响了你午睡,你会打我耳光。同样危险的,是当感到绝望或恐惧的时候在你面前哭:对你来说,所有那些都不是可以哭的理由。你总是说:"谁没事儿总哭,就会挨耳光,这样他就知道自己为什么哭了。"

当我弄坏了什么东西,或者没按你说的做,我就得想方设法平息你的怒火:甜言蜜语,好言安慰;自我批评;沉默或者干脆说谎。但痛苦的是,当你发现我撒谎时,还是会好好地揍我一顿。当你有着明确的信念(所谓的大人绝不能让孩子学会撒谎)时,就绝对不会心慈手软。这意味着你会说:"去拿上棍子，咱们到地下室去！"

当然也有间歇的时候。你也不是总打我。但那种危机感一直存在。我经常要提防着，因为随时可能挨上一巴掌。当我长大以后，有一次我问你："我真的是那么叛逆、顽劣、很难教育的孩子吗？"

"绝对没有，"你说，"我不记得你是这样的。"

"那你为什么总是要打我？"

"瑞纳特，你太夸张了。"

在哈尔的那个年代，尽管少见，但也有些家庭，不像其他家庭那样，随意殴打孩子。但他们仍然会接受女医生哈尔的另一个建议："把这些吵闹的、不服管教的孩子独自一人关在一间屋子里，不去理他，直到他服软为止。用这种方法，人们也许根本不会相信，孩子会那么早、那么迅速地理解大人的意思。"

我要补充的是，在战争环境下，这些所谓"顽劣"的孩子本已惊慌失措，用这种方式当然很容易教育：将他们对防空洞的恐惧简单转换成对漆黑的储物室的恐惧……

西格里德·张伯伦在她的书中列举了很多这种源于哈尔指导手册思想的"黑色教育"惩罚手段。"棍棒教育不会伤害孩子"这样的信条不仅在家庭里代代相传，甚至在学校里也如此。直到70年代，热衷于体罚学生的老师依然大有人在。尽管这些人的同事和家长对此都知道得一清二楚，但只要这样的教育理念存在，这些老师就始终可以肆无忌惮下去。

在人们回忆纳粹时代的往事时，这样的事情经常会被提及。一个典型的例子是来自科隆的建筑师彼得·卜思曼（Peter Busmann）在 2003 年在柏林举行的年度条顿功勋奖章颁奖典礼上的讲话。他的讲话题为《介于毁灭与幸存之间的建筑学》。在讲话里作为叙述的一条主线，他描述了自己童年的经历：

第八章 纳粹教育：体现希特勒意志的母亲

我要在这里给你们讲一个小故事，是 1943 年在我还是小孩子时，在基尔发生的事情。您想象一下，有那么一幢丑陋的、像军营似的教学楼，前面是个院子。这时正是课间休息时间。我在和一个同班同学打架。我把他压在地上，两个人一起坠落到楼房半露式地下室的窗玻璃上，并把它打碎了。

我已经完全站不起来了，一群幸灾乐祸的家伙在旁边围观并且报告了老师。这位老师二话不说，直接把我揪到了教室里。他从柜子里拿出来一根棍子，用手指拈着，看上去也没有要打我的意思，只是"深情地"看着这个刑具并对我说："明天……我的小朋友……"

然后他就把我放了，带着恐惧和满脑子的胡思乱想我独自一人回了家。我主要想的不是明天即将到来的惩罚，而是回家实在没脸说这件事。

在家里我对这事儿只字未提。

夜里，我们从睡梦中被尖利的空袭警报声惊醒，并迅速跑到了地下室。在呼啸的高射炮射击声中，那里是我们唯一的却完全信不过的保护地。

我们这个街区，在这次的空袭中幸免于难，而我则不得不在第二天一大早带着铅一般沉重的心情去上学。在转过街角就要到达学校的时候，我往那个方向望去，看到的一幕简直不可思议：学校没有了。原先矗立着教学楼的那个位置，现在只剩下一堆还在冒烟的废墟。在我的记忆里，那一刻的幸福感是如此强烈，在我之后的一生中都不再有过。

第九章

『但我们仍要去爱……』

永远不要忘记,也许有一天我们也会被其中的一枚炮弹击中。但我仍很高兴,因为我知道,上帝会引领我们步入天堂。因此,我们不需要害怕,我们仍要去爱,爱所有的世人。但你们首先应该去爱你们的亲人——奶奶、妈妈和其他兄弟姐妹。

当法律不再保护儿童

就在 12 年前,艾丽莎·弗莱贝格(Elisa Freiberg)50 岁的姐姐梅西蒂尔德离开了人世。她是自杀的:从高高的山谷大桥上,就那样直直跳了下去。她们姐俩在还都是小女孩的时候就曾站在那座大桥上设想过:让我们跳下去,结束这一切吧……

对 1944 年出生的艾丽莎来说,她的童年即使没有战争也是充满暴力和痛苦的。因为她最大的敌人不是轰炸与饥饿,而是她的亲生父亲。我之所以决定在这里讲述她的经历,是因为我觉得她的经历很清楚地表明,当年儿童所面临的威胁相对于大人来说是双重的。我们都知道,在那样一个充满混乱与不幸的年代,儿童往往更容易处于孤立无援的境地,但人们却不曾想到:在这种环境条件下,对某些成年人来说,正是他们恃强凌弱的最佳时机,因为在战乱年代里儿童很难被法律保护。

艾丽莎·弗莱贝格的个人经历,充分向我们展示了这种伤害造成的精神创伤,如何在多年以后突然表现出来并由此产生诸多症状。在对她的人生经历不了解的情况下,人们根本无从知道其病因。艾丽莎的经历也向我们证明了,让自己违心地接受童年时遭受的苦难是合理的而不去完全否定它,是完全可能的。在那样的一个年龄，你会相信并非一切都是那么糟糕的，总会有些事情令日子好过一点。人们并不会刻意去忍受肉体或精神上的痛苦，而是会自发地去寻找其他慰藉。这样的行为所导致的精神压抑将持续终生。对很多依靠大量药物来维持状态的精神病患者来说，如果医生能至少有一次考虑到他在战争中经受的精神创伤，他也许就会多一分机会被治愈。

现在让我们回到本章的重点来，即战后那段充满苦难的岁月。一提到这个时期，我们能听到的总是对那个时期全社会的空前团结的赞美。但当人们仔细去考察这种团结的时候，很快就会对这种说法感到厌恶。危难之际形成了那些自发的互助团体，无非是因为集结成群才有更大的机会生存下去，才可以免遭抢劫和偷窃。一个经常容易被忽略的事实是，如果人们只是简单地为了生存下去，那么对自己孩子的所谓关心照料只能是天方夜谭。从巴西那些不管是被赶出家门还是由于缺少食物或被虐待而自己出走的流落街头的少年儿童身上，我们就可以很清楚地看到这点。我们听说了，那些父母如何卖掉自己的孩子，或者把他们还在发育的女儿送到妓院。我们也许会想起海因里希·齐勒[①]那些创作于"柏林后院"的作品。他的漫画集《我的后院》、《娼语》[②] 以及《柏林生活素描》[③] 均出版于一战期间。他的那种充满辛辣讽刺的、戏言谑语式的作品，如实地记载了当年的普通市民的不幸遭遇。

齐勒知道，对于穷苦大众来说，这些戏言谑语是他们生存艺术的一部分。但他也没有忽略那些只能默默承受苦难的儿童——他们衣衫褴褛、忍饥受饿甚至开始卖淫。齐勒所描绘的所有场景，在巴西的贫民窟里都是尽人皆知的秘密，因为在那里，贫穷的生活被一

---

① Heinrich Zille，德国19世纪末20世纪初著名的漫画家和摄影家。——译者注
② 本书因其露骨的性器官描画而一上市即遭查禁。——译者注
③ 中译本由吴朗西选编，由文化生活出版社出版于1935年8月。——译者注

代代传承。

一个由衣衫褴褛的人和乞丐组成的国度

1945 年德国战败投降，而这将整个民族拖入了另一个巨大的不幸中。在社会学家埃里希·尼斯（Erich Nies）后来公开出版的《政治日记》里，他在 1944 年 7 月 30 日那一天写道："德国人必须终年生活在废墟之中，挨饿受穷，忍受赤贫的生活。这样的贫穷在德国历史上还未曾有过。他们看向这个世界的眼光是如此麻木，仿若被催眠了一般，而耳朵里却充满全世界向他们发出的雷鸣般的怒喊：作孽自受，落得这狼狈下场！（浮士德）每一个人都感觉到，他们甚至都不知该抱怨些什么。"

事实正是如此。当一个主要由小市民阶层构成的社会，在一夜之间都成了衣衫褴褛的乞丐，他们当中的不少人，就有了双重道德标准。正直、荣誉感这些"正能量"依然被人们在内心深处尊重珍惜，尽管没有哪个最终挺过来的大城市的家庭真把这些放在心上。科隆大主教弗林斯[①]对此功不可没，他以教会官方的立场，对诸如偷煤之类的事件表示了充分理解，从此，此类偷盗行为在口语中就被称为"弗林森"。

这件事已经成为科隆市流传至今的名人逸事，可见，在当时对于做出这些行为的人来说，在道德上说服自己是件多么困难的事情。总的来说，在那样一个时代，人们要学会睁一只眼闭一只眼。在很多情况下，成年人明知道某些行为是绝对错误且该去制止的，却把双眼都闭上了。在这样的情况下，对儿童所谓的关注与保护只

[①] Kardinal Frings，1942 年至 1969 年任科隆教区大主教。在 1946 年的新年祈福讲话中，他表示原谅所有因缺乏供应而偷窃运煤列车的行为。——译者注

是纸上谈兵。这意味着，那些有暴力倾向的父母，可以肆无忌惮地折磨他们的孩子。

上帝永远是正确的

正如所有喜欢棍棒教育的父亲一样，瓦尔特·赖歇尔（Walter Reichel）从来也没有把自己看成是一个虐待狂，而是认为自己是一位尽职尽责、正当行使教育权利的父亲。他可以把艾丽莎、梅西蒂尔德和其他的孩子都教育成高尚正直的人。特别是，在他看来，上帝代表了一种不容置疑的权威。但苦难和不幸总是降临到赖歇尔一家身上——这也是"敬爱的上帝"的意愿。

艾丽莎有一封信，是父亲在一次旅行途中写给他的妻子和孩子们的。艾丽莎说，父亲那时刚刚经历了一场可怕的空袭："很多大人小孩都死了。在一个幼儿园里，70个孩子和他们的阿姨们全部被活埋。他们全都死了。爸爸满怀悲伤地路过那里。"在信的结尾父亲写道："永远不要忘记，也许有一天我们也会被其中的一枚炮弹击中。但我仍很高兴，因为我知道，上帝会引领我们步入天堂。因此，我们不需要害怕，我们仍要去爱，爱所有的世人。但你们首先应该去爱你们的亲人——奶奶、妈妈和其他兄弟姐妹。"

艾丽莎几乎完全不了解她的父亲对"国家社会主义"的看法。她相信，他一直很想成为一名士兵，特别是他在整个战争期间都待在德国本土而不是上前线。他属于那一类人，即试图把希特勒跟纳粹所有的罪行分割开来："元首一定不知道这些事儿……"

到战争结束时，全家人都幸免于难，但也从此一贫如洗。恐怕再也找不出比他家更穷的人家了。瓦尔特·赖歇尔是新教一个独立教会的牧师，所有的教会活动，包括当牧师的费用，都由他自己承担。其他所有像他这样家里有七张嘴等着吃喝的父亲，都会找一些活儿来干，或者干脆到黑市上交易，来养活家庭，而牧师赖歇尔不会。他的观念是：上帝会为我的家庭安排好一切。艾丽莎回忆道："他坚信，孩子是上帝的礼物，人们不需要照料他们，敬爱的上帝会去做的。如果上帝没有给他们食物，让他们挨饿，那也是敬爱的上帝想这样的……"

艾丽莎·弗莱贝格是一位看上去仍然年轻得令人惊讶的女士，尽管她早已离休。她这已经是第二次婚姻了，这次是很幸福的。在我们谈话前的几周，她和她丈夫从城市搬到了乡村生活。有时她的子女和孙子女会来看她。一切看上去都很正常，不是吗？是，也不是，艾丽莎一边说着一边把我带到了花园里的长椅旁。非常美妙的是，至少现在她再也没有工作上的压力了。但很遗憾，正如她的离休证明里所写的：她患有背疾、抑郁症以及创伤后应激障碍。很幸运的是，这几种病很少会一起发作，有的阶段甚至会完全不发作。但她永远不会忘记是谁把这一切"赐予"了她——她的父亲。

返乡人的忏悔仪式

牧师赖歇尔执着地相信着上帝，并执行着上帝赋予他的任务。就在这样的艰苦年代，他把整个身心都奉献给了传教事业。为此，他在1946年拖家带口离开了几乎未被破坏过的黑森的一座小城市，搬到了已被炸得满目疮痍的卡塞尔。他们住进了当地的一个社区活动中心，不过是在地下室里，因为外面的建筑已经被完全摧毁了。每天，这位牧师会不知疲倦地步行将近40公里，以便把周边社区的人召集起来，重建新的教堂。在这方面他绝对遇到了巨大的精神需求。很多已经一无所有的人，渴望重新找回信仰。而对他们来说，一位能卷起袖子与他们一同清理废墟的牧师，绝对是最值得信任的。此外，他还做着为新生儿洗礼、主持葬礼这类工作，这些工作可把整个社区重新团结到一起。

瓦尔特·赖歇尔所拜访的那些男人，有些却有着其他的精神需求：解脱。他们失去了所有，财产、健康、生命中最美好的岁月，甚至包括他们自己的身份：现在他们是返乡者，经常仅仅是个影子般的存在。在战争中和战俘营里，他们已经习惯于听从指挥。现在，他们在寻找一个新的权威来告诉他们，前面的路该怎么走。更重要的是，怎样把梦魇般的残酷经历一次性化解掉。

赖歇尔的女儿艾丽莎对此知道得一清二楚，因为童年时代她经常到爸爸的书房逗留："我有冻疮，而他的书房是家里唯一供暖的地方。"每天那里都会有一个虔诚的小团体举行忏悔仪式。这位牧师让那些返乡者相信，是他们的"原罪"导致输掉了这场战争。"这些形容枯槁的男人于是开始哭泣并且哀求，希望以此来获得上帝的宽恕。"艾丽莎回忆道，"如果放在今天，这会被人们说成是邪术。"

这些返乡者非常需要慰藉，而这些是牧师无法给予的。于是他们占有了他的女儿，以此来发泄。艾丽莎直到今天一想到这事儿就感到恶心。"他们做得漂亮，就那样抚摸那么一个可爱的小女孩，"她说，"而那个可爱的小女孩根本无法保护自己。我们的父亲一直在向我们灌输这样的观念：大人永远是对的。"

她今天已确信无疑，瓦尔特·赖歇尔对他所谓的信仰的依赖如同对毒品的依赖，以此使所有现实远离他。他自认是上帝的代言人，是废墟上的"古鲁"①，这实际上已经滥用了上帝。而他的家庭与此同时却在啃土豆皮维生。当他认定孩子偷了食物时，他会用皮带或者木棍狠狠地打孩子一顿。对这样的惩罚，孩子们根本无从躲藏，因为他们本来就住在地下室里。

---

① Guru，精神导师之意。——译者注

"特别让人感到屈辱的是，"艾丽莎说道，"我们必须承认这样的过失。我们必须低头保持沉默，父亲最常说的话就是：宁可让上帝把你们带去天堂，总好过你们在地上做那些有罪的事。"艾丽莎永远不会忘记，她最大的姐姐、姊妹里最温顺的一个，走到父亲面前并对他说："父亲，打我吧，让我成为一个可爱的孩子。"有些时候，在执行这些惩罚时，赖歇尔也会感到深深的自责，他会流着泪大喊："敬爱的上帝要求我惩罚你们。"对他的子女来说，他们的父亲像《旧约》里的亚伯拉罕，可以天经地义地杀死自己的孩子……

现在回过头去看，艾丽莎认为她的父亲是一个充满幻想的、虔诚无比的宗教狂热者。直到今日，这类神职人员做下的渎神的事情，仍在被美化、被遮掩，却反而把他们的受害者描述成魔鬼。

想死并到天堂去

在艾丽莎四岁的时候，她就曾想过，与一个好朋友一起自杀："这样我们就能死了，然后进入天堂。"一些大一点的孩子告诉她，废墟上最常见的猫眼草可以致命。那好吧。于是两个女孩就这样喝了猫眼草的白色汁液。艾丽莎随后发烧并且上吐下泻。"这之后几天我算是尝到了中毒的痛苦。"她回忆道。从此以后，她再也没见过另外那个女孩。"在废墟里生活的人，当他离开时，不会特地来告诉你的。但那时我想，她肯定是死了，而我就是那个杀死她的人。当然，这事儿我从没和任何人说过。"

当然，艾丽莎还有母亲，但她经常不在家，而是在整个黑森地区四处寻觅，以便为她的孩子找点能吃的东西。而同时，有超过半打的亲戚负责轮流照料艾丽莎和她的兄弟姐妹："但我们也总是挨他们的打。"祖父母、姑姑和叔叔在此期间也搬进了这幢被摧毁的房子里。他们垒起还算凑合的墙，修葺了屋顶。但屋顶可不太密实，雨水会漏进屋里，而冬天房间里居然会飘雪花。

更要命的是挨饿！"我大姐开始上学时，我才四岁，我陪她一起在教室里坐了几个月。那对我来说简直太无聊了，我这么做只是为了能够得到一点儿粥喝。"

牧师赖歇尔这时候开始充当正义的化身。当他的大儿子在给其他人分那些自己在黑市附近的废墟里找到的奶酪时，赖歇尔却喊来了警察，揭发自己的儿子。还有一次，他从儿子手里把一条香烟拽过来——那可是当时最值钱的东西，然后把它丢进了马桶里。"都是罪孽，"他喊着，"都是罪孽！"

不仅如此，赖歇尔家的孩子还必须从他们微不足道的私人物品里交出一部分，来帮助那些比他们还贫穷的人。艾丽莎解释说："我们必须放弃一切，以表明我们不是贪婪的人。但我们孩子本来就是贪心的呀！在我长大成人以后，我变得十分吝啬小气。这都是那时候造成的。"

在冰冷的1947年的那个冬天，艾丽莎的母亲在国际救贫组织分发的包裹里找到了一件毛皮大衣，但这个也按父亲的命令交了出去。她没有反对，在娘家时她已经被教育成一个百依百顺的人。她也没有采取过任何避孕措施，因为她丈夫认为避孕也是一种罪孽。因此，在战后几年里，家里又降生了两个孩子。

艾丽莎在家里排行老五，也是最听话的一个。因为，她"已经看到了哥哥姐姐们身上所发生的事儿"。

她相信，如果有其他大人提议，暂时把孩子送到别人家，她的父母总是会十分高兴。"那些大人会说：'这些孩子太可爱了。'而我们自己也会同意，因为在别人家里有时我们会得到些吃的。"

父母就这样拉扯大孩子，没有任何戒心，因为敬爱的上帝早已为他们做好安排……与此同时，社区里的一位妇女利用了这种宽松的环境，领着两个女孩——一个三岁，一个五岁——把她们送到了一个男人那里。正如艾丽莎在一次诊疗过程中所回忆起来的,这个男人对两个孩子的性侵行为持续了一年之久。一开始,是玩医生病人游戏,之后她们就不得不随时让这个男人满足。"为此她们可以得到面包。"

在艾丽莎和梅西蒂尔德由父母那里认知的世界里,是不会出现这样的"坏叔叔"的。她们只知道,小孩子要绝对听大人的话,没有"如果"和"但是"。正因如此,很多痛楚都开始被有意识地隐藏了起来。

"我试着讲述这些,但没有一个人愿意相信,"艾丽莎说,"而当你一次成为性侵的牺牲品后,这样的事儿就会一而再再而三地发生。"她的脸上再次流露出厌恶的表情。"有时你会和同伴躲藏在废墟里面,因为不得不这样。然后突然有一个青年走过来,强迫其中一个来满足他。"她凝视着面前的一颗玫瑰甜菜,继续轻声说道:"那时候暴力无处不在。不管是挨爸爸的打,还是被其他男人强暴,对我来说没什么区别。有些事我必须让自己看开些,尽管有时候我会觉得自己很不幸,也很肮脏。我那时还总认为,发生在我身上的这一切,都是上帝的意愿。"

"我不再有父母"

结果就是,从孩提时代起,艾丽莎就变得少言寡语。她不再说话,只是偶尔在同龄人面前,她会换几个词说说。"对我来说,实际上已经是心理上患病了,"她今天很明白这一点,"九岁的时候我做了决定:第一,我不会再让任何人碰我,第二,我不再有父母。因为总归是没有人能帮助我。"

不久以后,他的父亲突然在家里宣布,他从此以后再也不会打孩子了。他们必须自己对自己的行为负责。发生了什么?难道是有另外某个成年人终于把他感化了？艾丽莎摇了摇头。"不是的。只是他想明白了，我们终归会长大，而我们对他的不满也会日益增长。他对此非常害怕。可以说他是变得谨慎小心了。"

她认为她父亲还是个可以控制自身言行的人："从很早开始，他就已经意识到，他这么做迟早遭报应。"她这个女儿现在才知道，对父亲来说，改变对身边人的做法是一件多么轻而易举的事情，那只不过是一次警察对他的训诫！

在和平的，至少是秩序还算正常的年代，像瓦尔特·赖歇尔这样有暴力倾向的父亲，根本没有可能长年累月无所节制地施暴。不知什么时候也许他就被送上法庭了，之后会被送进一家精神病院。而在当时那样一个恐怖的年代，社会上暴力胁迫与独裁专制横行，正需要这样的暴力狂。正如有很多人加入冲锋队后，如在家中一样随意对犹太裔同胞施暴，最重要的是，只要穿上那身制服，他们就不会受到制裁。在后来的集中营里，他们更是可以"大显身手"，只为了找乐子，就可以随意凌辱犯人、虐待犯人甚至杀死他们。

对艾丽莎来说，这种家暴的恶果到今天依然存在，尽管她已接受了多年的心理治疗。从表面上看，人们觉察不到什么。对她而言，尽量不引人注目是十分重要的。但她姐姐梅西蒂尔德就完全不同了。她从少年时代就开始偷盗。艾丽莎相信那完全是出于报复心理。每次当警察找上门来的时候，她父亲都会因此而陷入极度的痛苦中。"这说明，牧师家也不是一切井然有序的。"但后来梅西蒂尔德偷盗成瘾，造成了典型的精神问题。成年以后很长时间里，她一直有这样的问题。除此之外，她还酗酒，她再也无法从这样的恶性循环里自拔。酒精依赖加上药物依赖，此外，正如她妹妹艾丽莎现在所目睹的，她越来越依赖父母。他们关于生活的谎言使她屈服了。面对这样的生活，梅西蒂尔德尝试过很多次自杀。每次这样尝试过后，她父亲都会在她的床头指责道："你为什么要这样对待我们?"

梅西蒂尔德在这样的家庭环境中无法解脱，因为她也觉得所有的错误确实都是自己造成的。而此时的艾丽莎却越来越独立于父母，支撑她的正是9岁时做出的那个决定：我不再有父母！我谁也不需要！这挽救了她，但也不可避免地使她陷入巨大的孤独。她不再有真正意义上的家庭，她也无法和其他人建立正常关系，因为她已经不再相信任何人。她与家庭之间的亲情关系越来越疏远。表面上看，似乎没什么变化。她还是会探望父母，探望姐姐。她还留在教友圈里，甚至从中找到了自己的丈夫，很年轻就结了婚。在我们的访谈中，她把他描述成友善而又理智的人，他从不会感情用事。她自己其实并不需要这一婚姻，但她的父母和其他教友对她施加了压力。

22岁那年她有了第一个孩子。一切似乎都在变好。但事实上，艾丽莎却第一次感到情绪崩溃，因为她不能忍受新生婴儿的哭喊……

"我女儿不停地哭喊！她根本不会停下来，"她说，"那时我就在想，她怎么不生场大病或者干脆死掉？"

她害怕自己也会对孩子施暴，因此从家里逃了出去，把还在哭喊的小东西独自留下。她围着社区奔跑，直到自己最终冷静下来。"就这样过了好几周。"她回忆道。没有人能帮到她。"我整天都在号啕大哭，根本不明白为什么会这样，我还能怎么办。"到今天她明白了，是婴儿的那种无助重又唤起了她童年时的感觉，并最终击溃了她。这实在是无法解决的难题，在她对自己的生活已经无力应对的时候，她还要担负起爱护新生宝宝的责任。

爆发与新的开始

那时正是60年代。艾丽莎此前还从未听说过心理治疗。她对自己的状况深感羞愧，并想用自制力去克服。在很长时间里，这种方法一直行之有效。她从来没有考虑过，导致这种状况发生的根本原因来自自己童年时所接受的错误的家庭教育。一直到34岁那年，她感到自己实在是筋疲力尽，无力生活下去的时候，她才觉察到，自己曾有个怎样残忍的父亲。

只从她的日常生活中根本看不出来这位年轻女士所遭遇的种种困境。她的工作是儿科护士，25岁时又有了第二个女儿。在70年代末，她有了这样的想法：她这种令人几近崩溃的生活不能再继续下去了。她拿来一幅德国地图，在上面随意寻找一个远离卡塞尔的城市并因此产生了搬家到慕尼黑的计划。这是她生命中一个重大的转折点。她退出了教会，并收拾好两个箱子，连同两个女儿——当年一个8岁，一个11岁，一起送到了她丈夫那里。"她们在那里能过得更好。"她这样解释说。"我不能给予她们什么，并且——"停顿了一下后，她说，"我也没打算带孩子们一起走。"

在慕尼黑，她重新在一家医院里找到了工作，照旧紧张繁忙。在住院部，她是最受欢迎的，因为她从不会因病请假。她也不在意是否能得到足够的休息。任何不适，无论精神上的还是身体上的，她都会努力去克服。"在医院里，我见过许多人打着针坚持工作，"她说道，"在二三十年前这其实很常见。"但她其实并不明白，她自己能做到这一点，无视各种疾病的困扰，下意识里其实只是为了尽量回避再次听到儿时所接受的教诲：生病的人，都是咎由自取。这是上帝对他的恶行所做的惩罚。

现在，因为她把自己从过去的家庭生活的狭小空间中解放出来，她突然不再觉得孤独。她有了一个激动人心的社交圈。那些朋友主要是大学的学生和教职工。这样的圈子，对她来说，是一个崭新的世界。也是在这时，她惊喜地发现自己所具有的天赋：她其实很聪明，学什么都很快。她能够很快理解吸收新事物。朋友间理性的辩论使她学会思考并得出正确的结论。她对心理医学兴趣最大。她所写的文章甚至引起了学术界的注意并被赞誉。这为她消除了阻碍，她被特别许可参加慕尼黑大学的研讨课，虽然就这样一个纯学术环境来说，她其实并不符合条件。

艾丽莎因而开始变得自信。当男人们再次开始追求她的时候，她感到生活是如此美好。是的，她的生活正在走向美好。

但过去的生活再次羁绊了她，而这直接导致她的精神濒临再次崩溃，她称它为"心理上的紧要关头"。起因是，她13岁的大女儿搬了进来与她同住。"我只是想，对她这样的紧急要求，我无法拒绝。"艾丽莎这样解释她当时为什么会同意让女儿搬进来。尽管她曾多次表示，与处于青春期的女儿同住对她来说难以做到。

在最短的时间里，女儿又变成了过去那个"可怕"的婴儿：不停地哭喊。她真想躲藏起来，更不知道这是怎么回事。没有任何帮助。她生怕自己患了精神病，害怕会得到什么不好的诊断，更怕知道造成这一切的原因……

工作支撑起她新生活的好日子过去了。她现在只想寻求麻痹自己。于是她的生活有了这样的特殊规律：她可以没有休息地整周整月地工作，直到筋疲力尽，直到她彻底放弃一切社会交往。她甚至曾经连续两天把自己关在房间里。

压力使她健忘

其他症状也出现了，健忘是其中之一。在旅行途中，她会突然忘掉酒店的名字。开车时她会突然想：我为什么会在这里？我这是要去哪儿？"但我会很好地掩饰自己的失态或者突然的惊声尖叫，"她说，"由此我知道了一个文盲是怎么愚弄其他人的。"

她的血压升高到240毫米汞柱。背部的疼痛更是令她无法忍受。最终她意识到,她又开始重复过往的生活。因此她自愿参加心理诊疗,并且是自费的,因为她不想因某个医生的粗心大意而被误诊。在治疗过程中,她第一次开始分析自己和自己的家庭,剥丝抽茧地去了解她这一生到底遭遇了些什么。

有一次她问她的父母:"为什么你们要这么对我?"回答:"哦,那是个糟糕的时代。"她还对她父亲说:"我不会出席你的葬礼。我为什么要难过?……"然而他对此并不在乎。

她的老母亲有时会打电话来,抱怨她为什么不回家看看。她们之间一个典型的电话交谈是这样的:

母亲:为什么你不来?我为了你还在这里呢。

艾丽莎:我不这样觉得。你不是离了我不可。你自己说的,自从你有了我以后,日子变得越来越糟……

母亲:那好吧,但不管怎么说,你们总归还都是上帝的孩子呀。为什么你不来看我?

艾丽莎:因为我们没什么可说的。这很遗憾。你是一位可敬的老夫人,但我们真没什么可说的了。

艾丽莎与母亲这样划清界限,听上去很不近人情。但她说过,她必须这样做,以免自己再次陷入过去的那种家庭环境中。像母亲这样一位老年女士,其实已经没法再威胁到她什么,而且母亲或许还会说:就这样吧,我们之间至少看上去还一切正常。她不会站在继续毁坏艾丽莎人生的那一边。这位牧师寡妇再次选择了缄默而顺从,一如从前她也没能保护自己的子女。

艾丽莎不会再承受这些了,因为这会使她自己重新陷入精神痛苦之中。而她母亲却可以庆幸地说,幸好自己还有其他孩子。

但保持一个怎样的距离,对艾丽莎来说,可不是说说那么简单。她当然也能看到年老的母亲多么需要帮助,也明白事实上母亲也是父亲专制行为的受害者。另外，艾丽莎是一名护士，而护士的职责就是救助弱者。这些年，这个问题一直困扰着她：当我的父母年老体弱的时候，我应该怎么办？万一发生什么的时候，我不应该在他们身边么？

与艾丽莎相反，她的姐姐梅西蒂尔德对父母并没有这种责任感，尽管梅西蒂尔德是得到父母最多帮助的人。姐姐的命运让艾丽莎得出结论：谁想和父母一直关系良好，就应该像姐姐那样生活下去——但我肯定不是那一个。

在心理治疗过程中，她逐渐了解到自己这种突发性失忆症正是由早年的精神压力导致的。总是有一个诱因会引发她的失忆症：一种味道、一句话或者一种颜色等等，总之是能使她回忆起当年创伤的东西，这些东西与她的童年经历也许并不完全相契合。为了不再因工作的压力加重病情，她决定此后每天只工作半天。

"给你们自己找替代性父母！"

艾丽莎接受心理治疗的时间长达六年。这是一段对人生经历整理加工的时间，一段使她变得心理更加成熟的时间，更是一个持续的学习过程，她因此而再一次提升了自我价值。在此期间她补习了中学课程，获得了高中文凭，并终于成为一名心理医学专业的大学生。当然，她也听到过一些关于她的风言风语，但都权当不知。这有时候也是一种收获。有一个教授在课堂上曾经说过：自行寻找可以亲近的人是值得鼓励的。"当时他站在讲台上，向我们大声呼喊：不要对别人的生活置若罔闻。"艾丽莎回忆道，"如果有必要，你们真该给自己找替代性父母。也许从中你们能学会怎样更好地与他人共同生活。"

这样的想法同样也影响了艾丽莎的女儿。在她 17 岁那年，她离开了母亲的住所，搬进了一位关系亲密的女老师家。有很多年，女儿如艾丽莎所希望的那样，与她完全没有了联系。直到不久前，母女俩才再次碰面。而女儿此时也已经有了自己的孩子。她们现在每年碰一两次面，但这种会面令双方都感到拘谨。"看上去我们都没怎么变，"艾丽莎这样评论，"而且仿佛也并没有多少感触。"女儿有了自己的孩子，可以很容易地理解很多事情了，特别是她的少女时代是有父亲在身边陪伴着度过的。

艾丽莎的另一个人生转折点是她姐姐梅西蒂尔德的自杀：她身体的反应是如此强烈，因为她以前从未经历过这样的事情。由于椎间盘突出，双肩在此时仿佛完全僵掉了。这之后她请了一年半的病假，但她的身体看上去再也不会恢复了。

在艾丽莎最终接受了病痛是由于精神障碍导致的说法，并因此全力以赴办理提前离休以后，情况才有所好转。"在那个时期，我身体的疼痛和过去可怕的事情一直纠缠着我，我确实需要休息了。特别是，我想到，这并不会令我马上失去一切。""如果我是一个残废军人，失去了一条腿，我当然也不可能像其他人那样跑得那么快。"这种开慰自己的方式，对她的确很有帮助。随着时间流逝，她逐渐意识到，她对那些事情想得越少，她越能远离崩溃的边缘。

一位官方医生在她因丧失工作能力申请提前退休的医学鉴定里这样写道："弗莱贝格女士所遭遇的精神创伤可以与集中营犯人所遭受的相提并论，因此完全符合形成创伤后性格变异的条件。"

像艾丽莎这样的人，在孩童时代精神上就已被最大限度地伤害，并在随后的时间里不断承受重负。最重要的是，要学会辨别精神上的警示信号。如果精神上已经无法再承受更多，就要从头脑里摒除所有令人痛苦的东西，以免最后总体崩溃⋯

"面对这些精神障碍，其实我是不可思议地孱弱。"她说。她的女儿也深知这一点,因此也不会再埋怨她什么。"现在孩子们到我这里来时,如果我自己不加以控制,很可能会在感情上突然爆发……"而爆发以后,一整天对她来说只有无尽的感情痛苦,她完全被击垮,完全回到了过去。

"更糟的是,我根本无法想起这样的情感压力从何而来。我没有一点线索。到底是什么干扰了我的情绪?"因此,像她这样的人通常也是非常寂寞的,因为很多事情她不可以去做,因为她已失去感情上的自控能力。对她而言,任何一次会面都谈不上有什么积极意义。她必须在此之前做好充分准备,并找到一个合适的"setting"(设定)。

除此以外,她并没有放弃努力,而是积极地去生活。对生活她并不感到恐惧。最可怕的事情她都经历过了。而当她在第一次时挺过来以后,一切都已经比过去美好,她很明白这一点。"从放弃父母那时起,我就不得不学会如何勇敢地、灵活地并且独立地生活下去。"她现在的旅行生活很好地证实了这个说法。

在我们交谈以后,她骑车旅行了400公里,去拜访好友并且享受美好的夏日天气。"这一趟我丈夫实在没有时间陪我,"她在电话里这样对我说,"所以我是自己一个人上路的。"艾丽莎骑自行车就像别人开车一样便利。

几年来,冒险般的度假旅行对艾丽莎和她丈夫来说已经成了一个无法戒掉的爱好。无论去哪儿,她总是带着自己的自行车。"我们经历了很多美妙的自行车旅行,"她讲述道,"我们去过了非洲和南美的一些国家、印度,还有泰国。"特别是有一次在古巴,他们不得不沿着高速公路连续骑行了600公里。这真的是始料不及的。他们曾经希望,有辆车会带上他们,只是一小段也好,但这样的事情没有发生。因为在古巴,公共交通系统十分糟糕,老百姓不得不搭过路的运货卡车出行,而把卡车上的位置卖给外国游客,以换取美金是被明令禁止的行为。

在一个热带地区的国家，他们整天都要在大卡车的尾气里骑行，这令两位 60 岁的老人大失所望。但这又能怎么样呢？客观地说，他们已经战胜了生活中太多的苦难，而这些恶劣的旅行条件不过是比较麻烦和令人讨厌而已，仅此而已。也许，他们会就这样骑行下去，一直到那个更加美好的时代降临。

第十章

心灵创伤：战争和精神研究

创伤性的经历会引起深层次的、长期的精神生理变化，包括情绪、感知和记忆。通常需要相互作用而产生的能力会经由一次精神创伤被分割开来。

一个人的灾难

他是所有男人的典范,强壮而又勇敢。但同时他又喜怒无常,这使得在战斗中人们无法真正信任他。他就是特洛伊战争中的希腊英雄阿喀琉斯。当他再次被召出征沙场之际,他说,不,谢谢。而他最好的朋友,帕特洛克罗斯替他上了战场。当他听说帕特洛克罗斯被赫克托尔杀死后,阿喀琉斯完全被激怒了,忘记了一切天条。古希腊诗人荷马在史诗中生动地描写了这样一位英雄人物是如何变成一个狂暴的野兽的。阿喀琉斯在决斗中最终杀死了赫克托尔。他把赫克托尔拖在自己的战车后面绕城而行,并令特洛伊全城百姓站在墙头观看。

她很年轻,初涉人世,而又偏偏爱上了一位王子。这位王子在他父亲去世后至少看上去是完全疯掉了。从此,这位名为奥菲莉娅的女孩遭受了一连串的精神打击。先是她的哥哥离家出走,然后是父亲被哈姆雷特假装失手刺死。最后是她人生中最大的灾难:哈姆雷特王子拒绝了她,并且说自己从未爱过她。王子对她说:"你最好还是去修道院吧!"奥菲莉娅最终完全丧失了理智,不再理会任何人,只是自吟自唱,直到最后溺死在小溪中。人们甚至不知道她是失足落水而死还是自杀。

第十章 心灵创伤：战争和精神研究

在作为自然科学一部分的医学得到发展之前很久，人们已开始在文学艺术作品中刻画那些因巨大的心灵创伤而变得不再是他们自己的人物。像诗人荷马和莎士比亚这样的大文豪对描写自己笔下的英雄人物和悲剧人物如何遭受重大打击，明显有着浓厚的兴趣。但现代文学作品同样有很多这样的想象。区别仅在于，今天所强调的重点是，英雄也只是普通人。菲利普·罗斯（Philip Roth）在他的小说《人性的污秽》中，以丰富的知识详细刻画了一名遭受巨大战争精神创伤的越战退伍老兵莱斯。他与他的心理自救小组来到了一家中餐馆，在这里他要学会如何与小眼睛的亚洲人近距离地和平相处，而不产生什么暴力企图。

"深呼吸，"路易说，"就是这样。呼吸，莱斯。如果喝完这汤以后你觉得坚持不下去的话，我们就走。但你必须先把这汤喝了。你吃不掉那个回锅肉是很正常的，但这个汤你无论如何要把它喝了。"每次，当侍者来续茶水的时候，莱斯都会感到恐惧不已，但自己却无计可施。他终于还是勇敢地喝起了汤，甚至开始享用主菜。但这样的一幕出现了：当那个侍者再次靠近他们桌子的时候，莱斯开始浑身颤抖，一下跳起来用手掐住了那个人的喉咙。他觉得自己又回到了越南的丛林里……

菲利普·罗斯在创作小说与戏剧时，非常关注一个深奥的问题，那就是人性中的恶，以及它的来源。罪恶、痛苦、贪婪以及世俗的偏见都是可能引发人们走向犯罪的因素。在19世纪，当时社会上的种种现象进入了诗人与作家的视野。其中一位就是对伦敦贫民区进行过激烈批评的查理·狄更斯。他向我们描述了一个令人震惊的画面。在那些草棚里，儿童们过着像过去的奴隶一样凄惨的生活。他还准确描述了有组织的儿童犯罪活动：一个被成年犯罪团伙盘剥的小盗贼们的世界。

一切始于铁路

随着工业革命的来临而出现的不仅有工厂，还有铁路和阶级斗争的概念。也正是从这时起，对心理创伤的研究开始了。为什么？难道出现了什么新的变化？回答很简单：事故。

在过去，如果一辆旅行马车翻车，相对而言所造成的遇难人数是非常少的。但随着蒸汽机的发明与使用，巨大的能量被利用起来，从而发展出前所未有的巨大动力，由此导致一次撞车就会造成灾难性的后果。除此之外，工业革命极大地改变了人们的生存环境，从而在穷人的社会里广泛产生了一种新的意识：认识到自我的价值和尊严。"一直都是这样，你改变不了什么"这样古老的格言不再有效，铁轨上和工厂里的群体性事故不再被当做一种宿命而接受。

由此产生了事故责任赔偿这一概念。在英国，出于医学评估的需要，法院首次对提出赔偿的上诉进行了裁决。铁路公司和企业主必须对遇难者家属以及因伤致残的人进行赔偿。但受伤害的不仅仅是他们，还有越来越多的事故受害者，他们虽然没有受到身体上的伤害，却因为所遭受的巨大心理刺激而丧失了工作能力，因此无法养活家人。

沃尔夫冈·施韦布施在他的名为《铁路旅行史》的书中收集了一封信，是查理·狄更斯在亲身经历了一场火车事故后所写。事故之后满地狼藉，狄更斯本人安然无恙，甚至还可以去帮助其他伤者。狄更斯描述了他当时的心理活动："我很平静地在这里照料其他人，我的心情很正常。怎么说呢？我还是比较坚强的（至少我这么认为），在事故发生的时候我甚至没有一点点慌乱。闪念之间我想到我带着的手稿还在车上，于是又爬回了车厢去取。但当我写下

第十章 心灵创伤：战争和精神研究

这寥寥数语以作为记录的时候，却真真切切地感到了恐慌并且再也写不下去了。您忠实的查理·狄更斯。"

接着施韦布施还记录了一位美国人的经历。1835年，他在从曼彻斯特到利物浦的火车旅行途中发生了事故，相比之下事故并不严重，他也没有受到任何身体上的伤害。但之后他试着站在一座铁路天桥上，看着下面一列火车愈行愈近："我无法再继续看那列火车并想跑开，因为我怕它会把我脚下的桥一同带走。下意识的恐惧让我无法再看它。但是没有事故发生，除了在我的想象之中。"

他明显是被吓到了，而这位受害者，精神上再也没恢复过来。有材料证明，在英国从19世纪60年代开始，就不断有事故受害者由于恐惧、失眠、注意力涣散以及对所遭受事故的痛苦记忆而无法继续正常工作生活，因而提起上诉。由此而涉及的诉讼赔偿都属于事故责任赔偿范畴。

对当时的医学来说，这是一个全新的现象。这些上诉来自一个由各色人等组成的特殊群体。这些人尽管身体上没有受到伤害，却有着完全相同的不适。火车事故人人都有可能碰到，不管他是年轻人还是老人，也不管他是穷人还是富人。这些在经济上要求补偿的人实际上只有一个共同点：都是火车事故的受害者。对法院的评估人员来说，这样的情况很难处理，因为出于这些症状而无法正常生活的案例实在无法与营养不良的工厂工人的案例相比。

医学界实际上面临着这样一个困扰：所谓受到伤害，是否只有是肉体上可见的创伤才可以被认为是真实可信的（此后一个世纪一直面临这个困扰）？Trauma[①]一词本出自希腊语"Wunde"[②]，这个

---

① 精神创伤。——译者注
② 伤口。——译者注

词与精神完全无关。这个词的本义是用来描述一个对肉体造成的意外的、粗暴的影响。正如人们从交通事故中常见的"Schleudertrauma"[①]中所理解的那样。

伦敦负责铁路事故诉讼案件医学鉴定的鉴定官约翰·埃里克·埃里克森（John Eric Erichsen）在实践中发展出这样一种观点：在急速冲撞过程中，颈椎会由于突如其来的冲击力而遭受损伤，因而导致神经受损，在当时的新闻里被称作"railway spine"[②]。埃里克森在一份医学鉴定报告中写道："每个人都应该很清楚的是，在铁路事故中所造成的精神打击之大，是没有任何一般性事故可以比拟的。火车的速度以及由此产生的巨大的冲击力带着乘客在铁轨上奔驰。一旦发生事故，那些突如其来的阻碍、伤者的无助以及必然产生的惊慌失措，即使是最勇敢的人也无法承受。而这种精神上的强烈刺激会使本易受创的神经系统遭受进一步打击。人们因此必须把铁路事故与一般的事故区别开来看待。"

实际上那时候已经有医学鉴定官认定，应该有人对这样的惊恐与心理"休克"承担责任，并将其称为"railway brain"[③]。正如现代的脑科学研究显示的，这样一个定义已经完全走到了正确的方向。

1871年，德国第一部《事故损害赔偿法》正式颁布。而对这个法律的运用却不断引起鉴定官们在法庭上的激烈争吵。这之后神经病学专家赫尔曼·欧朋海姆（Hermann Oppenheim）首次提出"创伤性神经官能症"的概念，但这个概念仍然无法完全与器官性成因区分开来。1889年他公开了此理论的论证性文章《因身体变化而引发的精神病症状》。这样的说法在当时没有什么科学佐证。

[①] 因惯性而造成的颈部损伤。——译者注
[②] 铁路脊椎震荡症。——译者注
[③] 铁路大脑。——译者注

第十章 心灵创伤：战争和精神研究

那些希望被认定为事故受害者的创伤性神经官能症患者被诽谤为装病，被认定为只不过是为了骗取保险赔偿。

除了有关铁路事故及其责任赔偿的争论以外，还有另外一个历史线索，促使人们开始研究心理创伤。在 19 世纪中叶的法国，法医从犯罪统计数字里惊奇地发现，大量儿童因遭受性侵而死亡。

女童在遭受性虐待后，成年后会表现出歇斯底里的症状，后来将其称为"癔症"，包括极负盛名的巴黎萨博特慈善医院（Pitie-Salpetriere Hospital）也在对这一假说进行研究，领头人物正是神经及精神学家让·马丁·沙可（Jean Martin Charcot）。人们一致认为，他是神经心理学原理的发现者，这是一门专门研究精神发展与内在精神生活的学科。他的研究极大地影响了西格蒙德·弗洛伊德（Sigmund Freud），当时他正在萨伯特医院从事义务研究工作。与他的德国同行欧朋海姆一样，沙可也认为这种"癔症"是一种创伤后应激障碍的表现，这与今天的观点完全相同。

对于由于儿童被虐待及性侵所造成的未经处理的精神性创伤的研究主要由沙可的学生皮埃尔·雅内（Pierre Janet）负责跟进。但由于当时这一领域处于比较边缘的地位，因此该研究未能引起雅内的足够重视并很快就被忘掉了。雅内这种不负责任的研究工作使这一领域完全陷入了沉睡状态，而再次唤醒它的时候，已经是 20 世纪 80 年代了。

弗洛伊德在一开始完全接受沙可和雅内的正确推断。但后来，在他的理论在维也纳被冷漠地拒绝以后，他重新修正了它。他这时认为，那些所谓的性虐待不过是他的女患者们的臆想罢了，而这直接导致了他精神分析上的严重错误。

对于这样的论点，这位大师自己也许并非确信无疑，但他的学生们却毫不迟疑地完全接受了，并将这种所谓的性虐待臆想当做精神分析的金科玉律。

但还是有精神创伤研究学者对此提出了异议，那就是哥廷根的乌尔里希·萨克塞（Ulrich Sachsse）。他在一次引起很多关注的学术报告会上指出："有很多人对儿童被虐待行为十分普遍并需要运用法律进行干预这种说法表示反对。很多人认为，这不过是一种臆想，这其中还不乏名人而非全都是些默默无闻的人，他们仓促地认定那些都是胡说八道，并认为这些'臆想'的女士都患有精神疾病。这一领域的研究因而被彻底葬送。"

顽固的社会禁忌再次占了上风，直到大约1980年，在国际女权运动如火如荼之际，这一课题成功地再次被公开讨论。人们在对精神性创伤再次进行研究时，将这一理论的发展史追溯到了很远，但实际上一个未曾间断的理论传统并不存在。对于战争精神创伤的医学研究同样如此。

这一研究始于一战期间。那些患者被称作"战争战栗者"，因为只要还身在前线，他们就无法停止战栗。对他们病情的记录与那些铁路事故受害者的情形如出一辙，也同样诬蔑其为装病。只要被认定是逃兵，他们就必须要返回前线。作为惩罚，在那里他们会被派往最危险的地方，基本没有生还的机会。

战壕里的无数死难者

随之而来的，是严重的战伤。在战争中，人们再次面对脊椎震荡症，这是由所谓的手榴弹"休克"造成的。今天认为，造成严重战伤的主要原因是当时的战争模式。作为一种新式的战争模式，一战中引入了战壕战，士兵们为此付出的代价就是绝对的无助。他们蹲坐在早已挖好的"坟墓"里。无论他们能否活下来，都与战斗和个人能力无关，仅仅是在碰一个统计概率而已。在有的日子里，一天之内会有5万名年轻人丧命。

第十章 心灵创伤：战争和精神研究

战壕战与大规模阵亡是参战各方都要面对的，这其中也包括"战栗者"。参战各国的军队精神病医生都在想办法对他们进行治疗，更准确地说是胡乱治疗——用冷水疗法或者电击疗法。这促使很多患者想方设法离开野战医院。正因如此，不久之后在前线就又能看到他们——他们重新被派到那里。

英国女作家多丽丝·莱辛（Doris Lessing）通过分析她父亲叙述故事的方式，清楚地了解了一战对她父亲究竟造成了怎样的影响。"他对童年和青少年时代的回忆非常流畅。鲜活的回忆在不断涌现，不断有新的东西添加进来。但他对战争的那段回忆仿佛凝固了，他会带着同样的姿势说着同样话，一遍又一遍，如同留声机……在他内心深处被命运主宰的黑暗区域里，有的只是恐惧、模糊的表现方式、短暂而又痛苦的愤怒、不可置信和被出卖。"

莱辛的父亲相信，他的确命大，因为在战壕里他仅仅是失去了一条腿，而当时他身边的战友全部阵亡。更有意味的是，一战结束后，遭受战争精神创伤的军人中有很多人不约而同地向保险公司提出索赔，这涉及所有参战国家。人数实在太多了。这是任何财力都无法支持的，而在世界经济危机期间更是无法想象的。在德国，当时的帝国保险局作出决议，一劳永逸地宣布所有这样的索赔要求都属于非法。精神创伤专家将其称为背信弃义式论调的典型。决议是这样说的："在申请养老金时，若某人身患某种并不严重的疾病，即使病因可信并因此强化了索取理由，也并不意味着他可就此受益。这是一个出色的、典型的对法律约束的滥用，对此，除了不得不满足他的要求之外似乎没有其他的选择。在这种情况下，这个带有上述症状的养老金申请人就被认定为精神病养老金申请者，而这种人是无权申请养老金的。"

萨克塞认为，当今科学的视角已经完全不同。现在人们更加关注由此产生的历史性的影响："人们现在研究的是，这种群体性的精神创伤对一战结束后那段时期，也就是20世纪二三十年代，以及之后灾难性的二战的历史产生了怎样的影响。"这当然也包括1918年一战结束时均已病态的各国政府之间所做的各类政治交易的后果。对这一命题的研究成果，人们仍在拭目以待。

在二战期间，英国人和美国人尝试着用各种新的方法来解决精神创伤问题：引入了作为预防措施的集体疗法，由此产生了军人心理治疗辅导团体。而德国方面由于前线供给能力有限，因而无法保证提供足够的酒精和兴奋剂，来降低士兵的恐惧程度。

关于战后的情况，特别是德国法庭的医疗鉴定官想方设法拒绝大屠杀幸存者和从前的集中营犯人提出的索赔诉求，我们在第二章已经详细阐述过。

真正富有成果的精神创伤研究始于越南战争以后。当时人们估计，大约有100万在越南战争中服役数月到数年的美国退伍军人，在返家以后都产生了严重的心理问题。这些越战的战友通过组成各类团体紧密地团结了起来。除此之外，他们还得到了亲友的支持，他们不知疲倦地奔走呼号：我儿子从前完全不同，从前他热爱生活而且能干。现在几乎都认不出他来了，现在他只是毫无生气的行尸走肉，没有任何生活动力。

这些士兵的妻子也出来证实：我的丈夫从前是最善于照料家庭的好父亲，如今的他则变得毫无责任心和耐心。

全球范围的精神创伤研究

这一代人普遍的消沉及失落感，以及不断增长的各类暴力行为，成为人们对精神创伤及其治疗手段进行进一步研究的主要动力。在世界范围内，人们开始对精神创伤受害者进行广泛调查，这些受害者既包括来自政治灾难地区、经历了逃亡与种族灭绝的难

第十章 心灵创伤：战争和精神研究

民，也不乏地震及飞机事故的受害者。

在这些调查中，最值得一提的是汉莎航空公司飞往摩加迪沙的航班"兰茨胡特"被劫持事件。事后有四分之一的乘客在大约一周之后自行排解了这一创伤经历带来的痛苦；大约半数的乘客经历了严重的创伤后应激障碍，持续半年之久；而剩下的四分之一乘客，病情十分严重，他们再也没能从创伤中恢复过来。

1999年发表了一个题为《二战后及现在德国平民难民因创伤性经历而导致的应激障碍》的调查报告。来自汉堡的心理专家弗劳克·蒂根（Frauke Teegen）和维蕾娜·迈斯特（Verena Meister）通过这一调查确信，在参加他们研究测试项目的250人中，有大约5%患有非常典型的创伤后应激障碍症，另有25%的人表现出了部分应激障碍症状，主要集中在恐怖画面的反复性闪回上。

正如新的研究结果所显示的那样，精神创伤可以在长达数十年的时间里有一个"潜伏期"。这是说，某个人在这段时间内毫无症状，并有能力面对自身艰难的童年，但会由于某种不详的诱因，突然出现恐惧、沮丧以及感知扭曲等症状。有时候可以辨识出这些症状与过去经历的联系，比如科索沃冲突、北约对贝尔格莱德的轰炸或者"9·11"事件都将许多德国人过去曾有过的恐惧再次唤醒。

在美军狂轰滥炸阿富汗期间召开的某次会议上，一位白发老者突然站起身来，流露出极大的恐惧。他站在那里，全身发抖，喃喃重复着美军的"地毯式轰炸"。

他不停地说着"阿富汗的地毯式轰炸"，他再也无法绕开这个概念，尽管阿富汗的城市事实上从未经历过这样的军事打击。但在他14岁还是"高射炮辅助射手"的时候，他所在的城市经历过。随后，他极尽努力，告诉大家在美军的"地毯式轰炸"之后，他得到临时命令，把大量的尸体从被炸烂的城市废墟中挖出来，并且整整干了一天。

他的妻子后来向我解释说，在阿富汗战争之前，他在战争中的经历对他没有产生过任何困扰。这是我第一次遇到这样的人：现在突然遭受到事实上已过去很久的精神创伤的打击。我现在还能回忆起当时的情形：这位白发的、瘦小的、身穿年轻人套头衫的老人在我面前全身颤抖，仿佛又回到了60年前。

明斯特的精神创伤研究专家葛雷昂·豪夫特（Gereon Heuft）通过调查发现，童年时期的精神创伤常常会随着年龄的增长被再次"唤醒"。那些老年患者，因为体能明显下降、身体不再听话而心慌意乱，再加上别人对他们表现出来的同情，使他们觉得仿佛又回到了童年。"这表明，"豪夫特说，"在30年甚至更长的时间之后，精神创伤依然会突然被重新激活。"大多数人并不了解这一点。因此，豪夫特认为，医学界要对精神创伤再激活的认知给予足够的重视。

朱迪思·刘易斯·赫尔曼（Judith Lewis Herman）在名为《暴力初析》的书中，证明了这样一种精神现象：精神创伤症状可以与诱因完全脱离，而症状会完全独立产生。"创伤性的经历会引起深层次的、长期的精神生理变化，包括情绪、感知和记忆。通常需要相互作用而产生的能力会经由一次精神创伤被分割开来。举例来说，也许某位精神创伤患者对某一事件造成的精神创伤，体验更多的是情感上的，而对于这一事件本身的记忆却已模糊；也许他能清楚地记得创伤性事件的每一个细节，但却对此毫无感触。他在精神上也许会被持续刺激，或始终保持警觉，却不知道为什么。"

也许某人对战争已经没有任何回忆，因为那时他还年幼。在这种情况下，对他早先生存环境的信息加以收集，对于确认一个原本模棱两可的诊断很有帮助。"小孩没事儿，什么都忘得快。"这样的说法不过是自欺欺人。后半句没什么问题，但前半句是绝对错误的。孩子越小，就越容易感受到威胁，并更快地陷入极大的恐惧之中。彼得·A·莱温（Peter A. Levine）在他的书《精神创伤治疗——老虎的觉醒》中以实例把这一点阐述得非常清楚。"被独自留在一个冰冷的房间里,对一个婴儿来说,绝对是个大灾难,对一个还不会走路的幼童来说,这也是很让他害怕的,对一个十岁的孩子来说,这会使他感受到很大的精神压力,但对一个少年或成年人来说,这可能仅仅会使他感到心里有点不舒服。"

儿童的直觉

是否遭受精神创伤,主要取决于某一事件对当事人所造成的无助感有多严重。好消息是,大多数人都可以在灾难性事件或突然的精神打击发生几周或几个月之内,对这些心理伤害进行自我处理。他们会用两种方式对其粗粗分类:一种是把这段回忆分割开来。另一种处理方式是,通过持续的谈论或者对其进行思考而将其化解,大多数情况下,这种有目的的感情转移都可以获得成功。儿童会把恐怖的经历一遍遍地画出来,或者在游戏中重现,自己扮演打击者的角色。在海因里希·玻尔(Heinrich Böll)的小说集中一篇名为《无人地带》的短篇小说里,女孩玛格丽特·燕正是这样描述她的小伙伴莱尼的:

> 莱尼·扎普夫11岁,她已经经历过对半打城市进行的轰炸了。她知道这些"铁蛋子"的威力,认识所有炸弹的类型,能及时地辨认出是高爆弹还是燃烧弹。她还知道,它们通常以怎样的投放组合被丢下来。我必须整整一个小时陪她玩"大进攻"的游戏。莱尼吼叫着发出"空袭警报"。接着莱尼发动进攻了。在她就像敌人的一个轰炸机编队那样把地面变成燃烧的地狱时,为了保命我必须进行防卫,用水和沙子、铁锹和铲子、凿子和斧子。我动作很快,周到小心并且从不气馁,游戏要一直进行到莱尼吼叫着模仿解除警报为止。这时候起,她才

不再盯着我不放。看上去她好像如释重负，因为这时候她才相信，在第七座城市被炸成废墟的时候她又幸存了下来。在一天其他的时间里，我都可以和她玩其他的游戏了。

在德国有一首广为流传的童谣，是揶揄收音机里的空袭警报的：

注意——注意！完了——完了！
牛棚上空是轰炸机
猪圈上空是战斗机
明天就来烟囱工

儿童本能地知道，当他们在一起时，玩重现画面的游戏，是对付威胁的最好方式。大多数情况下，他们通过这种方式使内心重新获得平衡。

原则上来说，当人经历了巨大的精神创伤久久不能从中恢复时，我们称其为创伤后应激障碍（PTSD，Post-traumatic Stress Disorder）。目前，它已成为世界卫生组织明确定义的一种疾病，并为之制定了临床诊断治疗标准。以下是PTSD病人具有的典型特征：

——不断回想受创经历的画面并产生相关梦境；

——总是有这样的感觉：创伤经历似乎总会重现，这被称作"Flashback"[①]；

——有意识地回避有关这一创伤经历的思想、感受、谈话内容；

——有意识地回避与这一创伤经历相关的地点、人物或活动；

——记忆丧失。

---

① Flashback，意为闪回。——译者注

另外，PTSD 还伴随着慢性症状，比如失眠、易激惹或易发怒、注意力难以集中、过度警觉、易受惊吓、易恐惧和惊慌失措。

并不是表现出某种应激障碍即表明遭受了精神创伤，而是上述症状中的任意几条综合表现出来。前述诊断标准中列举出的确诊症状是在经历了 20 年的临床实验后总结出来的。此外，人们还会认真加以甄别，是由于一次创伤性体验造成应激障碍，还是由于遭遇了一系列精神打击——如西格蒙德·弗洛伊德所说——在某个时刻使自身的"精神应激保护"不堪重负而垮掉所致，抑或是由于长年遭受暴力侵犯，比如战争、迫害以及来自家人的虐待和性侵等所致。

精神创伤治疗医师们已经熟知，在患者有抑郁症、上瘾或者边缘性人格等症状时，要详加观察，其成因是否为极端的创伤体验。研究显示，一系列的暴力经历很可能导致人格的改变，在首次对越战老兵所做的检查中，其记录充分说明了这一点。人格改变具有以下显著特征：

——对生活周边环境多疑，充满敌意；
——排斥社会活动；
——感到空虚和绝望；
——神经质，始终感到周围充满危险；
——对自己的身体没有安全感。

治疗医师是否具备足够的相关专业知识？

对精神创伤患者的治疗首先需要的，是充分了解精神创伤症的治疗医师。这绝对不是什么无稽之谈，至少在德国不是。与美国相比，在这个领域的研究德国至少晚起步 10～15 年。两种目前被医疗保险公司认可的以行为及深层心理为基础进行治疗的手段，都不那么行之有效，甚至会导致进一步的精神损伤。精神创伤专家路易莎·雷德曼（Luise Reddemann）在我的一次访谈节目里告诉患者，应该只相信那些能够证明自己的确接受过相应培训的治疗医师。

雷德曼女士认为，传统疗法对平衡性问题考虑不够。"病人不应该仅仅关注那些可怕的经历本身，另外还应该看到，社会总体上还是友善的。或者至少应该知道他在生活中是否还可以交到朋友。如果不这样，病人会变得对前途更加疑虑重重。"

对治疗此类患者，目前明显缺乏重视与严谨的态度。雷德曼女士是德国精神创伤领域最为著名的培训专家，她描述了治疗医师们对精神创伤诊治的令人惊讶的漫不经心。他们在根本不了解精神创伤的病理机制的情况下，盲目相信自己的做法是正确的，即把什么都说出来就好了。雷德曼女士补充道："根本不是这样。这就像是遇到个地雷！如果你想排雷，就必须具备专业知识，或者委托具备专业知识的人去做。"特别是，当患者所要面对的，是对很久以前的童年的可怕经历的回忆时。此时如果处置不当，很有可能导致患者的抑郁症不但得不到舒缓，反而进一步加剧，使其恐惧进一步加深并越发感到迷惘。

"当事情真的到了这一地步，人们完全可以推测，病人的处境将变得极为不妙。"雷德曼女士这样说道，并且进一步警告那些只是想借此获得更多出诊费，而不是切实认真想找出问题答案的治疗医师们，应该扪心自问，如果真的出现这种情况的话，自己是否还有能力应付。在心理治疗师之间，早已达成这样的共识：在整个治疗过程中，首先要建立起良好的医患关系，把患者当成有能力的、负责的搭档。他们在对那些对其精神产生压迫的经历进行处理之前，心理上应已足够稳定。他们必须学会如何控制自己的感情。精神上的退化，也就是完全退回到童年阶段的感知层次，是不应该的。

在雷德曼女士的著作《作为治愈力的想象》中，她为精神创伤患者提供了一整套心理稳定性训练方法，这些方法对应对充满压力的日常社会生活也是效果显著的。一个最为简单的、唯一正确的精神创伤疗法从不存在，因为心灵伤害所造成的后果错综复杂。人们因而发展出多种多样的疗法，其中一部分已经借助脑科学研究的手段确认了疗效。在过去的 20 年里，人体医学的发展与整体自然科学的发展愈发密不可分，因此，在今天，精神创伤症被治愈的几率得到大幅提升。

感谢现代医学影像技术的发展，例如正电子发射计算机断层显像技术（PET）可以使神经生物学家直接看到大脑内部结构而不用打开头盖骨。人们同样可以观察到，思想是怎样在头脑中倏忽而过的。人们现在已经知道，人的大脑绝对没有停止进化，它并非像一辆刚下线的汽车，只能变得越来越旧，越来越不可靠。不，人脑具有很强的可塑性、进化力以及学习力。

一个人的生活经历、人际关系、社会与环境的经验及看法，所有这一切都可以在大脑里找到痕迹。美国杰出的神经医学家安东尼奥·R·达马西奥（Antonio R. Damasio）将其称作大脑的一个能力：映像，或称再现。神经细胞会将身体其他某处的实时状况或遇到的事件在头脑中再现出来，甚至可以再现超出人体自身的感知范围并于无意识中接收的信息。结论就是：经历塑造了大脑。当思想被储存进长期记忆中时，神经突触[①]会产生可测的增大。这已经被人们学习盲文时大脑所产生的变化证实。

语言的欠缺

人类大脑最大的作用，是对信息的处理。数十亿个感知数据每

[①] 神经元之间，或神经元与肌细胞、腺体之间通信的特异性接头。——译者注

天在我们的身体里涌动，而其中只有很小的一部分被大脑有意识地登记和储存，因此在大脑中必须要有一个优先级别过滤系统。这一系统将所有数据按照重要性分级，并分类存储。PET扫描显示，在创伤性的极端情况下，大脑采集的信息被存储于其他某个地方，这种处理完全不同于对"日常信息"的处理。研究表明，在极端情况下所采集的信息，在整个处理系统中似乎完全卡滞了。

患者通常无法用语言来表达在他身上到底发生了什么。他的记忆往往是支离破碎的。某个画面，某种气味或声音，这些与占据主导地位的情感联系在一起，只能用模糊的幻觉来形容。事实上，对精神创伤症来说，这正是典型的由某一特定刺激引发的闪回症状。患者被记忆的碎片吞噬，再也分不清过去与现在。

采用成像技术进行的检查清楚地显示：在闪回发生时，大脑右半球被激活，特别是负责对情感信息进行处理的区域。而大脑左侧的激活十分不明显，特别是布罗卡区（Broca-Areal），这一区域主要负责把经历加工成语言信息形式。严重的精神创伤症主要就是由于，大脑两侧主要的功能区域之间不再有足够的联系。

一个科学实证就是，当患者被巨大的恐惧吞噬时，他便无法再用语言来表达心情，而是如所观察到的那样，只能害怕地颤抖并任凭其摆布。

这也正是为什么很多患者一开始无法通过语言进行交流，而轻率的"聊聊这个事儿"，也就是治疗中所谓的对创伤情境的描述，会造成进一步的损伤，因为通过这种方式，完全可能触发患者的闪回症状。

这也可以解释为什么在德国的文学作品里很难找到以孩童的视角看待大空袭的作品。也许，对此表示沉默的理由并非完全出于羞愧，比如出于对大屠杀遇难者的愧疚，因而不愿提及自身所遭受的痛苦。真实的原因是，缺乏对此创伤进行描述的语言。

第十章 心灵创伤：战争和精神研究

在沃克尔·哈格（Volker Hage）名为《毁灭的证人》的书中，他收录了与迪特尔·佛尔特的一次谈话。他说道："现今的精神创伤研究已经了解到，人们需要四十年、五十年乃至更长的时间，才能找到描述当年遭受的巨大的惊骇的词语，找到置于遗忘下面的深层的恐惧。这可以说是从肉体上对自我人格认同的完全摧毁。人们并不是没有被损害，只不过是非常偶然地与死神擦肩而过。即使是小孩也知道，他不过是侥幸生存了下来。"

迪特尔·佛尔特自己就是在过了数十年之后，才终于可以直面战争中的回忆。20世纪90年代，他出版了名为《穿血鞋的少年》的书。但在这本书中，他仍然无法全面地对自己的回忆进行整理。佛尔特说："你永远无法解脱，永远无法释怀，它已成为意识的一部分，永远存在于头脑里，挥之不去。"

不要管佛尔特怎样对他的小说进行注解，我们所能看到的是，在他所讲述的故事中，充满细节的、紧密相连的回忆如涓涓细流，慢慢流淌。作者却将其形容为决堤的大坝："突然之间仿佛一切都回来了，整个童年的记忆，完整如初。它就那么突然地跳出来，充满我整个身心并让我情绪上完全崩溃了。你在我的小说中会注意到，记忆的细流被我突然打断。"

直到此时，我才终于明白佛尔特在这一次谈话开始时所说的话："一个人在他的一生中，对遭遇空袭的描述有且只能有一次。"

第十一章

巨大的麻木感

他们不再真正活着,他们的生命再不是从前的样子,他们此后再也无法谈起这一切。他们虽然还活着,但其实已经死了。

一次空袭之后

燥热，黑暗，虽是白昼却犹如黑夜。在炽热中，皮肤仿佛在燃烧。头发脱落，变成一绺绺干枯的白色灰烬。肺也在燃烧，一呼吸就会感觉到胸口的剧痛。空气如同沙漠中的炽热风暴，沿街呼啸。在灰霾中，整个世界已不复存在。天空已成黑紫，建筑物墙里是大火和烟雾，当外墙最终倒塌时，火云猛窜出来。不再有街道，不再有路牌，不再有信号灯，有的只是成片的废墟。仅仅数秒前还存在的世界，瞬间成为记忆中的画面。

人们冲进火里，抢救那些实际上再也用不到的东西。他们的行动有如慢镜头，手脚并用，在寻找掩蔽的同时，蹒跚前行。他们会突然奔跑起来，把其他人挤到肮脏的角落。人们自然而然地形成队伍，走在曾经的街道中央，以躲避倒塌的墙壁。他们在石头上、窗框、儿童床或者衣柜之中跟跟跄跄。还有一些看上去模糊不清的形体，活着的柱子，被灰色的烟尘覆盖，一动不动。他们目睹了所有混乱，他们不再真正活着，他们的生命再不是从前的样子，他们此后再也无法谈起这一切。他们虽然还活着，但其实已经死了。

这是迪特尔·佛尔特在《沉默还是诉说》一书中描述的一段。在这个名为"空袭之后"的章节的结尾处，他这样描写了他个人的感受：

> 当我亲眼目睹并经历这一切时，我才六、七、八、九、十岁。每晚，那画面都会重现在我眼前，也许只有死亡之际才可以最终解脱。

由于及时移民美国而躲过了大屠杀的哲学家汉娜·阿伦特[①]，在二战结束5年时重新游历了已满目疮痍的德国故土。她把整个旅行写成游记，记录了所看到的一切。她把德国那些城市的居民描述为行尸走肉——只是影子或者机器人。

> 如同噩梦般的灾难以及毁灭，仿佛没有留下什么痕迹，也没有哪里像在德国一样，很少有人提起。无论在德国何处，这样的事情好像都没有引起什么反应。但是，很难说人们是有意回避悲伤，还是真的已经麻木不仁了。在废墟里，德国人互相邮寄城市风景明信片——从教堂到市场、从公共建筑到桥梁都有，但这些建筑实际上早已不复存在。最恰如其分地表现出他们的漠然的，就是当他们在废墟里穿行面对死人时的麻木。这种麻木不仁更充分地表现在他们对他们之中那些难民的反应上，或者说，他们压根儿没反应。这种普遍的感情欠缺，至少是明显的冷酷无情，虽然有时被廉价的多愁善感掩盖了，但多愁善感明显只是一种外部表象。这是内心深处对接受现实的推阻。这一推阻顽固而又令人感觉残忍，但以此他们在精神上得到了慰藉。

[①] Hannah Arendt，犹太人，原籍德国。20世纪最伟大、最具原创性的思想家和政治理论家之一，著有《极权主义的起源》。1933年纳粹上台后流亡巴黎，1941年移民美国。——译者注

汉娜·阿伦特在此明确表达了她对德国人这种冷漠无情的不满。她亲眼看到了自己的祖国所经历的大毁灭，同时也是"国家社会主义"所犯下的罪行，但对这位女哲学家来说，更加令她痛苦的是，不少德国人以为，他们是这场战争唯一的受害者。当她与昔日学校里的同事们谈到有关希特勒德国对欧洲所犯下的罪行，带来了巨大的伤亡、纳粹的暴力及恐怖统治时，他们向她解释说："大家遭受的痛苦已经扯平了。"由此，在她看来，没有哪个德国人有承担罪责的自觉。带着这样的印象，她写下的文字充满指责、令人痛苦，是完全可以理解的。

尴尬的一步

我很清楚，迈出这样一步对德国人来说始终是非常尴尬的。有人会谴责我思想右倾，支持这种"德国人才是受害者"的论调。可以说，再没有任何一个问题会像这个问题这样引起那么多的反对意见、谴责、咒骂以及误解。与此同时，谈论这一问题还存在着这样的危险：重新撕开纳粹受害者的旧伤疤。

事实上，汉娜·阿伦特对战后德国民族性格的认知，正是现在"创伤后精神应激障碍"教科书上所涉及的概念。她客观描述了一个精神受创从而整体陷入巨大精神麻木的国家。她所遇到的情况，都是可信的。只有一点也许不那么正确：当时的普通民众其实根本毫无选择，根本不可能以另外一种行为方式行事。对精神创伤的研究告诉我们，只有当人们的行为方式正常化以后，才有可能去弥合精神上遭受的创伤。而 1950 年的情况，完全谈不上正常化。汉娜·阿伦特自己对此的描述相当精辟准确。以今天的角度来看，当时的人们仿佛是被某种力量驱动着去生活，精神学家们将这种力量称为"工作狂"或者对速度上瘾。

传统的美德是，无论工作条件怎样，都要制造最好的产品。这种"美德"使人们被迫盲目地持久工作，甚至希望能全天无休止地处于忙碌中。人们可以观察到，德国人那些忙碌的身影在承载着千年文化历史的废墟中跌撞前行，而面对那些被摧毁的地标性文化建筑，他们只是不置可否地耸耸肩。而当他们再次想起从前那些恐怖经历——那些对全世界来说都还历历在目的事情时，他们又把这一切全都怪罪到某人头上。对他们来说，也许忙碌才是最好的武器，可以在这个真实的世界里保护自己。人们多想呐喊：这些都不是真实的。但那些废墟是真实的，过去的那些恐怖是真实的，那些离他们而去的死者是真实的。而我们这里所谈到这些人，只不过是活着的幽灵，是文字、人类的眼睛以及人类内心深处的悲痛根本不能去触碰的一群人。

"我们真的是全部都被麻醉了。"我曾听到一个人这样说。他所说的，指的是一种心态，带着这样的心态，儿童们承受了空袭、逃亡和飞机的低空扫射。但同时，这也正是战后第一年全德国氛围的写照：一种巨大的精神麻木感笼罩着整个国家。恐怕只有为数极少的一些人不在此列。而如果在孩子身边的大人全都"神不守舍"，那么会给儿童造成怎样的影响呢？

在彼得·海纳尔的书《金龟子在飞，你的父亲在打仗》里，关于战争和失去父亲之间的关系是这样描写的："问题不仅仅在于数百万父亲在战争中丧生。另一个可以与之相提并论的严重问题是，我们在精神上失去了父亲。有很多父亲最终在战争中、在战俘营里完全丧失了做父亲的能力，虽说从肉体上来看他们幸免于难。这是由于他们所遭受的精神创伤使得他们不再胜任一个生动的、符合儿童需要的父亲的角色。"

给"小药片儿"做广告

像这样一个精神陷入麻木的国度,会制造出多少上瘾症患者?在考察战争所造成的长期后果时,人们对此并没有给予太多的关注。但从我自己在20世纪60年代初期的经历以及其他一些报道中可以了解到,那时候的医生,大规模地给他们的患者开出了可以在最短的时间里使人上瘾的药方,这并不是个别现象。在很多的咖啡聚会上,"医生先生"会不断向人推荐这些药物。人们称赞他的各种"小药片儿",并且还会鹦鹉学舌般向别人介绍哪种是能让人镇静的,哪种是能让人兴奋的。

在一个疏于管理的环境中,成瘾性药物的泛滥不是德国特有的现象,其他很多国家也是如此。这与是否赞同"战争原因导致成瘾性药物泛滥"根本无关。但有一点是毋庸置疑的:成瘾性药物可以令人精神麻木。而这恰恰是人们在回顾艰难的过去、痛定思痛时最不需要的东西。在70年代,人们终于达成了这样的共识:对药品的依赖与对酒精的依赖一样糟糕。

卡尔·沃特斯(Karl Wolters)快70岁了,对此他的体会颇深。他对酒精或者药物上瘾都很了解。尽管他把两者都戒掉很久了,但他的上瘾症已经根深蒂固,以至于他到现在还要定期参加互助小组的活动。

卡尔在61岁那年退休,这使他的生活一下子轻松了。他曾是公共广播电台的编辑,也就是一位公职人员,谈不上有多大抱负。他负责的内容是与政治和经济相关的,而这两方面他在大学都学习过。他曾对自己的职业有过更多的理想,但在这样一个大型的事业机构里,人浮于事、做事拖沓,个人很难有多大作为。

他的薪资待遇不错，而他也的确能写出大量文章。他属于在单位里默默无闻的那一类人，不需要面对麦克风的压力。他的文字都会交给职业播音员播出。

年轻时的他当然也有过梦想。在他还在上中学的时候，他想成为一位哲学家。这之后又希望成为一位著名的新闻工作者，最好是电视台的新闻工作者。鉴于他新的职业选择，再把哲学作为自己的专业明显是不适合的，因此他又转学了经济和政治。

在读大学期间，他越来越清楚，他的终极愿望是，通过激动人心的广播节目来改变社会现状。他出生于1934年，1968年学潮，从年龄上看他已经不太适合参与了。但由于当时他仍在大学学习，于是他也参加了各类"批判大会"和静坐罢课。和他同龄的人，这时都已经换过两三次工作了。他一点也不急于建立一个普通人的生活。对于在一家电台做义工，他的兴趣比对上课大得多。他就这么在大学里蹉跎着，直到有一天他突然发现，比他小很多的人的人生进度都已经超过了他。

所有这些事，在我们面谈之前，卡尔·沃特斯就已在电话里和我讲过了。我们的交流从一开始就没有任何问题，一个重要原因是，我们有着在电台工作的共同经历。他的讲述十分生动，思维也很有跳跃性。而且，与人们对他这个年龄的老人的估计完全不同，他的心态十分开放积极。我能和他相识，也是因为他在收听了我一个有关战争的节目后，主动给我写了封信。

在我们谈话期间，卡尔·沃特斯抽了很多烟。我们的谈话有关战争的内容并不多，更多的是关于他的上瘾症和他的担忧的：曾经有一次，他在完全戒掉了酗酒的瘾以后，又直接拿起了药片儿。

空袭时用手指堵住耳朵

那么，他是否认为他在战争中度过的童年是这一切的罪魁祸首呢？卡尔对此不置可否。用以前的生活来为他的问题开脱，这不是他的风格。他不愿意把自己看做是某种牺牲品，那样会让他感觉无助和不再认识自己了。他很可爱地描述自己说："我天生就是个胆小鬼，孩子时就是这样。在防空洞里，在整个空袭期间，我都会用手指紧紧地堵住耳朵。"

他相信，其他的孩子由于空袭太频繁都不再把它当回事。至少在互助小组里，很多与他年龄相仿的人都是这么说的。当然，如果说上瘾症和战争童年有什么关系的话，我觉得他们谈论的应该绝不仅仅是这些……

卡尔出生于鲁尔地区。他的父亲是一战老兵，当时在帝国铁路公司工作。在二战中，卡尔的父亲仅仅在入侵波兰的战役中参加了战斗，然后很快又回到了原先的工作岗位。非常幸运的是，在整个战争期间，卡尔的父亲都留在家里。小卡尔长大的地方位于两条铁路之间，这可是两条交通十分繁忙的铁路。正如他所回忆的，他的姐姐，按照他的说法，比他有心得多，她曾注意到经常有很多明显超员的列车驶过。直到战争结束，他们才知道那些被列车运输的人，都是被送往东边的灭绝营去的。

1942年，卡尔所在的城市遭受了猛烈的空袭。距他家5公里远的地方，有一座军工厂，在它附近有一座巨大的四连装高射炮，他这样描述着当时的环境。最可怕的空袭是在战争后期，持续了有大概一年半。夜里是英国人，白天是美国人。他像其他男孩一样，收集炸弹碎片，并且希望能有更多的敌机被击落。有一次，在离他们不远的地方，掉下来一架美国飞机。他忙不迭地跑过去，亲眼看见了灰头土脸的美国飞行员并为此而欢呼。"就应该这样！"他在今天说道。

第一次意识到自己的童年生活明显不正常时，他自己已经身为人父很久，儿子都已经 13 岁了。有一次，在他们全家去意大利度假的旅途中，在一个停车场，他们的车被撬了，所有值钱的东西都丢了。对他的儿子来说，这样的经历简直是太可怕了。这种反应使他这个做父亲的大吃一惊：这些年轻人怎么那么容易就丧失了最基本的安全感？由此他想到，与之相比，他的童年时代"口味"实在是太重了。

卡尔·沃特斯给我详细介绍了他的生活。1955 年他从中学毕业后搬到了汉堡。回过头再看时，他觉得那几年是他一生中最好的时光。广播电台的工作给这位大学生带来的不仅是被认可的感觉，还有实实在在的金钱。报酬丰厚是倒班工作积极的一面。"消极的一面就是，会因此而经常酗酒，"卡尔说道，"但那时候我并没觉得有什么不妥。"

他还有一位恋人。那是他的"梦中女郎"，就像他今天所描述的，她不仅漂亮，还是一位教授的女儿。在她家里，他们对他就像对自己的儿子一样。在他尽管岁数已经不小，但还没有参加毕业考试的打算时，未来的老丈人开始忧心忡忡。卡尔对此却仍不自知。他的理想早已从眼前消失，他更喜欢的是酗酒。"在我 30 岁时，"卡尔回忆说，"我的生活到了一个节骨眼儿上。一次，我女友的父亲把我拉到一边对我说：你现在马上从这里消失，去参加你的考试，让你的生活恢复正常。"

卡尔觉得教授说得完全在理，并且为此而感到羞愧。他像逃跑一样离开了汉堡，离开时还欠了两个月的房租。在哥廷根他重新开始了大学学习，但他依旧是一个酒鬼。离开电台使他彻底没了着落，好年月明显已经成为过去。

还在汉堡时,他就经常遭受莫名其妙的恐惧的困扰,通过饮酒,情况明显好转了。只不过,他现在独自一人在哥廷根,这种情况又严重了。在1967年的某天夜里,他刚刚走出一个小酒馆,一阵猛烈的恐惧感突然袭来,以至于他马上想到:"你马上就要死了!这太疯狂了。"恐惧最终击倒了他。"我开始以为是心肌梗死,就直接去了医院。但在医院什么也没查出来。"

怎么办?他才三十出头,在汉堡还有个每周见面的女友,他才刚刚开始对自己的生活有了打算。他最后还是没能处理好。卡尔去了精神科医生那里,开始每天吞服大量药片。什么安定、氯氮、奥沙西泮都有。到了晚上,他就用酒精麻醉自己。后来他通过了考试,这算是那几年一等一的好消息。但此时的他,除了酗酒外,还添了药物依赖症。他的爱情也终于走到了无可挽回的地步。

用药片儿抵抗对死亡的恐惧

然后他想:你应该看到,如果你的生活一切按部就班,就什么问题也不会有了。一个合适的外部生存环境是非常重要的:大学毕业,有固定工作,建立家庭。这些最终都实现了。他重新返回鲁尔地区,当上了电台编辑,和一位女士结了婚,并有了一个儿子。很多年里,他一直在对酒精和药物的依赖中极力挣扎。他必须喝酒,这样才能克服早晨恐惧的战栗,开始新的一天。他的身体需要这个。而那些药片儿可以帮助他抵抗对死亡的恐惧。医生的嘱咐在他不过是耳旁风,他有自己对剂量及服用时间的标准。在这样的状态下,他投身工作并养活了家庭。但危机随时都会爆发,他的状态早晚会引起别人的注意,那就是一个丑闻了。为什么那么多的上瘾症患者要过一种辛苦的两面派的生活?为什么他们随时要面对记忆的"断片儿"、不断重复的谎言和搪塞,以及由此而来的精神痛苦、恳求和歉意？

这样的一天终于来了。卡尔的妻子带着孩子回了娘家。三年以后，这段婚姻也就这样无疾而终。甚至他的领导都警告他，必须要想办法对付他的上瘾症：去医院，去疗养，随便什么都行……

奇迹终于发生了。卡尔·沃特斯终于不再酗酒。那是在1976年。但他还必须吞服大量药片。又用了四年时间，他才真正摆脱了对药物的依赖。

看上去一切都在向好的方向发展，第一个信号已经出现了。他又结了婚（这一婚姻一直维持了下来），第二次成为父亲，而在他的编辑部里，他也再次被大家认定为可靠的好同事。

但卡尔并没能走出他的恐惧。"恰恰相反，"他说，"因为我戒掉了所有上瘾的东西，这样的恐惧感更强烈了，对死亡的恐惧！我的医生说，这是'植物神经张力障碍'或者心脏衰弱症什么的。什么都说了，但对我没有任何帮助。然后是心理治疗。别再跟我提那些心理医师！没有什么东西和什么人真正帮到了我。"只有在互助小组里，对那些与他有相同症状的人才能诉说他的状况。只有在这样的小组里，当他提及他的"对恐惧的恐惧"时，人们才不会作无法理解状地摇头。而这正是在过去的年月里导致他产生真正的心脏衰弱问题和呼吸困难的原因所在。

他不应该再抽烟了，是的是的，他自己知道，但他现在已经上瘾了，他需要尼古丁。

卡尔把他的恐惧感当做一种"巨大的障碍"，它的影响无处不在。比如说，当他在市中心步行街购物时，他会恐惧走路——这是一种对恐惧的恐惧。他怕有什么东西会撞到他。什么东西？没什么具体的，他说。就是害怕，并伴随着呼吸困难。而在汽车里他会令人惊讶地感到安全，骑自行车时也是。但与之相反，乘坐火车对他来说有很大的问题。

他那个时候实际上很想在退休后再次进大学学习,这次是他最喜欢的专业——哲学。他甚至已经制订了学习计划。但这一念头最终还是被打消了。原因在于,为了上课,他必须乘火车去邻近的一个城市。在一开始"试乘"时,他就已经知道,这是不可能的。抵达目的地时,他已全身大汗淋漓。那时他甚至还想过,带上可以替换的内衣,也许就可以解决这个问题了。但事实上,不是出汗令他筋疲力尽,而是那种感觉:他的生命受到了威胁。

除此以外,对飞机旅行他也有着同样的恐惧。因此,他从未有过去国外的长途旅行度假。在飞机上他会有一种完全听任摆布的无助感,和在火车上一样。他其实非常想去一次希腊,"出于思想上的兴趣"。他不相信自己能做到,而这种对自己的不信任,带给了他更大的恐惧感。

带着各种障碍生活

在他的上一次治疗中,他被建议重理他的童年经历。也许从他的战争经历里,能找到他心理障碍的根源。今天卡尔认为,这个建议大谬特谬,因为他根本无法与治疗师面对面地交谈。"我试着录音,"他说,"但我对战争的思考愈多,我的恐惧感就愈严重,直到彻底疯掉。我觉得如果我再进行下去,那我肯定要从阳台上跳下去了!"

他最后的选择是,拒绝做有针对性的心理治疗。他不愿意再冒任何风险。他说,他现在差不多已经学会如何带着恐惧、呼吸困难症以及其他所有障碍去生活。最好不要打破这样的现状。他宁愿去过这样一种虽有障碍但很有保障的生活。

第十二章

『当我年老时，一定是幸福的』

那时候有的不仅仅是生存下去的压力，还有着颇富预见性的智慧，这些使他坚定了信念：当我年老时，一定是幸福的。这多么像一句咒语：『当我年老时，一定是幸福的。』

两个人的童年

父母留给子女的,往往不只有财富或者债务,还有他们内心的重负。这也是在很多描写家庭的小说里反复出现的一个主题,比如《布登勃洛克一家》。托马斯·布登勃洛克无力阻止自己具有悠久传统的公司走向颓势,因而变得心灰意懒,并希望他的小儿子汉诺能继承家业。但汉诺体弱多病、多愁善感并具有音乐才华,对商业活动感到恐惧。想让他成为一个出色的生意人,是完全不可能的。汉诺陪他的父亲进行了一整天的、必需的礼节性拜访。而在这之后汉诺更加认识到,在他父亲风光的外表背后实际上是巨大的付出。

他不仅看到了父亲在人前任何时候都表现出来的和蔼可亲,更以一种少见的敏锐的眼光,看到了他父亲做这些时有多么艰难。每一个拜访结束时,父亲就变得少言寡语,并且面色苍白。他紧闭双眼,眼睑发红,斜靠在车里。而在跨过另一道门槛时,仍然是这张面孔,仿佛突然戴上了一个面具,而同样还是这副躯体,却突然爆发出了不知从何而来的崭新的力量。

汉诺非常准确地体会到了他父亲所付出的代价,而大人那种长期的身心俱疲状态也因此影响了这个孩子。他以沉默抗拒继承这份事业，尽管他也知道，作为一个家族传统，这样的命运是他根本无法摆脱的。汉诺的身心无法承受这一切。最终，这位青年死于伤寒，因为——正如托马斯·曼[①]所点明的那样——"生命对他的呼唤不够响亮"。

卡斯帕·卡彭（Kaspar Kampen）的故事与之完全不同。我们在讲述这个故事时，尽管知道两者的童年没有什么相似之处，甚至是矛盾的，但还是引用了汉诺·布登勃洛克的故事作比较。当这一章节结束时，您再回过头来看看，会发现其中的奥妙。与汉诺不同的是，卡斯帕1970年出生在一个充满爱的家庭。他备受宠爱，家人对他的照料犹如照料"小王子"。但在那时，在像他这样的独生子家庭里，这也并非少见。卡斯帕觉得自己的父母非常不错。他们居住在一个大城市，父亲是科学家，而母亲是出版社编辑。他们是很宽容的人，关心政治以及当代艺术，在思想上他们都深受70年代教育改革运动的影响。

32岁的卡斯帕现在是歌剧男高音演唱家。在舞台上他经常要扮演一些悲剧角色，而在生活中他是个非常爱笑的人。他觉得他童年时代母亲的一个怪癖十分好笑。对他来说那是非常典型的一段童年回忆，唯一的缺陷是他想不起来为什么了："从来也没有过——真的是从来也没有过——新鲜的面包。我妈妈总是会把新鲜面包买回家里，但我们都不许吃，而是必须先把原来的面包吃完。所以，当我们吃到新面包的时候，也不是新鲜的了……"

有时候他父母会和他聊到战争，从挨饿到对鲁尔区的空袭，而他父亲那时不得不几乎每晚都在地下室里度过，直到当时年仅八岁的他被他妈妈带到遥远的波西米亚地区避难。卡斯帕的母亲则是在

[①] Thomas Mann，德国当代最伟大的作家之一，《布登勃洛克一家》是他的代表作。这本小说在中国被誉为"德国的《红楼梦》"。——译者注

六岁的时候从石勒苏益格逃亡出来的。"她告诉我,她当时把她的布娃娃落在了家里,"卡斯帕回忆说,"我那时候还很小,听了以后非常伤心。"

一位热爱舞台的儿子

他自己的童年很幸福,他保证说,没遇到过什么值得一提的问题,即使青春期也是如此。从父母那里,卡斯帕继承了对戏剧的喜爱。他最初想成为一名演员。他的父母——沃尔夫冈和吉塞拉都非常支持他的职业梦想。从很早起他们就发现儿子拥有音乐天赋和一副好嗓子。少年时代起,他就非常喜欢歌唱表演,也会在父母的朋友面前歌唱。朋友们毫无例外都为之惊叹并问他的父母,为什么卡斯帕会唱得这么好,但都没有得到过他父母的回答。

卡斯帕的父母与卡斯帕的行为方式完全不同。对他们来说,不引人注目才是最好的。因此,对他们来说,过生日那天是比较痛苦的,因为他们不想成为中心人物,不想抛头露面。但这其实很难避免。吉塞拉·卡彭每年要有两次作为出版社代表参加新书发布会,每次发布会之前她都会因此而情绪很糟。

有时候他的父亲沃尔夫冈必须做专业性的报告。而往往在这样极其重要的日子开始前三天,他就已经为可能发生的错误感到恐惧,并需要通过极大的努力来控制自己的情绪。在他多年的职业生涯中一贯如此。他甚至不能接受他的同事对他的认可是真诚的。他过于自卑了。喝彩与赞誉对他来说也无济于事。他并不相信自己的成就,因此也不相信他人的评价。

卡斯帕却不是这样。他后来进入高等音乐学院学习,他喜爱舞台以及观众的掌声。还是学生时,他就已经在无数场非公开的小型演出中扮演了众多角色。特别是,他在喜剧方面的天赋,使他获得了在电视节目上表演的机会,他因此挣到了自己的生活费用。他总是可以获得成功,因而对自己非常自信。23岁时他成了家。而26岁时,他却陷入了一场人生危机。他突然觉得自己不再无所不能,产生了一种筋疲力尽和江郎才尽的感觉。沮丧、恐惧甚至绝望开始控制他的身心,他因此再不会歌唱。

"突然间我的一切一起坍塌了,"卡斯帕冷静地描述着那一生活中的巨大打击,"当时在我完全失去常态的时候,仿佛生命也失去了意义。最令我恐慌的是,这一状况的出现完全没有任何缘由。我很清楚自己的状况,一切一直都很完美,在所有方面我都很成功。但突然之间一切都变了。过去我可以把自己的生活规划得井井有条,我一直都是大家心目中的阳光男孩,才华横溢,我的婚姻生活也很美满,尽管我的妻子在经济上完全依赖我。但当所有这些压力到了临界点时,一切都崩溃了。"

卡斯帕的父母认为,造成这一切的原因其实很简单:他的妻子。卡斯帕为了她而竭力付出了自己的全部,直至精疲力竭,甚至于他已经不再是他自己了。不仅如此,她甚至还得寸进尺,没完没了地要求卡斯帕付出……

他父母所找出的这个原因,对这个年轻人并没有起到多大帮助。他自己当然也对此充满疑虑,并因此而离婚,但在更深层的意义上,还有一些完全不同的、陌生的东西让他时刻感到威胁。

他的绝望感日益加深,直到有一天,他不得不求助于心理医生。与心理医生一起,他们回顾了他的整个童年生活,但并没有发现什么特别的经历,足以导致他整个精神崩溃。

在这一切最终成为过去,卡斯帕安然度过了这场危机的今天,他的歌甚至唱得更好了。当他再想起这段往事的时候,仍然不由捧腹。"那简直是太蠢了,太荒唐了。我实际上并没有过什么糟糕的经历,至少客观现实中就没有过。我与迪迪·哈勒佛登、麦克·克

第十二章 "当我年老时，一定是幸福的"

吕格和奥托·瓦克斯[①]共事的时候从没有过其他什么糟糕的经历，除了1978年德国国家足球队在阿根廷输给奥地利队那一次……"

遗传了父母的战争恐惧症

与其他大多数人一样，卡斯帕以前对精神创伤研究一无所知。他更是从来没有想到过，他甚至遗传了父母对战争的恐惧。如果说他仍在承受在他出生前50年产生的精神创伤，听上去似乎是不可能的。而他的心理医师说，不，这是完全可能的。她给卡斯帕找了一些对大屠杀幸存者后代进行研究的书籍来看，渐渐地他开始接受这一说法。

"当我和心理医师一道挖掘我父母的童年经历时，我们马上就发现了他们与我的一些相似之处。经历过战争的父母，从来没觉得这个世界是安全的，可以身心放松地生活。而我同样有这样的感觉，尽管对我来说并没有什么外在因素影响。"

这之后过了很长的时间，卡斯帕理解了，他的抑郁症并不是由脆弱的精神整体崩溃所致，而是他的情绪适应系统出了问题。准确地说，是他从童年时代开始，一直以来下意识避免在精神上产生消极的或者致使他心慌意乱的情感的方式。这里所说的"适应"问题正是他产生严重精神问题的关键。卡斯帕尽管与他的父母有着完全不同的生活经历，但在心理结构上他们却是非常相似的。而导致形成这种心理的，是强烈的被威胁感。他现在很清楚地认识到了这一点。

卡斯帕现在完全相信，与他的父母相比，他并不是在"扮演"一个幸福的孩子，而是他本身的确是幸福的。他必须彻底从这种被

---

① 以上三人均为德国著名喜剧演员。——译者注

恐惧占据的心理状态中摆脱出来,正如他的父母能从由战争造成的真正的恐惧里摆脱出来那样。他回顾说,他的情绪适应能力一直还是不错的,在儿童时代,他只偶尔感到过几次害怕,比如说当他想家的时候。在他 7 岁那年,有一次他必须与另一个相熟的家庭一起在荷兰度过一周。但他在此期间却完全陷入了恐慌之中,根本坚持不下去了。他的父亲不得不把他接回了家。"我父亲由于当时的儿童疏散下乡政策曾长时间与父母分开,但他的适应能力真的很强大,并没有因此而惊慌失措。他对我这种儿童式的恐惧只能报以一笑。看看你周围,他说,这里多安宁,这个度假营地有多棒。这些是你的朋友,你在这儿并不孤独。"

当卡斯帕成年以后,一种感觉一直在生长,那就是他必须一直保持警觉,而对此他却并不自知。正如他通过心理治疗所认识的,这种感觉正是他的身体在被威胁感作用时的条件反射式的应对方式。这里我们又要提及"适应"这个词:他的父母不愿意引人注目,行为举止都很低调,并以此去适应各种环境。卡斯帕却总是抱着这样的想法:他作为一个艺术家,总是会被别人品头论足。他的脑袋里总是在想,别人会怎样看他,而那些人往往是无关紧要的人,比如邻居。他的头脑中会出现冗长而无声的、台词式的对白,他永远不知疲倦地在辩白,他的生活方式是多么完美无瑕。

他与父母还有其他一些相似之处。"我父亲的一个朋友曾对我父亲感到非常惊讶:他可能会对一些完全无害的东西大为恐惧,可当真正令人恐惧的东西来了的时候却毫不害怕。"卡斯帕笑着说,"我也完全一样,我非常害怕邻居会说我些什么,而有一次我在高速路上以每小时 130 公里的速度行驶时轮胎爆胎了,这差点让我送了命。但事后回想起来,我却仍然非常非常地平静。"

当卡斯帕和自己的父母说起他得抑郁症的原因时，他的父亲完完全全无法接受卡斯帕有抑郁症这样的说法。难道还有比他这个极具天赋、表现出色并被爱与赞美环绕的儿子生活处境更好的孩子吗？

"但后来，"卡斯帕充满感激地回忆道，"我父亲还是接受了这个说法，并非常认可，事实的确如此。"

父亲与儿子——如同两个退伍老战士

他们的父子关系在经过了一小段紧张时期后再次变得轻松愉快。现在他们可以对双方的共同点报以会心一笑，而这在从前是不可想象的。2002年8月，沃尔夫冈·卡彭应邀前往以自杀式袭击而闻名的国家——以色列。沃尔夫冈完全不担忧可能会有的炸弹袭击。而在卡斯帕的周围，却有很多人为这样的事情担心。但卡斯帕和父亲一致认为，遇到这样的危险的机会不比在德国遇到车祸的机会多多少。父亲与儿子的对话就像两名退伍老战士、两个经验丰富的好战友之间的对话：怎样去面对身边可能有的威胁，怎样对恐怖分子以牙还牙。沃尔夫冈在行前还是多少有些害怕的，但那是因为，他必须在那里做一个报告。

沃尔夫冈是一个乐于思考的人。在他的专业领域，他被认为是水平极高的一位，特别是他还一向低调，无欲无求。与此相应的是，他选择项目完全是从专业角度出发，往往收入不多。直到今天他也算不上是一个会挣钱的人。他与他的儿子一样，也曾度过了生活中的一场危机。以前，他对自己战争童年的意义看得非常淡漠，甚至只用三句话来进行描述：他还是很幸福的；他被带到了波西米亚的安全地区；结局好，一切都好。

"那时候主要的回忆都是美好的，"他说道，"不管怎样的童年，总是会有积极的一面——幸福感,比如说,当你有机会闻到一小块'和平香皂'①的香味时,那种感觉真是无法描述,你根本不会想真拿这块香皂去洗些什么。我也想到了,和平真的很美好,而人们对它又是那么渴望……"

今天他很明白,他在小时候曾经怎样苦苦忍受,因为那样的恐怖经历其实是年幼的他根本承受不了的。卡彭是他那一代德国人中为数不多的很清楚第二次世界大战给自己的人生带来了怎样的影响的人。他的说法是:"给德国留下的,是心灵深处的一片废土。"这句话是战后伟大的导演沃尔夫冈·施陶德(Wolfgang Staude)的名言。施陶德通过在战后废墟上所拍摄的电影,想向我们传达这样一个信息:我们会重建德国被摧毁的城市,但比这困难大得多甚至不可能做到的是,治愈内心被摧毁的德国人。

一个近乎疯狂的阶段

1943年,鲁尔区的一座城市,每晚都会拉响空袭警报。每晚,一位年轻的母亲——我们称她为希尔德加德·卡彭(Hildegard Kampen),都要叫醒她的儿子沃尔夫冈·卡彭。她用一只手抱着新生的婴儿,另一只手拎着箱子,迅速地跑进防空洞里……这是战争中很常见的画面。鉴于这种恶劣的情况,希尔德加德做出了一个在当时很普通的选择:让8岁的沃尔夫冈参加了"儿童乡村疏散计划"。她的理由是,"全家人至少有一个能活下来"。沃尔夫冈独自一人坐上了火车,他的班级中没有其他孩子和他一起。在波西米亚某处,他被一位寡妇收养。沃尔夫冈是一个非常招人喜爱的小家伙。他勇

---

① Friedenstoilettenseife,德语惯用说法。在战争时期,香皂是罕见之物,当你能看到香皂的时候,就意味着和平已来临。——译者注

敢地面对着生活中这一巨大的转变。他在给家里的信中写道:"我过得很好。"事实也的确如此。他的这位养母会给他做他最爱吃的菜,在那儿他还读完了卡尔·梅文集。战争结束后他返回了家乡。

1980年,沃尔夫冈年过四十,正在经历一段"职业上的紧张时期"。他已经有好几个夜晚无法入睡了。他已经无法控制自己的精神状态。精神上的重压使他几乎崩溃,后来他称这一时期为"一个近乎疯狂的阶段",而一位有严重抑郁症的女士对他的拜访,使他最终崩溃了。"我突然看到她的眼睛里发出烧热的煤炭般的红光,好像恶灵附身,这意味着我开始产生幻觉,由此我的精神彻底崩溃。"卡彭后来这样描述道。

在后来的数周里,他接受了心理治疗。他的心理医师很有目的性地把他的注意力引向他战争中的童年。而这使他在两位万念俱灰的女性之间找到了某种联系。

1944年,住在波西米亚"世外桃源"的小沃尔夫冈终于感受到了战争。他听到一声大喊——一声尖叫,仿佛天都塌了。他赶紧跑进厨房,他的养母正在那里,手里拿着一封军队的来信。她的男人在一战中战死,大儿子在1940年阵亡于法国,而现在,她的二儿子也阵亡了!

沃尔夫冈·卡彭永远也不会忘记这一幕。"这是我一生中所遭遇的最可怕的一个时刻,"他说,"我见到了一位丧子的母亲的痛苦。这样一个巨大的不幸是她无法承受的:一位女性,一位我从小就完全依赖的女性,失去了她最后一个儿子!"

温情的终结

1945年,战争结束了。这位寡妇(沃尔夫冈的养母)的家里住进了一位逃难的女士以及她的两个孩子。在先前几周里,他们一直是沃尔夫冈的好玩伴。某一天他突然被告知，这位母亲开枪打死了自己和两个孩子。沃尔夫冈对自己所听到的根本无法想象。几小时以后，在地下室里，他看到了小伙伴的尸体……

战争结束后，沃尔夫冈终于再次见到了亲生母亲。她变得很陌生。卡彭说："我和她之间已经没有什么温情了。我不接受她的亲情，因为我觉得，这段分离，这两年的时间是无法弥补的。对孩子来说，这是无法想象的事。"

在1945年那个夏天，他乘火车返回了鲁尔的家乡。旅程持续了整整一周。而这一次，火车上的人是如此之多，以至于他在很长一段时间里脚都不能着地，因为他被其他乘客牢牢地挤在了中间。

而对他脚都不能着地这事儿，他是30年以后才意识到的，正是他生活产生危机的时候。"我后来意识到，这一精神上的总爆发实际上真正解放了我。"他解释说，"我现在已经40岁了，如果这些再重来一次，我绝对不会感到害怕。而直到那一刻之前，我的生命一直被这些往事纠缠着，那种紧张与恐惧。"

对他精神创伤原因的整理使他痊愈了。他也明白了，为什么他总感觉工作压力如此之大，而每一件计划好的事情都会使他承受精神上的重压。这是由于他产生了持续的被威胁感，而他自己并没有意识到。

1996年，沃尔夫冈·卡彭听他抑郁的儿子向他诉说："我总觉得这个世界要毁灭了。"这位父亲被吓坏了。他想：他在说些什么？他怎么会这么想？那些应该是我的故事，应该是我的感受。

很多年又过去了。沃尔夫冈·卡彭愈加了解自己的童年，而如果他能有孙子的话，也许会更进一步。他可以给孙子讲述自己的童年故事，那一定是十分精彩的。那时候有的不仅仅是生存下去的压力，还有着颇富预见性的智慧，这些使他坚定了信念：当我年老时，一定是幸福的。这多么像一句咒语："当我年老时，一定是幸福的。"

这是怎样的一句话……

"这是我当时很乐观的想法,"卡彭这样解释,"我知道,我会活下来。而与此同时,我所经历的巨大的惊吓使还是孩子的我根本无从确定,这是否能实现。"

幼年时的沃尔夫冈现在可以放心了:老年的沃尔夫冈现在的生活完全称心如意。

治愈是可能的

沃尔夫冈·卡彭和他的儿子卡斯帕的故事向我们展示了,即使在过去数十年以后,战争的破坏力依然存在并且随时会卷土重来,甚至持续到今天,持续到后代身上。他们的故事也是令人欣慰的。与汉诺·布登勃洛克迥异的是,这里讲述的两个孩子,靠自身的力量最终化解了夺去他们生活勇气的被威胁感的影响。尽管如此,这种压力还是在多年以后成为过他们精神上的障碍并威胁到了他们的心理健康。但只要对心灵深处的创伤背景进行挖掘和整理,这样的精神障碍是完全可以被治愈的。

第十三章

令人绝望的家庭关系

对这样的父母的处境,子女并不会因此而感到悲伤,反而总是指责父母,并以受害者自居。人们也许能够理解,如果某人自觉是个受害者,他就很难有其他的感情,比如悲伤。

一曲并不悲伤的离歌

在 2002 年的母亲节那一天，《柏林日报》发表了一篇文章，描述了一种母亲与儿子的关系，充满忧郁，令人感伤。文章的题目叫做《终生的距离》，开篇首先提到了约翰·列侬写于 1970 年的那首《母亲》——一首没有悲伤的别歌。"妈妈，你拥有我，我却不曾拥有你。我需要你，你却不曾需要我。因此我只得对你说：再见，再见。"

"他在这里表达了那种失落感，"文章作者迪克·科尼法斯（Dirk Knipphals）这样写道，"但同时，也表明他并不会为此而悲伤。这样的离别的确让人难以承受，但面对这样几无关系的母亲，人们又能期望什么呢？"

当年的列侬是一个来自英国利物浦的青年，他与现今德国人的家庭关系有什么相关呢？事实很明显，他的歌曲表达出了目前各国中年一代男士的普遍感受：作为儿子，他们开始感觉到，与那个赐予他们生命的女人关系有多么疏远。

《柏林日报》的这位编辑在这里看到的并不仅仅是某个个体的命运，而是一个普遍存在的问题。他写道，在他读到米歇尔·伦茨（Michael Lentz）的小说《母亲去世》时，才体会到列侬这首歌的深刻内涵。出生于 1964 年的伦茨，与科尼法斯属于同一时代的人，更有着相似的家庭经历。

这个故事讲述的是一位因患癌症而去世的母亲与她儿子之间的故事。这位儿子在向母亲的遗体告别时，再次觉悟到，在他与母亲共同生活以及从她患病到去世的这段时间里，他们从未有过什么内在的联系。母亲一直以来就像一个陌生人。伦茨对这种内心反省过程的描写是沉重的："你从没有与母亲一起去过电影院，也没有去过剧院，对于这一点，我很确定。总之，你没有和她一起去过任何地方。"

这位儿子对作为他母亲的这位女士没有什么更多的了解，也不记得曾有过什么使双方情感上能够相互接近的语言交流。"在我们的生活中，确实也有很美妙的谈话，但也仅限于此，因为我们谈论最多的，不是天气怎样就是吃什么。"每当双方的情感交流能更进一步时，总是会发生些什么，重新回到那种陌生感。距离，是终生的。

"直到最后一刻依然冷淡漠然。"这是科尼法斯给出的结论。在经历了 1968 年学潮和与父母对话后，科尼法斯认为，20 世纪 60 年代出生的这一代人与其上一代人的冲突的实质，就是这一代人终于明确体验到了这种距离感——长久以来一直客观存在却并未被意识到的情感上的距离。

形同陌路的父母和子女

这篇文章写道，孩子长大疏远了父母，却没有形成一种新的成年人间的正常关系。现在的情况明显是，子女接受并认可了这种相互陌生的关系。"这一代的父母主要是出生于 20 世纪 30 年代末的一代人，"文章继续写道，"这是最后一代'母亲'，对她们而言，

第十三章 令人绝望的家庭关系

身为人母,为家庭舍身奉献就是不言而喻的最高境界,这样才能令整个家庭幸福。对她们那些崇尚个人享乐、自私自利的子女来说,唯一能够去理解她们的机会,也许只有到了那个分别的时刻。"

就此,科尼法斯又提及了已于2001年自杀离世的汉内洛尔·科尔。她的曲折命运曾在德国引起轰动,并出人意料地引发了一场同情她的浪潮。令人无法置信的是,这位总理夫人仅仅由于患上了极为少见的光线敏感症,就不得不常年独居寓所,如同坐牢。她的传记作者帕特里夏·柯楼相信,她这种完全失去自我的生活方式,在与其同龄的一代母亲之中并非罕见,可以说她们当中很大一部分人都是这样:放弃了自己的职业生涯。"她们当中的很多人,都像汉内洛尔·科尔这样,曾在战争中及以后的生活中命运坎坷,屡遭打击。随后,她们把自己的生命毫无保留地献给了丈夫和子女,并通过这种方式使自己有勇气生存下去。"

米歇尔·伦茨在其书中对此一语中的:妈妈不是来自现时这个社会。我相信,她来自战争。

我不知道,读者在看了《柏林日报》这篇并不友善的母亲节感言文章后会有何感受。他们是否会认为这是可恶的以偏概全的描述或者至少是令人厌恶的?他们会不会给作者写信,建议作者去诊所接受治疗,因为他与父母的关系很糟糕?或者是,会不会有很大一部分人由此文展开深思,因为文中描述的经历的确似曾相识?

而当我读到这篇文章时,得到的感觉是,我与战争儿童的子女的谈话,都没有白费。与此同时,一个问题则显得至关重要:两代人的童年经验如此不同,仿若来自两个星球,他们应该怎样做才能相互理解呢?

我无法想象,在那些仍可感受到战争痕迹的家庭中,相互间的关系会是令人舒适放松的。尽管如此,我并不期望看到是,其子女并不去争取,而是刻意回避——耸耸肩,或是以那种不屑一顾的腔调说话:"我的父母很不愿意提起战争中的事,尽管除此之外他们的谈话就像白开水。"

我并不认为,对当下 35~45 岁的中年一代来说,像"我的父母难以接近"这样的说法有什么典型意义。但我知道,这种情况在这一代中却普遍存在。关于这一点,在我与一位心理治疗师的谈话中也可以得到验证。她说:"来这里治疗的主要是 60 年代出生的人,他们与其父母的关系尤其淡漠。最常见的,是代际那种所谓的文化陌生感。"

来自科隆的家庭诊疗师伊雷娜·威尔普茨(Irene Wielpütz)丰富的临床经验使她对 30 年代和 60 年代生人这两代人的情况都很熟悉。大多数同属战争儿童的一代人,都拒绝谈论早年间那些可怕的经历。她说:"这很有意思,他们不会有意这样说:我的童年经历是十分可怕的,我打算对它评价。而是会带着忧虑说:我马上就要退休了,我不知道是否还来得及。"

威尔普茨通过她的临床经验确立了一种典型的家庭模式。"父母的生活与子女的生活之间存在着巨大的矛盾,"她说,"我相信,其中很多都是源于嫉妒。如果他们能坦率承认这一点,那就太棒了,因为那样我们就能开始谈话了。"但大多数老年人在谈到这个问题时,都是极力回避。特别是当话题是有关一代人的时候,这位医生补充道。只要一谈到情感问题,他们就都变得沉默寡言。

巨大的冷漠

从年轻一代那里,威尔普茨却经常听到这样的抱怨:"他们说:我的父母根本不明白,我在做什么。"作为子女,他们总是有这样的感觉:父母根本没有兴趣去关心他们。

"到今天他们也不知道,我的职业是什么。"这是一位获得博士学位的金融专家的说法,她在一家汽车企业集团工作,"我父母说:我们的女儿是卖汽车的。"

而从一位老师那里我听到的是,对他而言令他完全无法理解的是,他母亲至今不知道,他在一个什么样的学校教书。"不管怎样,她也是中学毕业的,她应该明白这里面的区别,"这位儿子边说边摇头,"如果我是在研究所工作的物理学家或者信息专家,她不能理解我的专业也就罢了,但我不是啊。"

因此毫不奇怪,按照家庭诊疗师威尔普茨女士所说,子女们会经常有这样的想法:他们的父母似乎从未长大过。"这并不是说父母们很孩子气,"她补充道,"而是子女们经常觉得他们的父母很笨。当然,肯定不真的是这样。子女们看见并感受到父母们的局限性。因此人们必然说:父母的行为方式经常是这样的。在这样的家庭里,相互的理解很困难,非常困难。"

对于35岁的康拉德·马慈科(Konrad Matzke)来说,父母对他所表现出来的这种漠不关心就像一根心头刺一样令人痛苦。但他与父母却从未说起过这个。他曾经尝试过,但改变不了什么。康拉德是那种比较晚才走上正轨的青年。在很多年里,他一直是一个瘾君子。他也曾有过很多宏伟的计划,但从未实现过任何一个。没受过教育,没有工作,没有建立家庭,总之什么都没有:典型的前途未卜。之后他终于戒了毒瘾。他已经好些年没有再吸毒,并且从家乡出来,寻找机会。

在莱比锡——那里离他父母家足有500公里,他终于有了一个新的开始。在那里,他成功地完成了一个摄影学校的学业。很自然,对他来说十分重要的是,与他的父母谈论他的工作。一开始他认为这很简单,只要把他新的摄影专辑展示给他们看就行了。他觉得,他们一定会对他的这些作品感到好奇。但他们并没有,只是略略看了一眼而已,没有任何评价,没有任何提问。康拉德回家后的第二天，也是这样。但当他沮丧地躺到床上时，仍在徒劳地期待着。从他父亲那里，他从未听到过这样的话："我现在终于能闲下来，好好欣赏你的作品了……"取而代之的，仍是那些琐碎的唠叨。

这之后康拉德还把自己的摄影照片寄给了他的父母。而当他再次拜访他们的时候，发现照片被非常细心地放在相框里，挂在了昏暗楼道的墙上。楼道的尽头，就是康拉德年少时期的房间，直到今天一直保留着原来的样子。他是家里的独子。正因如此，不能很好地与父母交流，才更令他感到痛苦。他很清楚，他们十分希望他能够经常来看看他们，而不是区区每年三次。但他们也很聪明，并没有为此而给他压力。是不是他们也意识到了，当面对他们时，儿子的感觉很不舒服？又是耸肩。这位儿子所不知道的是，其实他对他的父母知之甚少，特别是他们年轻时的经历。

在他不再吸毒，重新走上正路的时候，对他来说非常重要的一件事就是改善和父母的关系。为此他经常会有意问一些有关他们的青少年时代的问题。但他从未得到过回答，他说。终于有一天，他的父亲对他的好奇心实在无法忍受了，于是对他说："当我和你妈妈相识，并决定在一起生活以后，我们曾把自己锁在一个房间里，整整一夜相互诉说着自己在战争中的经历。自那以后，我们发誓，那晚说过的所有话，出了那个房间都不会再提起。绝不会！"

从此以后，康拉德至少知道了，儿童时代生活在东普鲁士的父母，在战争结束的那段时间里，一定是经历了什么，让他们的精神遭受了巨大创伤。而他与他们之间这种尴尬的关系，也并非因他而起。他说，他学会了去接受这样的他们，也包括他们的这种"冷漠无情"，并试着去理解他们的痛苦、他们的恐惧。他同时也在学着去理解父母特殊的表达爱的方式："比如说，我妈妈认真投入地为我做好吃的，还有，她会问我，我的钱够不够花。"和他父亲也是这样,他不用去多想什么,可以像好朋友一样勾肩搭背,而这种姿势已经说明了一切。康拉德确信,他父亲觉得看上去他们的关系近多了。

这是很小的一步,但很重要。"对独子来说,家人已经很少了,"他说道,"我只有这对父母,而至少在我小时候,他们还是很可爱的……"这位儿子有着这样的希望:有那么一天,可以与他们无话不说。但同时他也承认,他十分害怕,也许这样的谈话只会是他们弥留之际的最后那一次。

"共同的秘密"

正如本书开头就已提到的,目前的研究,对二战给德国当年的战争儿童一代所造成的长期后果是怎样的,仍是知之甚少。但首先缺乏的,是有目的地对这种战争精神创伤对相关家庭及其后代的影响所做的科学考察。"这是一个共同的秘密,"精神创伤治疗专家路易莎·雷德曼女士强调指出,"我越来越相信,这件事与这个国家里几乎每个人都有关系。对每一位精神上遭遇困境的患者,你都可以这样问他:你家里情况如何?你父母在战时发生过什么事情?你的祖父母呢?他们当时在哪儿?当时他们做了些什么?"

当她在比勒菲尔德担任心身医学与心理治疗医院的院长时,她就曾得出这样的结论:不仅仅是战时的一代遭受着早年精神创伤所带来的痛苦。这种痛苦同样会被转移到他们的第二代甚至第三代身上,而且症状是相似的。因此,路易莎·雷德曼女士认为,即便是对那些年轻的患者,就此进行有针对性的提问也是非常重要的。

至少在学校里,这是有希望的:有朝一日,科学家们会接受这种有关第二代人的说法。到那时也许他们会惊讶地发现,有那么多的故事，竟会是如此雷同。比如汉娜·库恩（Hanna Kuhn）的故事。她今年44岁，已婚，是高中老师。这是位娇小秀丽的女士，梳着金黄的马尾辫儿，看上去精明活泼。很偶然地，我认识了她班上的两个女生，她们给我讲了她的德语课："那比任何一个电视节目都有意思。"特别是她对文学的讲解，简直太生动了，因此这两个女孩得出结论："仅仅通过过去的那些诗人，人们就可以对自身以及周围环境有很多了解。"

当我把这种赞扬转达给汉娜·库恩的时候，她高兴地笑了。接着她向我解释说，她对文学的热爱从很早开始就是深入骨髓的，文学给了她力量，使她从精神上不再为家里的事情烦恼。她的眼神此时看上去十分忧郁，没有埋怨也没有一丝美化。当她谈及她的家庭出身时，听上去不带有任何感情色彩。"我没有那种被特别关爱的感觉，总觉得我仿佛只是个添乱的。我只能说：我们三个孩子，从某个年龄起，就都被认作是添乱的。"

她父亲出生于1932年，是一位手艺人，头些年一直充满关爱地陪伴在她的身边，她说道。她会和父亲一起散步，专注地听他给她讲那些美妙的童话。她那时就像一个公主，还能是谁？但后来，当汉娜五六岁的时候，一切都变了。父亲突然变成了完全相反的样子，对她猜疑加否定。只要一有机会，父亲就会批评女儿。因此，对于汉娜·库恩来说，这是很难接受的，在她迈出自立的第一步时，父亲仿佛收回了对她的爱。此时是人生中很重要的发展阶段，在这个年龄，爸爸不再简单地毫无保留地赞赏孩子。但汉娜的父亲明显不是这种情况。他拉开了彼此的距离，对汉娜的发展，他仿佛一下子失去了兴趣。直到今天也一直如此。

"进一步的问题是，"汉娜接着说道，"我父母通常情况下与我们这三个孩子之间也并没有过亲密无间的接触。我们只是被要求听话，绝不可以调皮捣蛋。"

在这种教育方式下长大的孩子，始终会觉得他们一直被掌控，而感觉不到被保护。因此，这个孩子在与其他孩子相处或者和老师、邻里相处时都会出现问题，因为没有家里的大人站在他这一边。因此，所有都只能是他自己的错。因此他们会被训斥："这些都是你自找的，看看你又干了些什么……"

对一切感到恐惧的父母

事实上，汉娜的父母从不认为送他们的女儿去读中学有什么必要，但这位十岁女孩的小学老师不断在她父母面前替她说话，使他们不得不听从建议，送她去了学校。她在学校里的成绩并不好，因为对汉娜来说，去适应一个新的学校，使她遇到了一定困难。她父母就那样交叉着双臂站在她面前，没动她一个指头，没说一句话。他们没有指责她什么，但也没有给予她任何帮助。

"我是说，我的父母并不粗暴。不能这样说他们，"她这样说道，"但他们实际的意思是：我们的女儿为什么必须去读中学？为什么要出现这种状况？我们从一开始就知道会是这样的……"

汉娜的父母是那种惧怕一切新事物的人。对此，他们不会提出任何问题来，直到今天仍是这样。当他们突然发现了女儿的需求，知道女儿要去体验新的世界，尝试陌生的生活方式，总之是当他们认为后代觉得外面的世界更精彩时，他们的确心烦意乱。

汉娜仍然是个听话的好女儿。他们其实有一个"特别安静，从不无聊的年轻人"，这是因为她喜欢躲在书里面，去营造属于自己的世界。但她因此所获得生活经历可以说全是二手的。"基本来说，我就是这样长大的。直到今天我才明白，我的生活与我父母的生活没有什么不同。他们的生活也都是二手的。我的母亲也阅读了很多东西，很有瘾，特别是那些轻松的消遣性文学。她从来不会和别人聊她在看些什么,实际上,刚读完,她就已经忘记书里讲的是什么了。我父母还会看很多的电视节目。他们很少出门旅行,即便出去了,也只是去那些通行德语的度假地。"

与此相反,汉娜和她丈夫却很喜欢去国外旅行,但她说,她尽量避免和父母提起这些旅行经历。她绝对不会那么蠢,在家里大谈比如曾在西班牙被人打劫的经历。"因为我父母认为,这绝对是我自己的错:她为什么要去那里?她在那里想要什么?……"

而在汉娜的丈夫家里,对此所获得的反响却完全与之相反。"对他家那种氛围,我总是羡慕得要死,"她解释说,"在他家里,大家会积极参与,问长问短。那是种发自内心的关切,我家却从来不会这样。我父母只会默默地坐在那里,随手翻看一下照片,也不会提出任何像样的问题,因为他们事实上也提不出任何问题,这已经远远超出了他们的人生阅历。"

汉娜现在再也不会为此而说她父母什么了。她相信,她父母在年幼的时候,一定遭受过巨大的精神刺激,以至于他们只愿意部分地参与到现实生活里。父亲和母亲双方都是来自难民家庭,但汉娜对其他的却知之甚少。"我与我父母没有直接的沟通。"汉娜说道。汉娜的母亲出生于 1936 年,是典型的家庭主妇。她唯一的职业就是为这个家庭操持家务,真的是"无与伦比地吃苦耐劳"。当女儿来访时,母亲总会用些小心意来表达她的爱。

我们这里说的,是这样一个人:她时刻准备着逃避什么。这样一位女士,对与她最好的女伴都依然用"您"来称呼。特别是,她不会与他人谈起任何私人问题。"而当别人这样做的时候,过不多久她就会精力涣散,变得躁动不安,开始揉搓双手,好像她在做什么手工。随后她一定会转移话题。"女儿汉娜描述道,当她的母亲感觉受到威胁的时候,"她开始心不在焉地说起其他话题,就好像这可以为她提供一种自我保护,用来抵御那些提问。"

第十三章 令人绝望的家庭关系

两个难民儿童

汉娜对父母当年的逃难细节了解不多,每次谈到这个话题时,母亲总是会说,当年她还很小,很多事情都不懂,这样可能更好,就这样将话题结束。

汉娜从亲戚那里了解到,她父亲在逃亡路上也曾经历过可怕的事情。此后,他与父母在民主德国生活的那段时间,他仍然始终感觉到一种威胁,因为他们对那个政权完完全全地失望了。但汉娜从未听父亲亲口讲述过那段历史。三个孩子从他那里能够听到的,只是他讲述的那些所谓趣闻的老生常谈:讲他如何机智地与强权作斗争,通常斗争对象是他的老师。事实上,他是一个胆小怕事的人。

"我们都知道,他其实根本无法保护自己,"汉娜说道,"因而,他的孩子——我必须谨慎地表达,在成长的过程中,很难对他有信赖感。我们的家庭生活非常闭锁,父亲有着强烈的掌控一切的欲望。我只得年复一年地坐在沙发上看书。"

汉娜小时候有一辆自行车,但父母不准她用。她父母觉得骑车上学是十分危险的。当汉娜最终被相信有能力在城市中使用自行车时,她已经20岁了。"第一次骑车在城里兜风的时候,我的手心里都是汗,随时都担心发生意外。"

汉娜从未参加过节日庆祝会、联欢晚会这一类活动,甚至从未有过像样的家庭庆生会能让她回忆一下。她的家里没有任何激动人心、令人难以忘怀的事件可以一代一代口口相传,像那些充满活力的家庭那样。当汉娜第一次被邀请参加了她丈夫家的家庭聚会后,她才相信,这种家庭传统的确是客观存在的,并不是仅存在于小说之中。在丈夫的那个大家庭里,亲戚们还可以开诚布公地谈论战争的可怕。"你可以注意到，这些事作为他们过去的一部分，仍然历历在目。"她这样描述大家交谈时的气氛。也许她丈夫的父母更好地经受住了战争，因为与汉娜的父母相比，他们当年已经成年了。

另外，汉娜始终觉得，她的父母对她的人生其实一直有着完全不同的想法。"那种生活是他们自己无法追求到的。"她很清楚这一点。原先她曾经希望，她父亲退休后可能会有些改变，会变得温和而且平易近人。"但我现在相信，我的这种想法在心理学上根本说不通。他退休以后变得越发孤僻，到今天已经是难以形容了……"

尽管如此，但如果她父亲现在邀请她陪他一起回他的家乡看看，她仍会不假思索地同意的。然而，这样的事情根本不可能发生，汉娜为此感觉非常遗憾，因为这样她就失去了近距离接触父亲的机会。而近距离与女儿接触，对父亲来说，是无法承受的。

汉娜不无担心地说："我可以想象出来，当我和他一起站在死于战争结束前夕的爷爷墓前时，一定会展开一段深入的对话，而这是我父亲接受不了的。"

汉娜·库恩现在不再相信，有朝一日，她与父母的关系会得以改善，相反，现在的这种彼此间的陌生感，将一直作为这种关系的一部分存在下去。她觉得，她定期前去探望父母，不过是例行公事罢了。汉娜相信，如果只有母亲一人，也许还会有那么一丝机会，把她从那颇为局促的日常生活中拉出来一点点。这时的汉娜终于流露出了瞬间的幸福神色。但像现在这样就麻烦了，父亲控制着一切，甚至连他妻子打电话时，也不可以离开他的视线。

汉娜一想到她的家庭生活，就会流露出那种听天由命的情绪，带着深深的悲哀和巨大的遗憾，因为她没有孩子。她觉得，她那心灵受创的父母，与此也是脱不了干系的。"我的童年生活告诉我，有孩子并不是什么值得向往的事情。"她轻声说道。

第十三章　令人绝望的家庭关系

一位抛开心中巨石的石匠

在德国，如果有谁过了 40 岁仍然没有建立自己的家庭，那他一定会被当做异类。米歇尔·哈特维希（Michael Hartwig）对此的体会一年比一年深。这位石匠出身的中年人目前正在参加一个由公共服务部门组织的培训。培训人员向他保证，这个工作以后的压力会远远小于他以前工作上的压力。

就像康拉德·马慈科一样，他曾经也是位"瘾君子"，不过他染上的是酒瘾。他们两人谈话时对此都遮遮掩掩，他们生怕会旧病复发。他们会去做任何事，以避免这样的事情发生。1962 年出生的米歇尔，从 18 年前就开始滴酒不沾，尽管如此，他仍然觉得不保险。但这也并非坏事，这样他可以随时保持警惕，远离酒类。在他戒酒以后，他开始对工作上瘾，这种转移同样令他感觉受到了威胁。除此之外，他还对死亡充满恐惧。

2000 年可以说是他人生中非常倒霉的一年，直到今日他还没有完全从中走出来。当时真可谓祸不单行。首先是结束了一段已经很长时间的恋爱关系，而这令他不得不辞去了工作。"那绝对是一个暴君的行为方式，"他说，"每天上班我都气冲冲的，到后来觉得自己简直就像个火药桶，一点就炸。"后来他明白了，他的心魔只有靠外部力量才能压制，于是他决定刹车，彻底把心中的这块巨石抛出去。正如他自己所说，他本来就是石匠，干这个最在行。

随后他花了很长的时间在亚洲游历旅行。但当他回来以后，他发现他的精神世界里充满了疑惑，他找不到生活的意义，充满对生存的恐惧，随时随地感觉受人胁迫。他曾经去心理治疗诊所看过，但于事无补，因为"在那里，他们把一个迷茫的灵魂撕开，却依旧让它那样孤立无援"。接着他的情况变得更糟了。

比较特别之处在于，他内心深处的这些问题总是与历史性画面联系在一起。他脑海中经常会出现这样的黑白片电影画面：1945年的柏林，肮脏不堪，到处都是灰烬，火光冲天，满地废墟。透过那些废墟，他仿佛模模糊糊地看到了自己——一个没有任何未来的幸存者。终结。黑暗。空无一物。一切不复存在。随后米歇尔开始相信原来的那个心理医生，他曾经说过："在这种时刻，你很接近你的父亲。"

米歇尔很了解这些战争故事，可以说是很精通。他父亲15岁就当了高射炮射手，18岁时就被正式征召入伍。他参加了柏林最后的战斗——街巷战。他对他儿子是这样讲述的："当你转身看向自己人的时候，就发现又死了一个！"在米歇尔还是孩子的时候，夜里经常会听到父亲在睡梦中大声呼喊："不要打死我！"

父亲出身于波莫瑞地区，他的一个哥哥曾经是党卫军一分子，但这事儿在家里不会有人提起。米歇尔的爷爷战死了，而父亲也于1995年去世。

从2000年开始不断在米歇尔脑海里浮现的画面，实际上反映的并不是他父亲对死亡的恐惧，而是在1945年5月战争行将结束之际，人们那种完全的、彻底的绝望。"电影里是不会演这个的，"米歇尔很明白这一点，"战争片里描述的总是怎么打仗，没人关心参战者是否能活下来。"

他回忆说，他的父亲很为自己的生存艺术骄傲。战后父亲先是在美国军队里工作，然后学了农活儿，最后又无师自通地搞起了建筑。他那时整日里忙于工作，从一个工地赶往下一个工地。后来不知什么时候，他受训成了吊车司机。他们家的房子也是他自己盖的。最终，在他49岁时，他的身体彻底垮了，不得不提前退休。

可以这么说，米歇尔的"工作癖"完完全全是从父母那儿继承来的。而这又把他变成一个除了工作以外，对生活一窍不通的人。

也正是由于这样,他后来精神上所出现的那种生存恐惧感暂时被掩盖了起来。米歇尔对他父亲的看法是,粗暴并且喜怒无常。"他会十分粗暴,哪怕在孩子面前也是如此。我十分怕他。"米歇尔那时候经常逃学,而且动不动就会产生自杀的念头。但至少在母亲那里,他还能得到一些关爱。可惜的是,她是一个清洁女工,每天大部分时间都在外面。

从 70 年代中期开始,米歇尔的父亲离休回家了。终于,他人生中第一次有时间留给米歇尔了。然后这个男人就开始讲故事。他在战争中的那些经历着实把他还在青春期的儿子吓到了。"他把整个经历都给美化了,把自己和他的同伴都变成了英雄般的人物,"米歇尔回忆道,"他的确能说会道,但倾听别人可不是他的强项。当他开始口若悬河地讲述时,他就没法停下来了。"

就在这个时候,13 岁的米歇尔开始酗酒。

"我们是一个幸福的家庭!"

在写这本书的时候,我时不时地会想起施耐德(Schneider)一家人。他们是我早年的邻居,住的比我们低两层。他们是一对老夫妇。几乎每天,他们的子女都会来看他们。他们的子女大概在 30～40 岁的年纪。

特别是两个最大的孩子,他们不只是路过来看看,而是会陪老两口喝喝咖啡,聊聊日常琐事,一直持续到在楼道里道别。我总在想,这可不是一般的和睦关系。当我有一次对施耐德太太提到这事时,她笑得那么灿烂:"上帝保佑!我们是个幸福的家庭!"

她是一位小巧、浑圆的妇人,有着灰白色的卷发,行动很快。我们的联系颇为频繁,因此我对施耐德一家的了解越来越多。我们主要谈的就是些过日子的事情。比如车子坏了,比如谁失业了,或者谁离婚了。

施耐德先生是一位行政管理官员，由于心梗，目前已经离休。我们是在电梯里相识的，虽然他就住在二楼。我注意到，他蹒跚而行，慢慢地移到家门口，此时我才意识到，他一定身患重病。后来我确切了解了他的情况，明白应该尽量和他保持距离。施耐德太太是一位家庭主妇，在孩子们眼里，她也是不能承受什么的人。当有人在她面前谈论些沉重的话题时，她的眼眶很快就会溢满泪水。这样的事情我也经历过，比如说，有一次我告诉她，街角的那家小花店关张了，她就哭了。

很明显，人们不能当着她的面谈及那些消极的东西。她也不能看电视里那些所谓的"问题电影"。对她来说，最好的消遣方式是听轻音乐、玩填字游戏和看《读者文摘》合订本。她是一个充满爱心的、热情的人。大家都很默契地不会去伤害她。

我猜测，施耐德家的悲剧就在于，大家都必须迁就施耐德太太，由她来决定什么话题可以说，什么话题不可以。非常确定不可以提起的是——尽管她所有的孩子都知道——她女儿没钱，因为女儿的男朋友总是从她那里索要数目惊人的金钱。对施耐德夫妇来说，"我们的多丽丝"是那种对钱没概念的人，因此他们随时准备着为她偿还银行欠款。

另外，更没有人敢冒险向她说——正如父亲所担心的，而所有三个孩子则是确定知道的——他们的小儿子定期吸食毒品。有一天夜里，我在街角的酒馆里遇到了他。这位名为克劳斯的小伙子除了吸毒以外，实在是个很普通的人：穿着简单，30多岁，保险销售代表，已婚，没有孩子。他给我讲了他的理由："我实在受不了家里的那种气氛。"所以他是家里唯一一个随时找机会破坏规矩的人。

其他的兄弟姐妹同样没有孩子，不同之处在于，他们早已离婚。他们在处理婚姻关系的问题上，好像总是倒霉的那一个。他们

第十三章 令人绝望的家庭关系

的每位伴侣一开始在整个家庭中都被热情地接受了。其伴侣也完全能感受到这一家人的默契以及对他们令人感动的关心。但婚姻一旦出现问题,这些儿媳妇或女婿通常会立即被赶出家门。仿佛婚姻出现问题完全是他们造成的。在这个问题上,凡是不能百分之百按照施耐德家规矩来的,都会失去宠信。

正如施耐德的小儿子在酒馆和我说的那样,对施耐德家来说,所有的错误都是家庭以外的人造成的。因此,在全家人用餐的时候,总是能有很多谈资,并引起大家的共鸣。比如某人做事多不要脸,儿子的老板多不公平,女儿的部门主管一直欺负她,甚至这个世界有多么糟糕,为什么一个红绿联盟政府会把德国引向灾难等等。所有那些友好、正直的人在这时候好像都卸下伪装,变得对这家人充满敌意,伺机报复。家庭就像一个城堡,可抵御一切外来的进攻。

有一次我帮他们家的大儿子彼得把他的汽车拖到汽车修理厂。那儿的人对我们说,他的车会被马上修理,我们可以在那儿等。彼得给我留下的印象是,他是个很腼腆的人。当我问他从事什么工作的时候,他含含糊糊地说是做进出口贸易。克劳斯和我说过,他的父母一直不能理解的是,在这么多孩子里,为什么就没有一个高学历的。他们自己好歹是高中毕业,但三个孩子都仅仅是初中毕业。

"母亲一谈起我们早年读书多么困难,眼眶就湿润了。"克劳斯说。有一次,在他妈妈的一个朋友问她,为什么孩子们没有继续读书的时候,他听到妈妈回答说:"他们脑子太笨……"难道三个都是这样?这怎么可能?

施耐德太太出生于苏台德地区。在她五岁的时候,她的家庭被驱逐出境。比她大三岁的丈夫出身于北德石勒苏益格地区的难民家庭,在德累斯顿大轰炸中幸免于难。你完全能想象出,施耐德夫妇在战争时期的童年经历在这个家庭中是绝对不可提及的禁忌。三个儿女从来也没有想过要提及过去令父母不愉快。当我有一次就此给了克劳斯一点点提示的时候，他迅速转换了话题。看上去，施耐德家的每一个人都在装糊涂，但这样的后果很糟糕。

三个孩子没有一个有属于自己的独立的生活。最小的儿子吸毒，女儿从父母那里骗钱，大儿子在一年里两次丢掉工作，母亲总是用哭泣来威胁，父亲则将不久于人世。所有这一切，却都被一句话掩盖："赞美上帝，我们是一个幸福的家庭！"

亲人故去而并不悲伤

对于战争、逃亡和被驱逐对人所造成的影响，比勒菲尔德的心理学专家沃尔夫冈·瑙曼（Wolfgang Neumann）有着有趣的发现。他的学术性调查报告《追寻痕迹》，仔细考察了不自觉的主观观念以及生活方式对后代潜移默化的影响。事实上，这也是纳粹罪行、纳粹文化和这场战争所造成的恶果的一个细微的体现。他确信，在第二代和第三代人身上，依然有着鲜明的烙印，而这已与这些逃难家庭的出身和故乡毫无关系。瑙曼就此描述了一种典型状况："对这样的父母的处境，子女并不会因此而感到悲伤，反而总是指责父母，并以受害者自居。人们也许能够理解，如果某人自觉是个受害者，他就很难有其他的感情，比如悲伤。"

至此，瑙曼的所有研究都是可靠的。无法悲伤，在战后的德国的确是个很大的问题。但随后瑙曼又陈述了他的另一个观点。他确信："面对并处理经受的损失，在难民家庭中十分常见。其结果就是，如果一名妻子提出离婚，那么她就算是坏人了，并且永远都是。如果人们固守着这样的观念，那么他们将不可能正确面对损失。"

由此他们卡住了。由此不会有新的进展，没有新的开始。

第十四章 对理智与哀痛的结论性论述

我们首先要做的,就是不要把这样的精神创伤再遗传给下一代;其次要做的就是避免产生新的"受害者情结";而我们最终肩负的义务,就是要去捍卫欧洲的和平。

对战争恐怖的思索

　　理性反思与痛定思痛并不会自发产生，但人们可以通过努力去实现。只有做好进行理性思考与痛定思痛的准备，我们才有可能回答下面这样的问题：我们应该怎样看待未经反思整理的战争浩劫？应该以一种什么方式来缅怀过去的那场巨大灾难？又应该把握怎样的尺度？

　　我们所面对的，是一个极其不受欢迎的社会性课题。如果有人突然问到应该怎样去思考战争给德国带来的巨大浩劫的问题，一定马上就会被反诘：我们就没有其他能干的事儿了吗？或许还会被教训一番：身为德国人，最好不要摆出受害者的姿态来。现在已经存在这样的危险：如 50 年代发生的那样，以德国人自身遭受的痛苦来弥补大屠杀幸存者以及其他的纳粹暴行受害者。因此，我们最好不要触碰这个课题。

　　恰恰相反，我们必须去触碰这个课题。因为事实上已经有很多人在非公开场合对当年盟军的空袭和对德国平民的"大驱逐"议论纷纷。我们首先要做的，就是不要把这样的精神创伤再遗传给下一代；其次要做的就是避免产生新的"受害者情结"；而我们最终肩负的义务，就是要去捍卫欧洲的和平。

第十四章 对理智与哀痛的结论性论述

20世纪90年代巴尔干半岛爆发的残酷战争向我们显示，人们对于群体性恐怖的记忆是长期的，其影响的深远是无法估量的。在50年甚至是100年的时间里，它都将是如骨鲠在喉般的存在。人们一直相信，时间能治愈一切，但事实是，情况只能随着时间的推移而恶化，并由此引发新的冲突，其毁灭力大得难以想象。未经处理的群体性精神创伤带来的只能是"怀恨在心"和"以血还血"。它就像一枚"哑弹"或存放已久的有毒物品，我们有义务在其对我们造成伤害之前解除危险。

人们一向认为，民主制度是国与国之间和平相处的重要保证。一旦达成协议，将是一劳永逸的，比如欧盟。但民主必须是真正牢不可破的。德国的民主制度有多么牢靠，我们都不知道。但很幸运，至少到目前为止还没有经历危机的考验。我们也都很清楚，德国的民主制度还是非常年轻的，事实上它仅仅是二战后才建立起来的，而在新联邦州①，它才有不到15年历史。也正因如此，我们才更需要对*所有的*社会性消极因素进行关注，发挥我们作为社会一分子的作用，尽量去缓解这些消极因素带来的影响。解决高失业率问题、充实公共资产等等，是决策层面要做的工作，但光靠这些是不够的。我们另外需要解决的问题，就是本书从头至尾所讨论的问题。我们每一个人，都要严肃地正视自己周围经历过战争的那一代人。能做到这一点，已经足够了。对于保持全社会的内部团结稳定而言，现在开始做还不算太晚。

依靠全社会的支持，人们完全有可能很好地化解自身的精神痛苦。而那些总是自视为受害者，抱之不放，怨天尤人的人，只会把这种痛苦一代代地延续下去。很多时候，他们也因此被当做一种工

---

① 指的是1990年两德统一时加入联邦德国的原属于德意志民主共和国的州。——译者注

具，被政治上心怀叵测的势力加以利用。一个庞大的、总是自怨自艾的"受害者"群体，无论是公开的还是私下的，都是对民主力量的削弱。而如果人们能有勇气把曾经的痛苦经历公开讲出来，并"化悲痛为力量"，结果将会完全不同。这样的人将最早把自己从个人危机中解救出来，重获健康，而这也将影响到他周边的所有人，令他们获得信心，变得主动并开始正视他们自己的问题。

不要怨天尤人，而应痛定思痛！

怨天尤人只能制造新的受害者，痛定思痛才是使内心重新强大的出路。痛定思痛是避免产生新的"受害者情结"的最好方式。它将使我们德国人最终从对历史的纠结，从负罪感、各式各样的恐惧以及自我贬低的思维定式中彻底摆脱出来。

而一个理智的客观思考，能帮助我们去接受这样的现实，即德国人仍在巨大的精神创伤状态下生活。

一个事实是，纳粹德国发动的战争蹂躏了整个欧洲，屠杀了数百万人，除了那些老的或新的极右翼分子，恐怕没有人会对此有任何异议。但对这个事实所达成的共识很快便到了一个极限。比如，长期以来，对筹建中的柏林"反对驱逐中心"一直争议不断。

安东尼·比佛写道："绝对不允许任何人，特别是那些极右翼分子，对德国人在1945年时所遭受的苦难不加限制地进行讨论，而根本无视在那之前的四年德国人都做过什么。这将重新唤醒人们对德国人的报复心理。"我估计，大多数德国人会同意比佛的说法，只有少数不会。

我们现在来看第二个事实。对这一事实，在德国内部以及国外都还没有统一的认识，即所谓"克服过去"（Vergangenheitsbewältigung）。法国的阿尔弗雷德·格罗瑟（Alfred Grosser）在他的书《德国人有多么与众不同？》中这样写道："外界的观察明显对作为一个整体的德意志民族充满了不信任：这个民族对德国以国家的名义给人类造成的苦难是否已有足够的认识？"

比佛对这一点确信无疑。"没有其他任何一个国家像德国一样，自发地去回顾自己历史上的可怕往事。而年轻一代的德国历史学家们更是全面地搜集并研究了所有有关纳粹党卫军或国防军的暴行的资料。可以说，我们在史学领域已经尽到了自己的责任。"很多其他课题往往是简单的非黑即白，但历史问题不是这样。"在国外经常可以听到对德国人的指责，指责他们太在意自身的感受，甚至在清算纳粹时代的时候也是这样。"

不过，我估计，大多数德国人对这些来自国外的谴责也会表示认同，不认同的，依然只是一小部分。

现在我们来看看第三个事实：德国人同样是战争的受害者。事实上，德国平民在战争中遭受了难以言表的巨大苦难。对此没有什么争议。但尚不清楚的是，德国普通民众现在是怎么看这一问题的。"难道德国普通民众对他们曾经遭受的苦难，连留存在记忆里的权利都没有？"格罗瑟这样问道。这个问题的关键在于，我们德国人是觉得自己已经被允许这么做了，还是认为我们无法把自己从国外对我们的负面评价中解脱出来，仅因为这已经不再是一个如何处理历史遗留问题的问题了？难道我们只能被动地等待其他国家的恩准，直到其他国家同意，我们才能去纪念我们自己的受害者并为幸存者提供精神上的救助？

"对德国平民在第二次世界大战中的苦难一视同仁地加以纪念，当然是合适而且理应被允许的。"安东尼·比佛写道。但很多人对此表示异议。在《南德意志日报》上的一篇文章中，作者默舍·齐默尔曼（Mosche Zimmerman）警告说，这类对诸如大轰炸、大逃亡以及大驱逐的公开讨论,是"在道德上对(纳粹罪行)的冲销和相对化(relativiering)"。这位目前居住在以色列的德国史专家发现,那些自认为是受害者的德国人有着"强烈的谴责和愤怒"。因而他问道:"那些格拉斯、约尔格·弗里德里希的忠实读者,还有那为数众多的纪念碑,甚至计划中的'被驱逐者联盟'的访客,他们到底该向谁表达愤怒?"

我们怎样才能区分,其他国家对德国问题的看法,哪些是应该认真对待的,哪些不是?我认为,最重要的是,我们自己要有一个正确的态度,以及一种合适的"纪念方式"(gedenkkultur),而不是在面对这样一个问题时简单地剔除某些观点。只有这样,对这些看法的区分才是可能的。

在此我想到了前联邦德国总统魏茨泽克1985年5月8日发表的著名演讲。促使他做出这样的表态的原因是,他看到当时对纳粹罪行、历史罪责以及"克服过去"的探讨已经不再以健康的民主方式发展深入,而是完全受到了居心叵测的人有意偷梁换柱的威胁。在魏茨泽克的演讲之后,有关如何评价纳粹历史的政治大环境焕然一新。在议会里,不再听到对德国是否负有罪责的争吵,声音逐渐平息。相关的谴责与抱怨也少了。人们开始学会倾听他人的声音。相较于德国的历史罪责,人们谈论更多的是德国在这样的历史遗留问题上所肩负的责任、任务和义务。

一个伟大演讲的影响力

魏茨泽克总统成功地与全体德国民众实现了公开对话。每个人都从演讲中获得了结合自身的不同感受,这当然也包括那些战争受害者。也正因如此,这一演讲的积极影响随后在社会各个领域都体现了出来。当我现在再次大略地阅读这篇演讲时,我的体会是,这

第十四章　对理智与哀痛的结论性论述

篇演讲把每一个人都动员了起来，让我们德国人自己帮助自己从混乱的情感中找到出路。他的演讲散发着理性的力量，展现出他对自己的生活经历的完全独特的认知，也清晰表达了他对德国受害者感同身受的理解以及明确的对推诿罪责的否定。同时，魏茨泽克也成功地实践了这样一个准则：人们必须做出某些尝试，去真正认识自己，而不仅仅是为了对得起良心。他一针见血地指出，光有内心的歉疚，是什么也改变不了的。

魏茨泽克的这个长篇演讲，在当时可以说是适逢其时。但我觉得，现在是时候再来一篇新的演讲了，题目也许可以叫做"在德国适度地对战争浩劫进行纪念和反思"。我期待着会有一个慈祥而又充满威严的声音出现，用理智的话语来结束目前德国社会中这种不断争吵与无所适从的状态。事实上，如果自此能不再对那些众所周知的事实发出质疑，就已经足够了。

这就需要全社会参与到讨论中来，但在现实中，这一问题却经常被漠视。也许像"大轰炸"这样的事件，能以其他某种更合适的契机进入公众视野，而不是借助于约尔格·弗里德里希的《大火》一书。但不管怎样，如果对空袭轰炸这样的根本无法用语言描述的惨烈事件的讨论，依然只存在于窃窃私语中，那么无论是那些当事人，还是合理化主义者、历史学家，抑或是公共媒体，都无法控制它最终"浮出水面"的形式。那些公共媒体也许可以无视或热炒某一题材，但却无法把一个题材控制在理性的轨道上。

我不太理解那些对于约尔格·弗里德里希的批评。从一个更宏观的角度来看，《大火》这本书对于战争儿童一代的意义也许完全不亚于爱丽丝·施瓦策尔[①]的《小差异与大后果》一书对于新女权

[①] Alice Schwarzer，德国现代新女权运动的代表人物，在德国家喻户晓。这里提到的这本书影响极大，曾被翻译成 11 种语言出版，令其一举成名。——译者注

运动的意义。这本书于1975年出版，很多女性读者对其如醉如痴，而批评家们同样可以在书中很轻松地找到无法自圆其说的观点。比如说，为什么书里要引入那些陌生的女性，并且她们相互之间突然开始倾诉最为私密的东西？

这也正是弗里德里希的作品遭遇的问题。他的批评者指摘他的书"学术上一无是处"，他的文学语言过于情绪化。但是毕竟弗里德里希自己就是一个战争儿童。也许，与后来人相比，他更清楚他的同龄人在谈及空袭、战争的时候更关心的是什么。也许，他更好地感受到了他们的需求——最终能公开谈论这样的往事——因而在此抛砖引玉。

在《小差异与大后果》一书出版后，女性文学以及女性研究在德国才算真正蓬勃发展起来。在数年内，我们也将看到，《大火》一书引发的将是一个怎样的出版狂潮。

让我们从略为激动的情绪中重新回到事实上，来看看目前的精神创伤研究已经得到证实的理论成果。这一领域的研究，目前已经极为科学规范。借助这些理论成果的帮助，人们完全可以预见治疗的效果。人们能很清楚地知道，在什么条件下，病人可以恢复健康，而又是什么状态会对康复造成阻碍。但不管怎样，一个最为重要的理想环境是，精神创伤患者可以得到来自群体的精神安慰。这种安慰也许来自他的家庭，也许来自其整个亲友圈，或者更好点儿，就像在某些非洲部落里那样，来自整个氏族。最重要的一点是，那些见证了他的生活的人可以明确地告诉他：是的，你的遭遇很不幸。是的，无论如何你都有理由对现在的生活不满。你现在为此感到迷茫和悲哀，是很正常的。如果你可以哭出来或者找别人倾吐心声，那是最好不过的。

在我们的社会文化中，存在一种司空见惯却完全不公的现象。在法庭上，受害者往往不是被关注的对象，被关注的往往是作案的人。法官在法庭上的任务不是给予受害者同情，而是查清事件的真相。在这一过程中，对受害人的询问往往过于直接，毫不考虑其心理感受。这种方式造成了这样的危险：使一个本已精神遭受创伤的人再次受到伤害。

一次悲悼带来的精神解脱

以一种完全意想不到的方式，希尔德加德·沙瓦茨（Hildegard Schawartz）体会到，悲切不是一种病态，反而有助于治愈精神创伤。在1995年3月的一天，她参加了教堂的一次哀思追悼会。当她踏上返乡的旅程时，压根儿没想到，有什么在等着她。她只是想和往年的同一时间一样，抵达后直奔墓地。在1945年3月，她所在的这座小城遭到了空袭——战争中唯一的一次，并被完全摧毁了。在50年后的现在，那里的人们策划了一个盛大的哀悼会来纪念这一灾难。在教堂里，希尔德加德·沙瓦茨孤身一人，这也正是她希望的。

"我还记得，在哀思追悼会上我是唯一一个毫无节制、号啕大哭的人，"事情过去8年后她这样对我说，"另外我还记得，那些我很早就认识的人，他们肯定也认出了我。但我并不想与他们交谈。至于为什么，我也不知道。"但她觉得可能是由她父亲战后因为成为"瘾君子"而被大家唾弃这件事造成的，而在1995年时她对此还没太多想法。"我那时候对此并没有把握。"

在参加这次在她童年生活过的城市举行的哀思追悼会之前，在感情上她一直没办法接受10岁时的可怕经历。那时，她的母亲和三个兄弟姐妹全都死于空袭，但她从未哭泣和抱怨过。事实上她从不会主动谈起这件事，如果必须要谈的话，她的声调也冰冷得仿佛在朗读报纸上的新闻。从少年时起，这是她能够生存下去的不二法门。

20世纪90年代初曾发生过这样一件事：在看到电视上一段有关对德国空袭的纪录片时，她泪如泉涌。在电话中，她对女儿说，她无法解释自己为什么会哭，她认为自己所看到的那些都与她无关。这使她的女儿大为惊异。怎么会是这样，她的母亲居然从来没有把自己当成过空袭的受害者？

1945年3月的某一天，空袭突然而来，希尔德加德的母亲带着她的四个孩子躲在一幢房子的墙根下。接着一枚炸弹直接命中了这幢房子。敌机飞得如此之低，小希尔德加德甚至看见了飞行员的脸。"也就是说，他就是在瞄准这幢房子和躲在旁边的人。"希尔德加德·沙瓦茨对此十分确定。全家人都被埋在了废墟里。"我完全动弹不得，直接躺在我哥哥的身上。"哥哥问："妈妈在哪儿，还有其他人呢？"希尔德加德对哥哥说："他们都死了。他们都去天堂了。"接着两个孩子开始向上帝祈祷。然后她哥哥也死了，而希尔德加德则失去了意识。

两天后，当她被人从废墟中挖出来的时候，整个城市还在燃烧。这个10岁的孩子尽管没有受伤，但她已经完全无法行走了。她是躺在小马车上去参加葬礼的。直到几周以后，她才能再次走路。

她的父亲对这样家破人亡的遭遇完全承受不了了。他开始吸毒。他是个医生，因此很容易搞到麻醉药品。他不断沉沦堕落，也因此成为这座小城有名的笑柄。希尔德加德因他而深感羞耻，并曾激烈地指责他。在父亲去世后，希尔德加德继续着自己的生活。她上了大学，结了婚，有了三个孩子，建立了自己的家庭生活。但她的婚姻并不美满。她与丈夫之间虽不和谐，却又无法彼此分开。希尔德加德缺乏改变现状的精神力量。直到参加了这个哀思追悼会，坐在教堂的椅子上时，她才真正地哭了出来；直到这个哀思追悼会，她才真正明白："你有抱怨的权利！你并不是个沉重的人，你所经历的，才是真正的沉重！"

在哀思追悼会之后，她随大家一起，参加了穿越全城的火把游行。"我们在一些地点进行祷告，并最终来到了位于小山上的墓地。就在山脚下，有一个小教堂。在那里，他们立了一块碑，上面记下了那次空袭所有遇难者的姓名，予以缅怀。我深感欣慰的是，那上面也写着我母亲和兄弟姐妹们的姓名。"

宗教仪式的作用

在接下来的几周及至数月里，这次宗教仪式的作用逐渐显现出来。希尔德加德·沙瓦茨回顾说，那是她一生中最重要的一个转折点。那是一次真正的内心解脱。她童年的那一页，终于可以翻篇儿了。用她的话说就是，再没有压力了。她的思想发生了很大的变化，或者更准确地说，她再次打开了心灵深处的空间。"我同时开始意识到，我小时候实际上是十分开朗活泼的孩子，是由于所发生的灾难，我才变得十分内向。我总会有这样的迫切感和忧虑：像你这样自我封闭、精神上与世隔绝，谁也不会喜欢的。而别人也不会明白你为什么会这样。但这段自我封闭的时间在我的一生中真的是很长很长的一段。"

这同样对她的婚姻产生了影响。她的丈夫也因此产生了很重的精神负担，但他们自己却并没有意识到。她说："他有一次把我称作'陀思妥耶夫斯基'式的人，但我其实并不是那样的。"

尽管很难让人相信，但希尔德加德·沙瓦茨的确从来没有记恨过那位英国飞行员。也许正因如此，她的一生总体上还是十分积极的。她接受了教育，身体健康，衣食无忧，与儿孙们也相处融洽。

从 10 年前开始，信教的她就积极参与基督教与犹太教之间的交流。她一直有这样的看法：与那些奥斯维辛集中营的幸存者遭受的精神痛苦相比，她的遭遇简直就不值一提。

希尔德加德·沙瓦茨女士的故事告诉我们，哀悼要把握合适的分寸才是有意义的。诚然，整个城市被摧毁，也许在一次演讲中仅仅是提供一个背景资讯而已，不再有更多意义。同样的，在一次祷告仪式中，仅仅为死难者举行 15 分钟的追思弥撒并不能真正化解悲痛。在科隆的一座教堂，为了纪念 1943 年 6 月末那次最为惨烈的空袭——所谓的"彼得与保罗之夜"[①]，曾举行了一场追思弥撒。尽管这一教区半数以上的人都在空袭中死亡，但神父的追悼祷文依然只是敷衍了事的寥寥数语。可以说，他的悼词让人真切感受到了天主教与新教之间的差别。如果连神职人员自己都不再相信这些宗教仪式，那将是一件非常令人沮丧的事。

而希尔德加德·沙瓦茨女士向我们所描述的那场纪念活动，整座城市的人都参加了进来。对一座在战争中整个被摧毁的城市来说，还有什么规模的纪念比这个更合适的吗？

一次被干扰的祷告仪式

众所周知，举行大型、公开的空袭死难者的哀悼会，一直是一件十分令人尴尬的事。教堂内外，那些沉浸于"被迫害的德国"理论的新纳粹分子，以及总试图把极右翼势力钉在耻辱柱上进行羞辱的反法西斯团体，往往令这样的哀思追悼会完全变了味儿。这样的例子我可以信手拈来。下面这段记述出自汉堡的神学家富尔伯特·斯蒂芬斯基（Fullbert Steffensky）的一篇随感。

[①] 盟军对科隆城最为猛烈的一次空袭。——译者注

第十四章　对理智与哀痛的结论性论述

1993年在汉堡举行了一场纪念50年前在那场被称作"蛾摩拉行动"的大轰炸①中死亡的死难者的哀思追悼会。在米歇尔教堂举行的追思弥撒上，聚集了众多宾客。其中有来自英国考文垂和俄国圣彼得堡的外国客人，还有汉堡市市长和大主教等等。但最重要的参加者，还是那些当年亲身经历过那场轰炸的老人和在那几个夜晚痛失亲人的人。这一祷告仪式在进行时遭到了骚扰。一群年轻人冲进教堂，并霸占了麦克风。在经过一番激烈的争吵和抢夺之后，他们最终还是得以宣读了他们的声明：这些死于大轰炸之夜的人是不值得哀悼的，对他们的哀悼是对真正的哀悼——对那些集中营的死难者进行的哀悼的拒斥。德国的历史到现在只可以有一种结果：再没有德国。

这些滋扰追思哀悼会的年轻人主要是神学院的学生。像他们所持的这样的论调，我在就"公开纪念"这一论题寻找谈话对象的过程中倒还真没有听到过。但值得注意的是，在我找到的这些谈话对象中，的确也没有什么人会注意到那些今天仍在遭受战争带来的痛苦的德国人，更谈不上对他们的同情，现在关注更多的是政治上的思考。

一开始我完全无法理解，因为我面对的并不是一群浑浑噩噩的人，而是我们社会中那些最具有责任感的精英。今天我终于明白了这其中的奥妙。从科学上讲，这是一种对受害者"移情"②的缺乏，也就是说，很难去体会他人的痛苦。为了使我的解释更

---

① 即汉堡大轰炸。从1943年7月24日开始到8月3日止，英国皇家空军对德国第二大城市、重要港口和工业中心汉堡进行了多次猛烈轰炸。这是空战史上最大的战役之一，被称为德国的广岛之战。——译者注

② Empathie，心理医学名词，特指不带任何理论和价值观，进入到患者的人格和内心世界里去，感同身受。——译者注

容易理解，在这儿很有必要插入一段对所谓的"罪犯—受害者研究"的介绍。

一个令人感到可怕的事实是，很多年轻的暴徒并没有意识到，他们对受害者造成了严重的伤害。尽管他们对毫无自卫能力的受害者反复地、残忍地施加暴力，但他们依然认为他们只不过是令受害者受了些很轻的皮肉之苦。甚至当警察拿出那些受害者遭受严重伤害的照片给他们看时，他们也依然如此。

他们并没有觉得自己是施暴的凶手，他们认为自己只不过是好斗的年轻人。他们会断然否定他们这是在犯罪。不仅如此，他们还会轻松地说：哪有这么严重，打架激烈的时候这很正常……

现在的研究理论已经证实，很多像他们这样的人——在小说中被称作"冷血的家伙"，在童年时期都遭受过精神上的创伤。大多数情况下，他们自己正是暴力的牺牲品，比如家庭暴力。而作为旁观者，人们也许会有这样的想法：这不过是案犯的花招而已，他们靠把自己伪装成精神创伤受害者来博得同情和宽容。但在精神治疗领域对那些患有精神疾病的案犯的研究明确显示，他们之所以依靠"动手动脚"的方式来解决问题，正是由于在童年时他们本人就是那个无助的受害者。他们无论如何也不愿再陷入旧时的那种感觉中。在很多年里，他们成功地把那种感觉远远地抛开了，加以排斥甚至忘记。正因为他们作为遭受精神创伤的主体，并没有正视过自身遭受的痛苦，因而他们在面对那些遭受他们暴力侵犯的人时，也毫无感情可言。

在精神治疗过程中，一个核心问题就是，要使这些作案者能够意识到自身的精神创伤，直面心灵上的痛苦，体会到藏于内心深处的绝望与懦弱。对这样的治疗方式抗拒到底的人不在少数。他们觉得这是一种折磨。而这样的治疗一旦获得成功，这些人将会重新发展出对自己的受害人的同情。

第十四章 对理智与哀痛的结论性论述

"一个精神受创的文化"

在前往法兰克福采访米夏·布隆里克（Micha Brumlik）的路上，我想到了很多种可能，但绝没有想到，我们的谈话再次涉及了"罪犯—受害者研究"。我拜访他的原因，是他在一本书中将德国称为"一个精神受创的文化"。对于像他这样一位在大屠杀中幸存的犹太人来说，这是颇不寻常的。

他所表达的意见明白无误：对幸免于难的受害者来说，死亡集中营的恐怖经历造成的恐惧始终存在于灵魂深处，它所带来的影响，比战争暴力、轰炸、逃亡和饥饿造成的影响更加让人难以承受。

"尽管如此，非常重要的一点是，德国人也要认识到他们自身所遭受的伤害，"布隆里克说道，"没有这一点，他们将始终无法'移情'，去理解他们的那些受害者。"他特别提到的，就是目前即将退休或已经退休的一代人。

最令我诧异的是，从"战争儿童"这一代人身上，我明显感觉到一种强烈的甚至是过于强烈的意愿——关注纳粹罪行以及大屠杀的幸存者。而这样的他们又怎么会缺乏同情心呢？

"是的，这是完全可能的。"布隆里克补充道，"我相信，对这一代人来说，只要他们仅是出于政治意识上的自觉，用全部的精神力量去关注父辈所犯下的罪行，那么，能够激发这一力量的前提，只能是他们对自身所遭受痛苦的有意识的压制。"

但如果把"再不要奥斯维辛"这样的态度上升到道德层面来看的话，那么正如布隆里克所指出的，这不过是一种道义上的责任感，而不是对这些受害者所遭受痛苦的"感同身受"。这种道德责任感对德国许许多多的老人来讲，几十年来一直是一种精神重负。

现在他们很想放下这个思想包袱。布隆里克在此以马丁·瓦尔泽（Martin Walser）① 为例来阐述他的观点。瓦尔泽早年曾写下大量有关种族灭绝和奥斯维辛集中营的随笔和杂文，但这些文章事实上全都没有挖出他内心深处的隐痛。"这些都不是他内心痛苦得滴血的原因，"布隆里克这样回顾道，"对他而言，这样的写作是一种道德上的责任，但随着年岁增长，这种道德责任感给他造成的精神痛苦日益严重。到最后，这些都以另外一种方式反映了出来，那就是在他的文章中充斥了大量的事实上敌视、排斥犹太人的文字。"

另一方面，年轻一代的德国人内心都有一种美好的愿望，那就是自己的家族在战争时期曾经是站在正义的一方的。在整理与布隆里克的谈话资料时，我突然发现，德国战争期间的反抗人士神奇地越来越多。艾姆尼德研究所② 进行过一个非常重要的民意调查，这一调查随着访谈录《爷爷不是纳粹》的出版一同公布。调查显示，在现在的德国，各个家庭对历史的记忆与回顾差异巨大。当公共舆论不停强调大屠杀以及德国人所犯下的罪行时，《爷爷不是纳粹》的作者哈拉德·韦尔泽（Harald Welzer）却在《南德意志日报》上描绘了一个完全不同的有关那个时代的画面。对他采访的那些家庭来说，家族里从来没有过纳粹分子。特别是这些家庭中的孙辈，他们整日里听到的家族往事，都是如何（对纳粹统治）进行抵抗——在危险的年代最需要勇气的行为。而对犹太人的种族灭绝行动，在家族传承的记忆中似乎根本不存在。

下面这组数字向我们显示了，德国人对自己家族成员在纳粹时代的角色和所站的立场是怎样加以区分的。调查的结果是：当年有四分之一的成年人曾帮助过被迫害的人，13%的人积极参与过抵抗

---

① 德国现代文坛最著名的作家，在德国被称为"文学君主"。——译者注
② Emnid-Institut，德国最权威的民调机构。——译者注

活动,仅有3%的人是真正的排犹主义者。

我们应该非常清醒地看待这一调查结果。很明显,这其中有很多华而不实的辞藻以及理想主义的英雄化描述。如果德国再次陷入某种在今天无法预见的巨大危机,那么这种美化过去的趋势会以更危险的方式增长,并使他们中很多人最终投入新纳粹的怀抱。

为了能够如实地评判自己的家族成员在历史上的作为,我们需要做的,不仅仅是对纳粹受害者进行纪念,还有对我们自身的受害者进行纪念。

这里所指的,不仅仅是在第二次世界大战中失去亲人的那些人。我认为最重要的是,让那些在战争中幸存下来的、属于战争儿童的一代明确意识到,他们的经历与我们也是休戚相关的。

当幸存成为共同的特征

对精神创伤的研究带给我们的另一个认识是,通常情况下,群体性灾难造成的精神痛苦往往比个体的灾难造成的精神痛苦更容易令人承受。原因在于,共同幸存下来的经历本身构成了一个群体的共同特征。在这种群体性的精神痛苦已经被全社会认可的前提下,相互间的团结互助自然产生。

但战争儿童一代所面临的情况并非如此。由于公众从未认识到他们所遭受的痛苦,因此即便在他们成年以后也从未发展出群体的共性并由此为社会所团结。最常见的情况恰恰与此相反:如果有人大声宣布,自己仍在遭受战争的精神折磨,他马上就会被贴上"精神脆弱"的标签,并因此而不得不回归沉默。

当然,例外总是有的。他们当中不少人经常反复从父母那里听到这样的话:"你们的童年过得很苦,非常苦。"但当全社会对这一话题都保持缄默的时候,这些例外的人根本无从判断,自己以前的生活，比起他人来说，到底是好还是坏。他们在媒体上所持的观点往往极度夸张。他们根本不能理解，对一个精神遭受创伤的人来说，生活可以艰难到什么程度。对此，他们一无所知！

这里我们同样可以拿女权主义运动来做比较。在20世纪70年代，当然也有很多女性从未感到自己是受到压迫的。她们很享受自己的性别，因此对这一运动的高涨完全不能理解。社会不公？——哪里都一样。缺乏就业机会？——你自找的。性侵犯？——都是幻想出来的。对女性的暴力行为？——在哪里？

直到某一天，当她的闺密浑身是伤地躺在医院病床上时，这些被命运之神垂青的女性才真正有所思考。她们会开始关注那些自己未曾碰到过的社会弊端。由此，那个年代的女性们最终开始团结起来。

在我访问退休的联邦法院法官赫尔穆特·西蒙（Helmut Simon）先生时，我们就社会团结这一话题谈了很多。与战争儿童一代不同，他属于战争参与者一代。"我这一代人——我出生于1922年——有着很悲惨的经历，"他说，"但作为一个群体，我们是已经被社会认同的——战争中幸存下来的人，有着明确的自我价值观，也有着那种休戚与共的'*我们*'的观念。"

西蒙先生认为，尽管政治上有各种相反的声音，但无论如何，共同的经历、共同的"幸存"，有着重要的意义。"这使人们团结起来，互相帮助。尽管这种'*我们*'的感受非常有限，但它总是存在的，人们因此不再感到孤独。几乎每个人都有自己独特的经历，都需要最终做个了结。"而我们每个人精神上遭受的痛苦，都很自然地被社会接受，他补充道。但战争儿童一代却十分不同。西蒙也认为，他们是不愿引人注目的一个群体，与他这一代人相比，战争儿童一代的自我价值观很淡漠。

这不足为奇。实际上他们现在身陷两难的处境。小时候，他们被教育道："别那么在乎你自己。每个人都经历过这些！向前看。"他们听从了这样的教诲。而现在，当他们年老之际，又会在周围听到这样的声音："还能怎么样？都已经过去这么多年了。你都60多岁了，还去探究你的童年往事，你想怎么样？……"

西蒙先生同样这样问过自己：让年轻人了解了自己的过去，对他们是否真有好处？但通过与他出生于1940年的夫人的交流，他转变了自己的看法。

"愤怒时我们做过些什么？"

海德·西蒙-奥斯特曼（Heide Simon-Ostmann）是一位临床心理学专家。她通过自身的经验体会到，还有太多的未经处理的问题必须去处理："比如说，愤怒时我们做过些什么？沮丧时我们做过些什么？还有我们的虚荣，对生活的热情，在我们处于所有这些激动的情绪中时，我们都做了些什么？我们把这些都深深隐藏了起来。"

她说，对她这一代人来说，最重要的是，周围的人不是阻止而是去鼓励他们。但光是这样，还是不够的。"我们需要来自全社会的鼓舞！这是作为一代人的我们，无法给予自己的。我们需要外界的一个许可：你们可以并且应该对你们那些曾经的悲痛经历进行评估！我们进行这种评估的理由十分充分，因为我们在童年时挨过饿，我们曾在田野上追逐过轰炸机，我们曾经不得不在燃烧的城市中狂奔……"

但是，又有谁能给予这样一个许可呢？我们又回到了这一章的中心问题：公开的纪念与群体的追思哀悼。全社会对此可以达成一个共识吗，比如，在德国的联邦议会里？太不可能了。在2002年年底的德国二战空袭遇难者纪念仪式上，基民盟政治家彼得·高维勒（Peter Gauweiler）的演讲充分表明，像他这样的政客对此毫无兴趣。

我们还从未看到人们打算举行这样的纪念仪式。联邦政府也完全没有意识到，该为此做些什么。此外，人们还应该注意到，联邦议会中近半数的人实际上都属于战争儿童一代。而他们对这一问题出乎寻常的回应，令人们对此不再怀疑。"位于柏林'新岗哨'的德意志联邦共和国战争与暴政牺牲者纪念馆里的官方纪念铭文写道：'我们以此缅怀所有在战争中及之后在家乡、在被囚禁和逃亡中失去生命的无辜死难者。'"

但我这里要再次说明：此举不仅仅是给死去的人献上花圈，其更大的意义在于，用行动去支持那些幸免于难的人。但在国家哀悼日上，战争儿童一代都不在哀悼之列，他们又怎么会成为所谓的空袭遇难者纪念日或'新岗哨'的纪念对象呢？

联邦政府和高维勒这样的政客始终没有搞懂，为什么在全社会范围公开讨论战争带来的恐怖，以及适当的纪念活动是必需的，他们不明白为什么要为之拟定相应的政策。

心平气和地直面这样的命运

这是一种新的受害者祭奠方式？肯定不是。我指的是，与幸存者休戚与共，痛定思痛后，对他们进行支持。海德·西蒙-奥斯特曼女士一语中的："现在是时候了，应该对那些往事进行重新整理并为之悲痛。以这种方式，使那些由于不断被排斥及压抑而郁结的精神力量再次获得解放。这有什么意义？意义就在于，它可以使人们把这股精神力量释放到最适当的地方，安度晚年！"

悲痛意味着，直面生命中的缺憾及损失；悲痛可以帮助我们对充满痛苦的经历重新进行整理加工，并将其作为一个共同特征加以接受；悲痛意味着，心平气和地直面这样的命运。

第十五章

沉默、诉说与理解

当时代的这些亲历者最终能找到表达感受的正确方式，那么毫无疑问，他们的陈述将能更深地打动我们。在经历了长期的缄默后，战争儿童一代终于找到了语言去诉说，而他们的诉说也一定会被倾听。

与战争儿童对话

从 2004 年开始至今,战争儿童一代中的很多人,先后参加了我的作品研读会。每次研读会都证明,对于"战争儿童"这一命题来说,战争带来的恐怖并不是什么新鲜的内容。长期以来,人们早已了解,儿童在群体性暴力中所遭受的精神痛苦比成年人更严重。新鲜之处在于,如此庞大的一个人群,在童年时代遭受过如此巨大的灾难,而几十年来他们中的大多数人却并没有感觉到自己的经历是如此糟糕。而这则是由于他们没有找到一个通向那些经历和人生中重大事件的情感通道。

在我的作品研读会上,随着时间的推移,我与参加者之间交流的重点也在转移。在第一年里,我总是会经历这样一种情境:在我讲述了一些充满戏剧性的、由于战争创伤造成的个人真实经历后,听众里第一时间对之做出反应的,通常是那些出生于 1928 年到 1933 年之间的人。他们会说,他们只能部分同意我的看法,即那个年代的确是一个糟透了的年代,但总体来说,所有人还是很好地挺过来了。这意味着,他们无论如何不会认为,自己与故事中的主人公有什么相似之处。之后他们会讲述自己同样曲折的人生经历,并在最后总结说,人生中的种种困难最终都被克服了。

有一次，当听众们对某一位战争儿童在老年依然被战争创伤折磨的经历丝毫不能"移情"时，发生了这样的状况：坐在后排的三个人站起身并离开了会场。后来我了解了这三位究竟是谁，并且知道了他们为什么会用这种方式表达他们无法接受此事。当时的话题与"弟弟妹妹"有关。很明显，他们似乎听出了这样的潜台词：如果谁今天仍被那些战争年代的经历折磨，那么他就纯属自作自受，并且精神过于脆弱。

弟弟妹妹

通过访谈，我对1930年出生的一代人已十分了解。通常情况下，他们对自己的战争经历十分清楚，而且可以准确地估计出他们和他们的家庭受到的战争影响是轻微的还是严重的。他们对父母过重的精神负担能够表示理解，但对他们弟弟妹妹的精神创伤却很难理解，而当其年龄差距过于悬殊时，这种理解就是完全不可能的了。值得注意的是，他们的情感判断在这时候往往十分不近人情。年龄小的孩子，一向被他们看作是软弱或缺乏理智的。当我问到这种情况是否是由战争时的精神创伤所致时，这些年龄大些的很快就做出了否定的回答：这压根儿是不可能的，"我们都从那时候挺过来了"。他们不会认识到，对当时年岁尚小的弟弟妹妹们来说，去接受这一系列可怕的经历，要比他们困难得多。原因在于，成年人当时都已自身难保，根本无法给予年幼的孩子任何安全感和呵护，而这些正是小孩子建立一个稳固的心理世界所必需的。特别是那些在战争行将结束之际才来到这个世界的孩子，他们在家里能听到的话无非就是："你们运气不错，那些事儿你们都没有赶上。"

无父，无子

两年以前，一位生活在希腊的女读者给我寄来了一封信。在信中她解释说，一位女游客留下了一本我的书，她一遍又一遍地反复读了好多遍。而现在，她终于也能用文字回顾自己的童年时代了，并把它寄给了我。下面是信的全文：

> 那时候我们是三个健康而又幸福的孩子。他们俩分别出生于1934年、1938年，我最小，出生于1939年。在我们不得不逃难的1945年那个寒冷的1月之前，我们一直住在上石勒苏益格。父亲在此之前不久，应召入伍。我们再也没见过他，我可以说根本不认识他。有一段时间，我们过得不错，大家都很照顾妈妈——一个年轻的、需要帮助的寡妇。在学校里，我们总是拿到最好的分数，并且总是十分干净整洁。但青春期的到来给我们带来很严重的影响，我们都没能很好地度过。我的哥哥有了口吃的毛病，而我的姐姐总是啃她的手指头，直到那上面光秃秃的，几乎再也看不到指甲。我则会尿床、做噩梦、失眠并且极度忧郁。
>
> 但我们还得过下去，必须这样，尽量让母亲少操点心。而我们选择职业的时候，一切都彻底搞砸了。我由此开始了长达23年的严重抑郁症。在此期间我曾5次住进精神病院，而漫长的职业培训最终也未能完成，尽管我的成绩年年第一。我当时没有工作，又因为植物神经张力障碍的诊断而不得不长期服用氯氮和奥沙西泮。我就这样度过了我的年轻岁月。后来我也尝试了各种不同的工作，但都不能胜任。因此，我总在希望，也许到了某个年龄，一切都会好起来的。
>
> 事情也的确是这样发展的。我在49岁时提前退了休，并

且得到了一小笔来自战争赔偿的遗产。这使我可以在希腊置下这幢最后的、我心爱的房子。我还活着,虽然还有抑郁症,但感觉却像在天堂一般幸福。我每天都在感恩这奇迹的发生,尽管我现在孤身一人,其他家人都已不再来往(这也算是个战争后果吧)。哥哥和姐姐都离了婚,而我更是从未尝试过婚姻。我还有不多的几年可以享受生活。陪伴我的,是一个很大的花园,一群鸡和一头毛驴,一个鲜花环绕的陶艺室,还有大海和壮丽的景色。

芭芭拉·W,现年71岁,无父,无子。

芭芭拉的家庭关系明显受到了战争以及纳粹统治年代的影响。我经常会听来参加我的活动的女士提起,她们和哥哥姐姐的联系很少并且问题很多。很多大哥大姐会直截了当地拒绝谈论有关战争的话题,而如果有人当着他们的面谈到了,他们就会非常生气。这就是说,在家庭聚会上,你必须尽力控制自己的一言一行,但这种潜意识里的对抗不会营造出良好的气氛。

深入恐惧的核心

不过,我也遇到过例外。一位曾有着被驱逐经历的女士告诉我,在她二姐去世后,她们四个妹妹每年会一起进行一次为期数天的旅行,每次都会去一个不同的地方。那些地方是她们逃难时和战后第一年曾经过的地点,都在联邦德国。"在这些地点,"她说,"我们会轮流讲述每个人当年在这里时的感受。而每个人的感受和回忆都大相径庭。这样的旅行成了联系我们姐妹们的特殊纽带。"实际上,这些女士并不关心谁的回忆是"正确的",而是她们得到了这样一种认识:尽管是在同一个地点,但每个人都有着自己的故事。对某个人来说,也许是"寂寞的一年",而对另一个人来说,也许就是最快乐的一年,因为有可能她在那里找到了最好的朋友。

除了这些对战争经历进行交流的个人努力之外,公共舆论对此的讨论也在发展着。这样的讨论不仅仅关注那些战争儿童所遭受过的痛苦,还关注到了那些在战争中被强暴的女性。在这些女性中,只有少数的几位能够鼓起勇气,公开自己的隐私。这才使我们有机会认识到,65年前的一次强暴,可以造成怎样深远而又强烈的影响。在她们当中,悲剧发生时仍是孩子的女性不在少数。

在对德国战争儿童进行调查研究的时候,我就对这一现象十分关注。在有关战争儿童的书中,我提及了两个个案。但后来才被证实的是,还有另外两位向我介绍过人生经历的女士,在还是女孩时,也曾被强暴过。但在我对她们进行采访的时候,她们对此无法启齿。其中一位女士,当年才11岁。她后来向我描述道:"我和其他女人一起躲在地下室里。当兵的当然还是找到了我们,并侵犯了我们中的每一个。没有人去分辨谁是谁,地下室里漆黑一片。"

另一位女士所说的话,我永远也不会忘记。在一次研读会上,坐在第一排的她要求发言。令我感到惊讶的是,她居然站了起来。现在我眼前还能浮现出她的样子:小巧,瘦削,举着胳膊,梳着马尾辫。我还记得我对她的第一印象:很特别,她看上去像个6岁的孩子。她很快就验证了我的判断,她开始了陈述:"在6岁时我开始逃难。我们人很少:妈妈、祖母和另外两个姨妈。"有那么一天,她们实在是筋疲力尽了,就接受了当地一位农户的提议:在他的农庄里待上几日,恢复一下体力。第二天,突然传来一阵喧闹声。大批俄国人接近了农庄。这时候,这些女人冒出了一个主意,让她——唯一的小孩子,到大门口那儿去,等待士兵们到来。这些逃难妇女是这么说的:"俄国人是很喜欢小孩子的,不会对我们怎么样的。"但很快她们听到了士兵的呼喊:"哪里有孩子,哪里就有女人!"随后他们就把她的母亲、祖母和姨妈们都拖走了。作为目击者,她向我说:"她们的哭喊声,我直到今天还能听到。"

此外还有两个回忆的主要内容也十分引人注目,在头两年的活动上,每每有人提及(后来几乎没有了)。其中之一是飞机的低空扫射造成的精神伤害。你总能听到这样一句话:"我都能看见飞行员的样子!这怎么可能,他们在向孩子射击?!"这样的问题会纠缠一个人一辈子,而所经历的那种恐惧深入骨髓。

另一个主题则是有关在 20 世纪 30 年代他们所见证的纳粹暴行的。当年还是孩子的他们,看到了那些强制劳工遭受了怎样的屈辱,而他们的犹太邻居又是怎样被迫登上了卡车,也看到了战俘和集中营的犯人们是怎样排着队从门前走过,并被残酷虐待的,他们是多么瘦骨嶙峋啊!大多数家长只是说:"别往那边看。"而那些小孩子那时的富有正义感的天性还没有被人对人的优越感污染,因此,这样的人权被赤裸裸地剥夺以及残酷对待他人的场景深深地刻在了他们的记忆里。

今天我才注意到的另一个事实是:对于那些纳粹罪行,不仅那些父母长期保持缄默或者强调说,"我们什么都不知道",连那些与战争末期出生的孩子相比稍微大些的孩子,他们对纳粹时代的记忆也是如出一辙。还是孩子的他们在那时不可以去看那些场面,也不许谈论那样的罪行,同时他们也的确找不到词语来描述那样的罪行。这些都使他们在过去的几十年里完全保持了缄默。不过,他们在如今年事已高的时候,最终能主动谈起那些陈年往事,还是令我十分感动的。这同时也给了我一个提示:与他们年轻些的弟弟妹妹相比,他们的羞耻感和负罪感要更为强烈。这也解释了,为什么他们中的很多人对所谓的德国民族性完全缺乏信任。我终于开始理解这种对回忆的恐惧来自何处。它有可能使人们感觉仿佛重回野蛮,并终生受其苦。

我还记得,在我进行这项调查研究的第一年,在做访谈时我经常会烦躁不堪。因为我访问的对象会以一种冷漠、不带任何感情的声调讲述他们的战争经历,就像在读一本电话簿。那声音听上去令人麻木,没有人能长时间听一个人这样讲话。

仅仅是在现在,在这样的年纪,他们中的很多人才开始意识到,早年的损失以及遭受过的生命威胁,对其一生造成了怎样严重的伤害。对他们战争童年的"重组",最终的结果就是精神压力的释放。从我认识的人里,我不断感受到,随着这个"自我解放"的进行,他们的语言和声调也发生了改变。两者都变得越发生动。这一点在很多相关的电视节目中也有所体现。而当时代的这些亲历者最终能找到表达感受的正确方式,那么毫无疑问,他们的陈述将能更深地打动我们。在经历了长期的缄默后,战争儿童一代终于找到了语言去诉说,而他们的诉说也一定会被倾听。

"我无法去爱我的孩子们"

正如慕尼黑的医生、精神创伤研究专家米歇尔·埃尔曼(Michael Ermann)所观察到的那样,战争儿童一代的很多人在他们的身份认同上完全茫然无措。这并不罕见,他们中的很多人总有一种感觉:他们还没有找到自己在这个世界上的位置。这种受损的身份认同感的成因,正是由于他们人生中最重要的一段经历一直没有被正视。米歇尔·埃尔曼解释说:"没有回忆,也就感觉不到生活的连续性,从而也就没有积极的身份认同。"很多战争儿童都是这种情况。他们在上了年纪以后,很想把原先那种陈腐的生活感受转化成一种积极的身份认同。他们觉察到,他们必须跨出这一步,以使他们自己在生命的最后一段时间能够获得内心的宁静。

今天我们已经知道:如果母亲和父亲在自身的生活感受和身份认同上茫然无措的话,那么他们也很难为其子女提供生活的导向。

还有很多战争儿童一代的子女抱怨说,家庭内部的沉默和保守秘密是他们精神上的重负。那些秘密,今天在他们看来,是导致代际关系紧张的根源。他们最常说的是:"我和父母在情感上无法沟通,不管怎么说,这都是战争造成的。"我有这样的印象:至少一半的《被遗忘的一代》的读者是战争儿童的子女,他们很想更多地了解自己的父母。他们也为此而感谢我:通过阅读,他们对自己的父母多了一层理解。每两封电子邮件中,就会有一封提及,希望在未来两代人的关系能更为融洽。

时常也会传来好消息。在一些家庭里,父母和祖父母的过去不再是禁忌,而是经常被谈论。但在公开的媒体讨论中,这样的交流还是少之又少。很多的电子邮件希望我能够采纳他们所提供的关于战争儿童的子女的素材故事。而作为对话交流的对象,他们再合适不过了。

战争孙辈

2009年,我的书《战争孙辈——被遗忘一代的遗产》得以出版。很多战争儿童一代的人也读了或者至少从他们的孩子那里听说了这本书。很多老人公开向我表达了不满。大致意思就是说:他们已经经历了十分艰难的生活,而现在又说他们要为那些从未经历苦难的、已经成年的子女的问题负责,这是让人无法接受的。他们也不认为他们的子女受到了伤害,他们不愿为此承担责任。这样的逻辑,他们认为是完全说不通的。而另一方面,在每一次的战争儿童研读会上,都会有一位母亲提出这样的问题:"我们应该给我们的孩子留下些什么?"人们首先需要考虑的,就是能否使他们的孩子在生活中获得足够的信任。

在一次研读会结束时,一位女士请我和她私下里聊聊。她先是沉默不语，之后开始战栗，脱口而出："我无法去爱我的孩子们！"而这是在她知道自己属于战争儿童时才明白的。由于精神上遭受创伤，她无法去深入感受，她就仿佛"被麻醉"了一般。但现在，通过心理治疗，她开始觉察到，她的情感被重新唤醒了。从那以后，她和子女的关系明显得到了改善。"我的孩子们也可以证明这一点。"她补充说。而她的脸上，浮现出一丝满怀希望的微笑。

战争儿童与客观的公众

直到数年前，"战争儿童"一词才成为一代人的称呼。在那之前，这一代人总是称呼自己为"战后的一代"，甚至前总理赫尔穆特·科尔也是这样——他出生于1930年。在他的议会党团里，有四分之三的人都属于这一代——出生于1930年到1945年之间的一代。他们也会谈到战争，但通常是顺便一提。他们说：那些对我们而言是很普通的事，是我们每个人都经历过的。这就是他们儿时的感受。这意味着，在成年以后，他们所坚持的，仍是儿时的看法。并且他们深信，对他们影响至深的是50年代。而现在，在他们业已步入耄耋之年时，他们说：我们是最后的战争一代。

在这里有必要搞清的一个问题是：在战后的这几十年里，在如何看待战争纳粹的过去这个问题上，都有过怎样的变化，以及在不同时期什么样的观点是占主导地位的。从70年代开始，特别是在美国的电视纪录片《大屠杀》播出以后，一个曾经的热点问题"作为受害者的德国人"在文化传播的角度不再受到欢迎。在媒体上、在学校里、在学术研究上所关注的，是希特勒德国的真相与历史背景，是纳粹罪行的受害者。在主流倾向于这样的变化之前，德国人尽可以抱怨他们在战争中、在集中营里的遭遇以及战后的贫穷带给他们的痛苦。而物资紧缺状态和被驱逐者的倾家荡产在民主德国更是经常被提及的内容。(在联邦德国,统一社会党致力于让亲历者至死保守秘密。)

可以确定的是,在如何看待复杂多难的德国历史问题上,这一趋向可以说完全开了倒车。当《被遗忘的一代》在2004年首度出版时,我完全不清楚,这样一个课题会在社会政治范畴产生怎样的影响。我做好了充分准备,等待着批评的声音。我甚至已经设想,至少一半的专业评论家会对我进行口诛笔伐,因为我再次把德国人描述成了受害者。这样的批评也的确如约而来。第一篇负面评价这本书的文章刊登在了《斯图加特日报》上。大致内容是:作者所持观点"心理粗鄙",而书本身没有任何深度和实质内容。接着是这句:"柯莱特—科塔出版社必须对此作出解释,为什么他们现在也参与到*我们*——*都是*——*受害者*这样的浪潮里来。"可以说,这是我见过的最严厉的批评。但这也说明了,从那时开始,人们的思想已经慢慢开始转变。无视德国民众遭受的苦难已经不合时宜了。

"德国"-条件反射症

从2005年开始,对德国的罪责以及对德国的民主制度是否由于历史原因而更容易被危及这样的题目进行的公开讨论越来越少。而对于德国人在战争或是大驱逐期间的苦难经历的报道日益增多,特别是在电视上。这是否是因为媒体先前对于"国家社会主义"和大屠杀过于关注呢?很多外国人对此表达了自己的看法。尤为值得一提的是塞斯·诺特博姆(Cees Nooteboom)和他创作于1998年的小说《万灵节》。故事的主角是一位无法承受妻子和儿子死于车祸打击的荷兰人。但故事灰暗的基调、主人公的愁绪却与德国的首都柏林相联系:他在这儿实在是待够了。他待在这儿只是为了去了解在其他国家常常能听到的观点——对自我的不断认识是永恒的，在这里是以一种什么样的形式得以从不终止的。人们只需要在任意的一周时间里去数数所有媒体上出现的"犹太人"这个字眼的次数就可以了。有时是无意带过，有时则明显是必须要去提及的强迫症。这一字眼从不间断地出现，尽管他们现在已经发展出一个机制良好的、自由的、现代化的民主制度。

但终归还是有令人惊喜的事情发生了：2006年的世界杯足球赛把整个德国变成了一个夏日乐园，在这座乐园里到处插满了德国国旗。德国人对一个国家的最重要标志的态度不再那么神经过敏了。不仅德国的公众对此广为赞誉，外国媒体也是如此。一个由"黑—红—黄"旗帜组成的海洋在几千万德国公民眼前彻底弱化了"德国"-条件反射症。那曾是每个德国人在提及国家感情和国家标志时都有的下意识的不适。在这个足球的夏季，这些不适全都烟消云散。而对这一现象最感吃惊的，还是德国人自己。

我们所认知的所谓"条件反射"，是深植于意识深处的，不是可以用意志力去压制的，人们充其量可以用理智对其加以逆向控制，使自己在一个强烈的刺激下不产生相应的应激行为。对很多年轻人来说，"德国"-条件反射症是令人难以承受的。这并不是因为他们是民族主义者，而是因为他们觉得，在家庭里从来也没有过开诚布公的谈话。对于德国的过去，他们只是知道个大概，这就使他们产生了极大的困惑并因而开启了新一轮的沉默。作为最终后果，很多年轻人对自己家族的历史也是漠不关心。

我目前的疑问在于，这种对"德国的罪责"可以无拘无束进行探讨的社会氛围，将会对德国产生怎样的深远影响？德国人会变得健忘还是更加具有责任感？

迄今为止，在我们这个法治国家里，已经发展出一套对纳粹的过往进行历史背景研究的审查制度。对此，我们首先要感谢的，就是战争儿童一代。正是他们,曾在德国确保了在大、中学校里正确普及有关"国家社会主义"以及由它所制造的大规模犯罪的历史知识。而正确的、富有责任感的历史观,使德国的声誉获得了巨大提高,这正是他们这一代人对于德国的伟大贡献。

"致力于和平的战争儿童"

越来越多的老人亮相于公开场合,或者以时代见证人的身份被邀请到学校。当中学生们开始了解到,历史并非只有罪责,与之相伴的还有苦痛时,他们对自己的国家、自己的祖辈就会理解得更为透彻。学生们应该问的,不仅仅有空袭、大驱逐、大饥荒,还应该有生活在一个或两个独裁政权下的经历。这是对我们的民主制度最好的保护。

作为时代见证人的战争儿童一代,具有不可估量的宝贵价值。现在最吸引我的一个项目,就是建立一个以研究为目的的德国战争儿童档案中心。这个项目的发起人正是"致力于和平的战争儿童促进会"。这个完全由从前的战争儿童建立的公益性组织,以学术性的和平促进事业为自己的首要任务。我们还将建立的是一个音像中心,这里将集中存放典型的时代见证人访谈录像。2010年,这一项目在汉堡大学的当代史研究所得以落实。他们需要800～1 000份访谈资料,已将其建设成一个跨学科的国际性研究机构。

每一份访谈资料,包括后期的学术性加工和归档,价值2 000欧元。"致力于和平的战争儿童促进会",还有参与到这一庞大项目中来的专家们,目前很希望能够获得德国战争儿童一代的资金支持。因此,他们的口号是:"为您的战争儿童访谈捐出2 000欧元!"当然,人们也可以为和平促进事业捐款。在一位老人过生日之前,人们常会这样问:我们应该送他(她)点儿什么呢?大家一起送他（她）一个"战争儿童访谈"作为礼物，也许是个不坏的想法。当然，受访家庭还会得到一份额外的录像拷贝用于珍藏。

战争儿童自身就可以做出很多贡献，以确保公众对"被遗忘的一代"的命运的兴趣不会消失，并由此铺平通向内心和平安宁的道路。

后　记

　　几年前，我曾经在费城的一次会议上做过一个有关精神创伤治疗的报告。那边的同行问我，我是怎么成为一名心理创伤治疗师的。是由于我个人的经历，还是因为民族共同的经历？如果在德国，会有人问我这样的问题吗？我想肯定没有。

　　因为民族共同的经历，这到底是什么意思？同样作为战争儿童，我想阐明这样一个对这一代人来说十分重要的观点：他们与希特勒、与纳粹德国发动的这场战争毫无关系。这场战争对他们只意味着背井离乡、遭受轰炸、饥寒交迫，只有无尽的羞耻、难民的身份；作为无辜被牵连的局外人，他们拥有的是自己都已茫然无措，无法给他们带来安全感的父母，他们在孩子每日遭受苦难的时刻无法提供任何支持与帮助。维也纳的布里吉特·吕格-舒斯特（Brigitte Lueger-Schuster）与她的工作小组致力于研究那些科索沃儿童。她注意到，那些儿童非常注意模仿父母的举止，学会像他们那样隐藏自身的痛苦，假装若无其事。布里吉特·吕格-舒斯特说道："这些勇敢的孩子，一直在努力适应环境，貌似毫无问题，而这正是我们所担心的。"

　　那时候的我们，就不是勇敢的、努力去适应环境的孩子了吗？我们直到很晚的后来才学会反抗。诚然，后来我们才开始与父母抗争，因为我们从没考虑过在我们身上失去的童年。

　　在心理创伤研究领域，很多内容都在发展和变化，几乎每天都会有认识更新。但"战争儿童"作为一个课题始终没有为社会所关注。

战争给德国这些战争儿童所带来的精神负担,长久以来一直没有引起关注,其中自然有很多原因。而最主要的一个原因是,人们更加关注德国人在纳粹时期所犯下的罪行以及他们这些罪行的受害者。不过,这也在情理之中。

众所周知,这些战争儿童并非罪犯。但为什么当年的这些儿童至今不能说出自己的经历?他们非常有必要这么做。正因如此,萨宾娜·博德女士的这本书可以说迈出了意义重大的一步。我大胆设想一下:所有人都告诉我们,我们的父母是"罪犯",至少是"从犯",总之不是什么"好人"。没有任何人,甚至我们自己都没有兴趣去了解这样的说法对我们这些当年的孩子以及我们的孩子产生了怎样的影响。我们只是囫囵吞下这样的说法。我们完全被误导,以为自己当时所想所做的,也是错的。在我们看到父母罪恶的一面时,却忘记了,他们自身实际上也是受害者,至少很大一部分人是这样的。而当我们看到他们受害者的一面时,却又忘记了他们所犯下的罪行。

人们需要很多激烈的思考,才能同时接受这两方面共存的事实。作为战争儿童的我们,在今天,必须让自己摆脱内心沉重的株连感,去尝试开始自己的生活。这种内心的株连感,已经夺去了我们早先正常的生活。我认为,现在已经是时候去拿回我们已逝去的生活了。我们要把内心中本不属于自己的那部分还给父母,还要学会去面对我们那些并非理想的父母给我们带来的羞耻感和悲痛。

在过去这些年中,我的临床治疗经验明确地告诉我,人们完全可以对自身所遭受的精神创伤进行自我修复。但到目前为止,对战争期间及战后那种饥寒交迫、被驱逐的日子所造成的群体性的精神创伤进行反思认同,依然是个社会性的禁忌话题。

美国著名的心理创伤学家彼得·莱文(Peter Levine)曾制作

了一个表格，罗列了所有可能给儿童造成精神创伤的原因，而这些原因对成年人来说并不会造成精神创伤。比如饥饿、寒冷、走失或者搬家。但他却并未提到从故乡被驱逐。

我们知道，父母精神上的重负对子女来说就意味着极高的风险。谁又知道有多少战争儿童的父母患有创伤后应激障碍？

如果一个儿童每天都要经历战争里那些灾难性事件，比如在他身边最亲近的人被杀死或者音讯全无时，他身边那些本该在危难之际施以援手的大人却消失了，或者由于自身已经被搞懵了，而在精神上无法给孩子任何安慰，那么将会是怎么样的情形？随着年龄的增长，诸如畏缩、沮丧、寝食难安、夸张地拥抱、恐惧、做噩梦、大小便失禁等等精神障碍症状会逐渐在这个孩子身上表现出来。

还有另一种情况：由于这种创伤经历，这个孩子在精神上会被"切断"与真实世界的联系，仿佛所有的一切都不是真实的，所发生的也不是真的。这种真实感渐渐消失的状况会不断强化，从而对其在成年以后对"这里"与"现在"合理的接受及适应造成极大的困难。

这种真实感的消失以及对过往曾发生过的事情只能做有限的分析，长期以来在德国人中已经成为一个普遍性问题。玛格瑞特（Margarete）和亚历山大·米撒里希（Alexander Mitscherlich）将其称为"无法去信任"。可以信任别人的先决条件是，自身的精神足够强大，能够坦然地面对现实生活。而精神创伤则降低了甚至完全废掉了这种能力。

应激能力研究是精神创伤研究的重要补充部分。它研究的是精神上的阻滞会导致人们无法面对惊吓。不容置疑的是，德国人的应激能力普遍较低。当然，也有例外情况。因此，毫不奇怪，对那个恐怖政权以及整个战争的重新认识，也仅能局限于提供一个战争补偿方案，而无法做出客观的评价。

对于精神创伤学方面的认知，同样适用于德国战争儿童一代。而作为心理医生，在治疗中我们应该注意些什么？首先，我们要搞清楚，我们自身的生活经历是否已经被充分地重新整理过。除非我们曾有过非常棒的启蒙导师，我们才可对此不加重视。

其次，作为心理医生，我们在面对那些出生于1930年到1945年间的病人时，还应该持有一种好问的态度。也许那只是些很简单的问题：您出生在哪里？当时您的父亲或母亲在哪里？您出生的地方，是否曾被轰炸过？战后您生活在哪里？这些只是比较多会被问到的问题。

随后提问可以逐渐深入。最重要的是，终会有一次，在病人不知不觉的情况下，他的注意力被重新引向那个时代。

我认为很重要的一点是，对不同病人的不同情况及解决办法，我们都必须非常公开。我的一位女友曾向我阐述过，她意识到自己有一种奇怪的心理反应。她总是在为德国铁路公司辩解，尽管大家都在骂它。她开始回忆起，当年在逃难时，能够最终坐上火车，是一件多么美好的事情。尽管拥挤不堪，但那是开向安全、宁静与轻松的列车。因此当火车晚点时，她从不抱怨。但她对站台却始终心存恐惧。

正如心理分析学家彼得·库特（Peter Kutter）所阐明的那样，我们必须借助于对生存冲突的认知，补充并完善一个可行的针对冲突的处理方案，这也包括精神创伤及创伤后压力症。我们必须越来越多地学习领会，身体也会不时地产生记忆，并通过痛苦表现出来。当人们能够理解身体表现出来的痛苦并翻译过来时，他就可以停止继续伤害自己。一位60岁老人总是抱怨自己的脚冰冷。这种冰冷感一直蔓延到小腿肌肉。没有什么能帮到她。直到后来，她才想起来，在她还是孩子的时候，在逃难的路上，她不得不站在一条灌了很多冷水的船上，冷水直没小腿。在知道了这一点并有针对性地进行治疗后,她终于从所谓的泡在冰水里的感觉中,慢慢重新找回了双腿双脚。

精神创伤经历应该最终被引导到一个"美好的结局"。我是说,我们应该告诉那个孩子,我们与他感同身受。我们还应该告诉他,他所面对的痛苦、恐惧以及疑虑其实都很正常。

对我来说,音乐是一种极好的舒缓身心的方式,因此我们可以拿它来做一个比较:人们很难用大调的旋律来演奏一个乐章,而同时配以小调的音色。与之相比,主题的转换要简单得多。

那些心理医生,包括从很早以前就已经接受战争创伤观点的医生,一直以来都有这样的经验:在生病与经历痛苦之间有着确定的由于战争创伤产生的联系。他们同时也认识到,对小孩子来说,谁该对这场战争负有责任,并不重要。对小孩子来说,痛苦就源于父亲不在身边,母亲处在慌乱之中,他们又冷又饿。战争结束后,他们不再会叙述这些经历,因为大人们认为,比这更重要、更糟糕的经历还有的是。但事实上,这些经历都会对他们的心灵产生重大影响。

而当这些孩子发现,他们的父亲是"罪犯",对他的同胞做过非常可怕的事情时,他们不会对他们自身报以巨大的同情吗?

一种可能是,他们否定一切——那些其他人,还有这个父亲。他们评判并攻击父母,但对自身的经历却依然回避。他们对其自身及他人的同情心,只有在付出巨大努力时才能恢复。

按照我的理解,由于应激能力的缺失,我们德国人花费了太多的时间去学习面对恐惧。

这些战争儿童,也就是今天58~73岁的人的命运正是我们讨论的一个重大命题。人们总是喜欢抱怨命运,但如果能够花费时间去正确认识与正视这样的命运,那么将有更为重大的意义。现在,这个时机已经成熟。这本书为此做出了一个重要的贡献。我衷心希望，它能够激起战争儿童一代人的勇气，重新开始对自身的历史进行审视。

对别人深切同情的前提，是对自身的同情。可惜长久以来我们并未意识到这一点。萨宾娜·博德女士的这本书可以帮助我们去触碰这一认知的过程。

路易莎·雷德曼
2004 年

译后记

"创伤后应激障碍",在仅仅半年前对我来说还是一个十分陌生的心理学名词。在通读了博德女士的这本《被遗忘的一代：战争儿童访谈录》以后,我突然发现,在对德国战后史以及德国人的民族性格进行更深入的了解时,这一概念犹如迷雾里的一盏明灯,在最深的社会心理层面上为我们认知德国社会提供了科学的方法。

二战后至今几十年时间里,德国人内心深处实际上一直处于道德层面的愧疚感以及因家人在战争中的悲惨经历而带来的痛苦这样的双重重压之下。而在战后的几十年里,德国主流社会对二战的普遍心态首先就是强烈的负罪感及羞耻感。这种社会观念,使战争中出生的那一代德国人不约而同地对自身在战争中所遭受的重大苦难长期缄口不提,也无法提及。但战争给他们造成的心灵创伤依然无情地影响了他们的一生,并延续到他们的子孙后代身上。

他们是非常特殊的一代,战争期间他们只是小孩子。他们没有参与战争,却要承受战争的苦果。如书中所描述的,孩子们看着家人死去,随家人从故土被驱逐,饥饿与寒冷伴随着他们,甚至女孩几岁大就被强奸等等,不一而足。但他们所遭受的苦难及精神创伤被外界及他们自身有意地忽视了,因为他们是战争罪人的后代。"罪有应得",是他们最普遍的想法,并因此而默默承受自身所遭受的痛苦,且认为这是合情合理的。博德女士这本书的主旨,正在于唤醒全体德国人,使其从历史造成的精神困境中自我解脱,以此重塑健康的民族性,并展示在国际社会面前。

2004年，这本访谈录的推出可以说在德国国内引发了一场对长久以来人们不愿触及的话题的大讨论：二战不仅对其他国家，同时也给战争的发动者德国造成了深重的苦难。2013年，这本书在德国再版，重新引起了人们对"战争儿童"的关注和对战后心理创伤的了解和研究。

博德女士认为，单方面检讨纳粹德国对其他国家犯下的罪行，而不去深究其对德国人自身造成的痛苦，以至于受害者迫于社会主流观念，甚至无法提及所遭受的痛苦，同样是错误的。而对目前的德国社会来说，当务之急正在于建立一个适当的社会大环境，让这些受害人可以坦然面对并诉说人生经历，将过往释怀，从此不再恐惧，并恢复到健康的心理状态。而因战争导致心理创伤，在当下的德国绝非偶然现象。因此，如何能使全体德国人和德国社会重新树立信心，真正从历史阴影里走出来，对德国整个民族的未来来说具有重大的意义。博德女士的这本书无疑为大众指明了方向。

对于广大的中国读者来说，本书从另一个侧面使我们对德国社会与德国人有了更多的了解。

刘畅
2015年立秋

Die vergessene Generation: Die Kriegskinder brechen ihr Schweigen

Copyright © 2004, 2011 Klett-Cotta-J. G. Cotta'sche Buchhandlung Nachfolger GmbH, Stuttgart

Simplified Chinese edition published by arrangement with Big Apple Agency, Inc.

Simplified Chinese edition copyright © 2015 by China Renmin University Press. All Rights Reserved.

图书在版编目（CIP）数据

被遗忘的一代：战争儿童访谈录/（德）博德（Bode，S.）著；刘畅译．—北京：中国人民大学出版社，2015.8
（纪念世界反法西斯战争胜利70周年）
ISBN 978-7-300-21747-5

Ⅰ.①被… Ⅱ.①博…②刘… Ⅲ.①第二次世界大战-史料 Ⅳ.①K152

中国版本图书馆CIP数据核字（2015）第176608号

纪念世界反法西斯战争胜利70周年
被遗忘的一代：战争儿童访谈录
［德］萨宾娜·博德（Sabine Bode） 著
刘畅 译
Bei Yiwang de Yidai

出版发行	中国人民大学出版社			
社　址	北京中关村大街31号	邮政编码	100080	
电　话	010-62511242（总编室）	010-62511770（质管部）		
	010-82501766（邮购部）	010-62514148（门市部）		
	010-62515195（发行公司）	010-62515275（盗版举报）		
网　址	http://www.crup.com.cn			
	http://www.ttrnet.com（人大教研网）			
经　销	新华书店			
印　刷	北京易丰印捷科技股份有限公司			
规　格	148 mm×210 mm　32开本	版　次	2015年9月第1版	
印　张	8.5 插页1	印　次	2015年9月第1次印刷	
字　数	206 000	定　价	35.00元	

版权所有　　侵权必究　　印装差错　　负责调换